高等职业教育“十四五”规划教材

农业政策与法规

高长鹤　高凤文　主编

中国农业大学出版社
· 北京 ·

内 容 简 介

本教材是高等职业教育“十四五”规划教材，依照职业教育人才培养目标，立足学生能力的可持续发展，针对农业政策法规难点问题，进行教学内容设计，注重创新，更加符合农业生产实际。

本教材由四个模块、十五个项目构成。农业支持保护政策模块，包括项目一强农支持政策、项目二粮食产业政策、项目三畜牧业政策、项目四农业机械政策；资源环境保护政策模块，包括项目五农业资源利用保护政策、项目六农村生态保护政策、项目七农业环境保护政策、项目八化肥农药减量增效支持政策；产业发展政策模块，包括项目九新型农业经营主体、项目十农业产业化支持政策、项目十一农产品保护支持政策、项目十二最新农业产业补贴扶持项目；农村保障扶持政策模块，包括项目十三农业金融政策、项目十四农村社会保障、项目十五农村创新创业支持政策。

本教材可供高等职业教育作物生产与经营管理、生态农业技术、植物保护与检疫技术等相关专业学生使用，也可作为农民和农业科技人员的培训教材和参考书籍。

图书在版编目(CIP)数据

农业政策与法规 / 高长鹤，高凤文主编. --北京：中国农业大学出版社，2024.3(2025.5重印)

ISBN 978-7-5655-3196-5

Ⅰ.①农… Ⅱ.①高…②高… Ⅲ.①农业政策－中国－高等职业教育－教材②农业法－中国－高等职业教育－教材 Ⅳ.①F320②D922.4

中国国家版本馆 CIP 数据核字(2024)第 048555 号

书　　名 农业政策与法规
作　　者 高长鹤　高凤文　主编

策划编辑 康昊婷　　**责任编辑** 康昊婷
封面设计 郑　川　李尘工作室
出版发行 中国农业大学出版社
社　　址 北京市海淀区圆明园西路 2 号　　**邮政编码** 100193
电　　话 发行部 010-62733489,1190　　读者服务部 010-62732336
编辑部 010-62732617,2618　　出　版　部 010-62733440
网　　址 http://www.caupress.cn　　**E-mail** cbsszs@cau.edu.cn
经　　销 新华书店
印　　刷 运河(唐山)印务有限公司
版　　次 2024 年 4 月第 1 版　2025 年 5 月第 2 次印刷
规　　格 185 mm×260 mm　16 开本　11 印张　275 千字
定　　价 35.00 元

编审人员

主　编　高长鹤（黑龙江农业职业技术学院）

　　　　高凤文（黑龙江农业职业技术学院）

副主编　张苏新（黑龙江省农业科学院）

　　　　李　欣（黑龙江农业职业技术学院）

　　　　鲍海波（桦南县农业技术推广中心）

　　　　孙伟武（定西职业技术学院）

参　编　李小为（黑龙江农业职业技术学院）

　　　　陈效杰（黑龙江农业职业技术学院）

　　　　董兴月（黑龙江农业职业技术学院）

　　　　张晓桐（黑龙江农业职业技术学院）

　　　　潘　伟（黑龙江农业职业技术学院）

　　　　倪士明（黑龙江农业职业技术学院）

主　审　于　波（黑龙江农业职业技术学院）

前言

我国是历史悠久的农业大国，以农业立国，农为本、农为先。农业一直是我国的支柱性产业，是国计民生的基业，在经济社会发展中占据着重要的地位。

我国正处于由传统农业向现代农业转型的关键期，党中央始终把“三农”工作作为全党工作的重中之重，国家支持“三农”的政策法规不断完善，力度不断加大，范围不断拓宽，农民受益程度越来越大，农民收入稳步提升。

党的二十大报告指出：全面推进乡村振兴。坚持农业农村优先发展，坚持城乡融合发展，畅通城乡要素流动。加快建设农业强国，扎实推动乡村产业、人才、文化、生态、组织振兴。全方位夯实粮食安全根基，全面落实粮食安全党政同责，牢牢守住十八亿亩耕地红线，逐步把永久基本农田全部建成高标准农田，深入实施种业振兴行动，强化农业科技和装备支撑，健全种粮农民收益保障机制和主产区利益补偿机制，确保中国人的饭碗牢牢端在自己手中。国家支持“三农”的政策法规不断完善，力度不断加大，范围不断拓宽，农民受益程度越来越大，农民收入稳步提升，农村改革深入推进，但也呈现出很多新矛盾、新问题、新挑战。

面对新形势，如何增强我国农业综合效益和竞争力成为首要问题。在当前深入推进农业供给侧结构性改革的背景下，既要保障粮食安全，提高农产品有效供给，又要保障农民利益，促进农民持续增收，任务艰巨。我们的农业从业者，在深耕土地、钻研技术的同时，也要读懂国家政策，了解政策走向，根据政策和市场合理安排生产，提高农业效益。

本书以内容全、政策法规新、实用性强、使用范围广为特色，将农业政策与法规以清晰、简洁的方式进行总结，做到通俗易懂，适合各类职业院校农业类及相关专业学生学习使用，同时适用新型农民培训，方便从事农业政策研究的人员、从事农村实际工作人员及农民个人查阅使用。

本教材由黑龙江农业职业技术学院高长鹤、高凤文担任主编，黑龙江省农业科学院张苏新、黑龙江农业职业技术学院李欣、桦南县农业技术推广中心鲍海波担任副主编，黑龙江农业职业技术学院李小为、陈效杰、董兴月、张晓桐、潘伟参与编写。本教材各项目编写分工为：项目一、项目二、项目三由高长鹤编写；项目四由高长鹤、高凤文编写；项目五、项目六由高长鹤编写；项目七、项目八由高凤文、李欣、鲍海波、李小为编写；项目九、项目十由高凤文、董兴月、鲍海波、倪士明、孙伟武编写；项目十一、项目十二由张苏新、陈效杰、张晓桐、潘伟编写；项目十三、项目十四由张苏新、李欣、鲍海波、潘伟编写；项目十五由高长鹤、潘伟编写。

本教材参考吸收了政策与法规研究领域的新观念和新成果、相关书籍以及网站的政策与法规文件，编者在此向有关作者表示衷心的感谢！

由于编者水平有限，加上时间仓促，书中疏漏和不足之处在所难免，恳请读者批评指正。

编　者

2023年12月

目　录

模块一
农业支持保护政策

项目一　强农支持政策

第一节　耕地地力保护补贴政策

一、补贴政策的目的和意义

耕地地力保护补贴是以 2014 年农业三项补贴为基础，将原中央农资综合补贴资金的 80%、中央种粮农民直接补贴、国家农作物良种补贴合并为耕地地力保护补贴。

耕地地力保护补贴是通过国家财政专项资金对承包了耕地，并保护好耕地质量的所有农户实行补贴的一项扶持政策，属于普惠制。其补贴对象为所有拥有耕地承包权的农民和承包了国有农场耕地的农场职工，补贴资金一次性直接补贴到农户。

二、补贴发放的用途

为引导农民加强农业生态资源保护，自觉提升耕地地力保护，各地创新方式方法，以绿色生态为导向，提高农作物秸秆综合利用水平。补贴资金应引导农民主要用于以下几个方面：一是减少农药化肥施用量，用好畜禽粪便，多施农家肥；二是鼓励有效利用农作物秸秆，通过秸秆还田、青贮发展草食畜牧业，禁止焚烧秸秆，控制农业面源污染；三是大力发展节水农业，推广水肥一体化等农业绿色产业发展的重大技术措施，主动保护地力；四是鼓励深松整地，改善土壤耕层结构，提高蓄水保墒和抗旱能力。

三、黑龙江省实施耕地地力保护补贴的主要内容

(一)实行市县与农垦分别补贴办法

为便于补贴资金的拨付与管理，根据国家“三项补贴”改革政策要求和中央财政对农垦系统与地方有关补贴拨付渠道不同的实际情况，省内市县和省农垦总局分别按照国家下达补贴资金规模和农业“三项补贴”改革政策，研究制定补贴改革办法。

(二)坚持“远近结合,平稳过渡”的原则,合理确定补贴依据

借鉴相关省、区、市改革思路,长远考虑待全省土地确权工作全面完成后(按照国家部署,2018 年未完成),以确权面积为依据分配发放耕地地力保护补贴,保证合理合法耕地均能享受地力保护政策。目前,在土地确权工作未完成前,暂以 2003 年农业税纳税面积和二轮承包耕地面积(包括纳入粮食补贴范围的工资田面积)为依据分配发放补贴,平稳过渡。

(三)明确补贴标准

根据黑财指(农)〔2023〕23 号规定,综合考虑国家 2023 年下达黑龙江省耕地地力保护补贴资金及对应补贴面积,经测算每亩补贴标准为 57.78 元(农垦单独管理)。

(四)明确补贴范围

已被非农征用、退耕还林、挖塘养鱼、畜禽养殖、发展林果业、绿化景观建设、成片粮田转为设施农业用地等已改变用途的耕地,以及长年撂荒地、占补平衡中“补”的耕地质量未能通过验收确认的耕地不属于补贴范围。

(五)明确补贴对象

按照国家政策要求,耕地地力保护补贴原则上补贴给拥有耕地承包权的种地农民。考虑市(县)流转土地较多的实际,对于流转土地补贴对象,凡是承包(租赁)双方在合同(协议)中对补贴归属有明确规定的,按双方合同(协议)执行;没有合同(协议)的,补贴给拥有耕地承包权的农民(集体、单位)。

(六)明确补贴兑付方式

黑龙江省市(县)耕地地力保护补贴由市(县)财政部门通过“一折(卡)通”兑付到农民手中,在“一折(卡)通”摘要中注明“地力保护补贴”。

(七)探索耕地地力保护补贴资金集中使用机制

从 2016 年秋季开始,积极推进耕地地力保护试点,探索从耕地地力保护补贴资金中集中部分资金,对实施深松整地和秸秆还田的规模经营主体给予补助,促进黑龙江省农村实施深松整地、秸秆还田、施用农家肥等方法的面积达到 2 000 万亩。

四、相关工作要求

(一)加强组织领导

农业“三项补贴”改革事关广大农民群众切身利益和农业、农村发展大局,事关国家粮食安全和农业可持续发展。按照国家要求,农业“三项补贴”改革工作由各级政府负总责,财政部门和农业部门具体组织实施。各市(县)政府要切实加强组织领导,明确责任分工,密切部门合作,抓好工作落实,按照国家改革要求完善考核机制,加大政策宣传和督促检查力度,确保农民将补贴资金用于地力保护。市(县)财政、农业部门和各乡镇要切实做好补贴面积等基础数据

采集、审查核实、上报和补贴资金管理发放等工作。各乡镇要通过指导规范土地流转合同，依法依规合理确定流转土地补贴对象。

（二）强化资金管理

耕地地力保护补贴资金纳入粮食风险基金专户管理，实行单独设账、单独核算，确保补贴资金封闭运行。对于因政府征地等原因减少补贴面积结余的补贴资金要及时缴回专户并按照规定上缴省级财政，不得存储在除粮食风险基金专户外的其他账户中。各市（县）要将补贴工作经费重点向乡镇倾斜，主要用于核实补贴面积、建立补贴公示制度、推进农民补贴网建设、加强补贴监管等工作。对于骗取、套取、贪污、挤占、挪用农业支持保护补贴资金的，或违规发放补贴资金的，要依法依规严肃处理。以县为单位，由乡镇组织村级对农户秸秆还田、施用农家肥等耕地地力保护补贴资金使用情况进行考核，做出评估，把每亩地 10 元钱的地力提升资金用好。具体办法由省农业部门另行制定。

（三）严格执行补贴发放规定

继续落实“一个到村、两个到户、七个不准”要求，即农户补贴面积和补贴数额张榜公示到村；补贴政策宣传到户，补贴资金兑付到户；不准以补贴资金抵扣任何款项，不准截留、挤占和挪用补贴资金，不准由其他部门或村屯集中代领和转付补贴资金，不准无故拖延补贴资金发放时间，不准以任何理由借机增加农民负担，不准擅自收缴农民补贴“一折（卡）通”，不准擅自动用结余的补贴资金。同时，要严格执行补贴信访工作制度，坚持信访案件首问负责制，做到态度耐心，工作细心，限时办结，提升群众满意度；要严格执行定期检查与重点抽查相结合的补贴监督工作机制，及时发现并妥善处理有关问题。

（四）全面做好政策宣传解释工作

各级政府及相关部门要充分利用广播、电视、报纸等媒体，对补贴改革政策进行广泛宣传，主动接受有关部门和社会群众的监督，对于农民提出的建议和疑问要耐心倾听和解答，增加政策透明度，确保农业“三项补贴”改革政策家喻户晓，促进农业“三项补贴”改革工作顺利实施。

第二节　高标准农田建设支持政策

一、《全国高标准农田建设规划（2021—2030 年）》出台的背景

民以食为天，食以土为本。农田作为粮食生产的基础，其质量高低不仅影响粮食产量的高低，还关系到农产品质量的好坏，是粮食安全的根基。同时，农田作为生态系统的重要组成部分，土壤是重要的碳库（碳汇），对推动农业绿色低碳发展，推进农业农村生态文明建设具有重要作用。

党中央、国务院高度重视高标准农田建设。习近平总书记多次作出重要指示，强调要突出抓好耕地保护和地力提升，加快推进高标准农田建设，切实提高建设标准和质量，真正实现旱涝保收、高产稳产。为此，农业农村部会同有关部门和地方政府认真贯彻落实党中央、国务院决策部

署，深入实施“藏粮于地、藏粮于技”战略，加强政策支持，强化工作指导，推动各地大力推进高标准农田建设，改善农业生产条件、生态环境，提升粮食生产能力。截至2020年年底，全国已完成8亿亩(1亩≈667平方米)高标准农田建设任务。建成的高标准农田，在节水、节电、节肥、节药、节人工等方面均有明显效果，亩均粮食产能一般增加10%～20%，亩均节本增效约500元，为保护农民种粮积极性，确保全国粮食产量连续多年稳定在1.3万亿斤(1斤＝500克)以上发挥了重要支撑作用。

党的十九届五中全会明确提出，实施高标准农田建设工程，《中华人民共和国国民经济和社会发展第十四个五年规划和2035年远景目标纲要》(以下简称《“十四五”规划纲要》)和近年来中央一号文件均对编制实施新一轮全国高标准农田建设规划作出具体部署。为此，农业农村部深入16个省120多个县开展实地调研，多次召开专题会议研讨论证，在广泛征求中央有关部门、地方政府、相关领域专家，基层农田建设管理人员等各方面意见的基础上，牵头编制了《全国高标准农田建设规划(2021—2030年)》(以下简称《规划》)，并于2021年9月经国务院批复正式实施。

二、《规划》出台的意义

第一方面，为什么要建设高标准农田？“洪范八政，食为政首。”习近平总书记反复强调要扛稳粮食安全重任，推进高标准农田建设，稳步提升粮食产能，建设高标准农田是巩固和提升粮食产能的关键举措。为此，国家大规模推进高标准农田建设，并取得了显著的成效。近年来，我国粮食连年丰收，全社会库存充裕，尤其是在应对自然灾害，粮食和重要农产品稳产保供，经受住了考验。但同时也应看到我国粮食仍处于而且将长期处于“紧平衡”状态。随着人口数量的增加，特别是消费结构、营养水平的提升，我国粮食需求都将保持刚性增长的态势。同时面对病虫害和自然灾害等不确定因素的影响，我国在粮食安全方面也不能掉以轻心，必须要不断巩固和提升粮食的综合生产能力。

目前，从全国来看，我们的国情是人多地少水缺，而且耕地的质量总体还不高，中下等质量的耕地占70%左右，后备资源不足。加上光温、水土时空分配不均，还有利用不合理等问题，农田基础设施薄弱，抗灾减灾能力还不强。所以，当前和今后一个时期，我国粮食稳产保供既要保数量，还要保多样、保质量、保生态，确保国家粮食安全的任务是相当艰巨的。为此，稳住粮食安全这个压舱石，既要确保耕地的数量，还要不断提升耕地的质量以及整个农田的综合产能。高标准农田是旱涝保收、高产稳产的农田，是耕地中的精华。大力推进高标准农田建设，是巩固和提升粮食安全生产能力、保障国家粮食安全的关键举措和紧迫任务。“十四五”乃至今后更长一段时期，迫切需要加快高标准农田建设步伐，深入实施“藏粮于地、藏粮于技”战略，进一步筑牢国家粮食安全保障基础。

第二方面，高标准农田建设要达到一个什么样的目标和标准，建设的主要内容是什么？《规划》对高标准农田建设内容提出了明确要求，就是要通过田块整治、土壤改良、灌排沟渠和田间道路配套等综合措施，不断改善农田基础设施条件，集中力量打造集中连片、旱涝保收、节水高效、稳产高产、生态友好的高标准农田。这里面既有软件部分，也有硬件部分。从近些年的实际情况看，高标准农田建成以后，能够显著提高水土资源利用效率，增强粮食生产能力和防灾抗灾减灾能力，建成后项目区粮食产能平均能够提高10%～20%。《规划》提出，到2030年建成高标准农田12亿亩、改造提升现有高标准农田2.8亿亩。按1亩1 000斤产量来计算，

12 亿亩就能稳定 1.2 万亿斤以上粮食产能。约占 90%当前粮食的产量(1.3 万亿斤以上),将为保障国家粮食安全发挥极其重要的作用。

三、《规划》的主要特点和内容

(一)坚持系统思维和全局观念

立足我国国情和经济社会发展阶段,着眼长远和全局,综合考虑自然资源禀赋、工作基础、财力状况等因素,提出了今后一个时期高标准农田建设总体目标任务,明确到 2025 年累计建成 10.75 亿亩并改造提升 1.05 亿亩,到 2030 年累计建成 12 亿亩并改造提升 2.8 亿亩高标准农田;到 2035 年,全国高标准农田保有量和质量进一步提高。

(二)紧扣高质量发展主题

明确了高标准农田建设的田(田块整治)、土(土壤改良)、水(灌溉与排水)、路(田间道路)、林(农田防护和生态环保)、电(农田输配电)、技(科技服务)、管(管理利用)8 个方面的内容,可以说是集水、土、气、生态条件于一体,统筹协调的系统工程。要求加快构建科学统一、层次分明、结构合理的高标准农田建设标准体系。同时,综合考虑建设成本、物价波动、政府投入能力和多元筹资渠道等因素,逐步提高亩均投入水平,全国高标准农田建设亩均投资应逐步达到 3 000 元左右。

(三)紧盯粮食生产首要目标

优化了建设分区,明确了分区域建设重点,要求科学设计建设内容,加强项目精细化管理,严格执行相关建设标准和规范,开展耕地质量等级变更评价,提高建设质量。规范项目竣工验收,健全长效管护机制,实现项目长久持续发挥效益。同时,《规划》还明确了实施保障措施。

(四)注重坚持问题导向、目标导向

与上一轮 2011—2020 年的全国高标准农田建设总体规划相比,具有以下 3 个突出特点:

一是更加突出产能保障。立足确保谷物基本自给、口粮绝对安全,以提升粮食产能为首要目标,优先在永久基本农田、"两区"(即粮食生产功能区、重要农产品生产保护区),集中力量建设集中连片、旱涝保收、节水高效、稳产高产、生态友好的高标准农田,形成一批"一季亩均千斤、两季亩均吨粮"的口粮田,进一步保障国家粮食安全。

二是更加突出质量要求。坚持新增建设与改造提升并重、建设数量和建成质量并重、工程建设与建后管护并重,产能提升和绿色发展相协调(即"三并重一协调"),合理安排已建高标准农田改造提升,进一步提升粮食生产和重要农产品供给能力,形成更高层次、更有效率、更可持续的国家粮食安全保障基础。

三是更加突出针对性和可操作性。针对不同区域粮食生产面临的主要障碍因素,分类指导,将全国高标准农田建设分成东北区、黄淮海区、长江中下游区、东南区、西南区、西北区、青藏区 7 个区域,因地制宜提出各分区建设重点和分省建设目标任务。

四、《规划》的实施步骤

粮食安全是国之大事,是最重要的经济安全之一,是统筹发展和安全的重要内容。在《"十四

五”规划纲要》中有明确的部署。建设高标准农田是夯实粮食生产能力基础、保障国家粮食安全和重要农产品供给的关键举措。《“十四五”规划纲要》明确提出，要以粮食生产功能区和重要农产品生产保护区为重点，实施高标准农田建设工程，到 2025 年建成 10.75 亿亩集中连片高标准农田。

本《规划》是落实《“十四五”规划纲要》的重要专项规划之一，是指导今后一个时期系统、全面开展高标准农田建设的重要依据和规范性要求。《规划》对田、土、水、路、林、电、技、管 8 个方面提出了明确的要求，分七大区域明确了建设重点。在《规划》编制过程中，国家发展改革委按照《“十四五”规划纲要》部署，结合乡村振兴战略规划的实施，以及国土空间规划、水利建设规划等相关规划，加强统筹衔接平衡，特别是在高标准农田建设的目标任务和区域布局方面，提出尽力而为、量力而行的原则，强调“两个优先”，即集中力量在划定的永久基本农田保护区、粮食生产功能区和重要农产品生产保护区优先安排高标准农田建设，优先将现有或规划建设的大中型灌区范围之内的有效灌溉面积建成旱涝保收、稳产高产的高标准农田。《规划》进一步明确，到 2025 年累计建成高标准农田 10.75 亿亩，并改造提升 1.05 亿亩现有高标准农田。这些目标任务包括《规划》中高效节水灌溉的发展建设任务，与《“十四五”规划纲要》的部署要求是一致的，是完全衔接的。

为推进《规划》实施，下一步，国家发展改革委将重点做好以下工作：

(一)建立完善规划体系

会同农业农村部加快推进建立和完善国家、省、市、县四级高标准农田建设规划体系，做好与相关规划的衔接平衡，把规划任务落实落地，促进灌区骨干工程改造建设与田间工程实施相协同，确保高标准农田建设布局与全国农业生产布局相符合，为打造现代农业生产基地和产业集群，构建现代农业产业体系创造基础条件。

(二)加大资金的支持力度

在中央预算内投资安排方面，持续加大对高标准农田建设、大中型灌区等的支持力度，加强对投资计划执行情况的监管，推动落实“藏粮于地、藏粮于技”战略，确保国家粮食安全和重要农产品供给。2019 年至 2022 年国家中央资金投入总额就已高达 3 820 亿元人民币。

(三)推动完善相关的政策措施

推动完善相关的政策措施，如新建高标准农田和改造提升高标准农田具体投资标准的确定，不同区域高标准农田建设的投资标准，拓宽高标准农田建设的投入渠道，完善工程建设机制、建后管护机制等。要总结和推广各地建设高标准农田，多渠道多方式筹措建设资金的好经验、好做法，引导有条件的地方集中连片建设高标准农田，确保建一块、成一块。与此同时，持续加强大型灌区建设与现代化改造，推动建立设施完善、用水高效、管理科学、生态良好的灌区工程建设和运行管护体系，形成夯实粮食综合生产能力基础的合力。

第三节 基层农技推广体系改革与建设补助政策

2022 年，中央财政继续安排经费支持各地加强基层农技推广体系改革与建设。推动各地提高农业技术服务水平、改善推广条件，强化基层农技推广公益性职能履行。完善公益性推广和经营性服务融合发展机制，开展农业科技社会化服务。以国家现代农业科技示范展示基地和区域示范基地等为平台，聚焦粮食稳产增产、大豆油料扩种、农产品有效供给等，根据全国不同区域自然条件和生产方式，示范推广重大引领性技术和农业主推技术。支持全国农业科技现代化先行县的农技推广服务工作，围绕加快县域农业科技现代化，大力推动农业科技成果在县域层面落地转化推广应用。加强农技推广信息化建设，充分发挥"中国农技推广"App 作用，实现专家、农技人员和农民在线互动，实时解答生产技术难题。继续实施农业重大技术协同推广计划。支持各地围绕优势特色产业发展需求，继续在广大脱贫地区深入实施特聘农技员计划，推动巩固脱贫攻坚成果与乡村振兴相衔接。

一、总体要求

坚持问题导向、目标导向、结果导向，紧扣打赢脱贫攻坚战和弥补全面建设"三农"领域短板重点任务，以深化基层农技推广体系改革为抓手，以提升农技推广服务效能为目标，创新体制机制，强化职责履行，广泛集聚资源壮大农技队伍，激发人员活力提升服务效能，为农业农村发展实现"稳中有进、稳中向好"提供强有力的科技支撑和人才保障，助力打赢脱贫攻坚战和全面建成小康社会。

二、实施原则

在实施区域上，重点支持实施意愿较高、年度项目任务完成较好的农业县承担农技推广补助项目。在实施内容上，聚焦农业科技助力贫困地区产业发展、基层农技推广体系改革创新、优质绿色高效技术示范推广、重大农业技术协同推广模式构建完善等方面，提升推广服务效能，加快科技进村入户。在绩效管理上，强化以结果为导向的激励约束，提高项目实施成效和财政资源配置效率。

三、主要目标

打造一批集示范展示、培训指导、科普教育等多功能、一体化的农业科技服务平台，推广一批符合质量安全、节本增效、绿色生态等要求的农业先进适用技术模式。全国不低于 80% 的基层农技人员使用中国农技推广 App。基层农技人员业务水平和服务能力进一步提高，全国不低于 1/3 的基层农技人员接受连续 5 天以上的脱产业务培训，培育 10 000 名知识全面、技能过硬、服务优良的基层农技推广骨干人才，建设一支技术水平过硬、助力脱贫攻坚的特聘农技员队伍。实现农技服务贫困村全覆盖，贫困地区、特别是"三区三州"等深度贫困地区农技推广服务供给质量明显提高。在提供增值服务合理取酬、促进公益性推广与经营性服务融合发展、激励农技人员创新创业等方面形成一套行之有效的经验做法。

四、围绕"三农"发展全局狠抓工作落实，全力完成农技推广体系改革建设重点任务

(一)切实加大产业扶贫科技服务力度

在贫困地区以及其他有需求地区全面实施农技推广服务特聘计划，提供产业扶贫急需的

精准指导和咨询服务，增强贫困地区产业发展科技支撑能力。完善《特聘农技员遴选办法》《特聘农技员考核管理办法》等规章制度，规范《特聘农技员协议书》《技术服务合同》等相关协议，进一步严格招募程序，细化服务任务，强化人员管理。遴选推介一批服务效果好、扶贫效果好的特聘农技员，发挥典型示范和引领带动作用。组织基层农技人员全面对接贫困地区农业产业发展技术需要，确保贫困村农技指导服务及时到位，切实解决贫困村产业发展技术需求和贫困户生产经营的技术难题。

（二）深化基层农技推广体系改革

强化基层农技推广机构建设，改善工作条件，完善服务手段，充分履行公益性职能。建立公益性推广与经营性服务融合发展机制，支持农技人员进入家庭农场、合作社、农业企业，提供技术增值服务并合理取酬。支持农业科研院校开展农技推广工作，加快科技成果转化落地，鼓励农业科研教学人员以兼职、合作、交流等多种形式开展农技推广服务。通过公开招标、定向委托等方式，引导扶持农业社会化服务组织开展产前、产中、产后全流程农技指导，为农业生产经营者提供个性化、精准化、全方位的指导服务。

（三）提高农技推广队伍素质能力

完善基层农技人员分级分类培训机制，统筹利用各类培训资源，加强培训师资和课程体系建设，丰富理论教学、现场实训、案例讲解、互动交流等培训方式，对全国基层农技人员进行脱产业务培训。遴选一批业务能力较强、带动影响力较大的基层农技推广骨干人才，由省级农业农村部门统一组织培训，进一步提升其专业技能和实操水平，使其成为本地区本领域重大农业技术示范推广的骨干力量、新型职业农民培训的优秀师资。支持基层农技人员通过脱产进修、在职研修等方式提升学历。支持有条件地区通过"定向招生、定向培养、定向就业"的培养方式，吸引具有较高素质和专业水平的青年人才进入基层农技推广队伍。

（四）加强农业科技示范主体培育

主体培育向控数量、提质量、显成效转变。严控主体数量，结合地区产业发展和技术推广需要，科学确定年度主体培育数量。严把遴选条件，遴选技术能力较强、帮扶意愿较高的新型经营主体带头人、种养大户、乡土专家作为示范主体。强化作用发挥，通过指导服务、技术培训等方式，推动示范主体学习应用配套集成、简单易学的实用技术，省工省力、节本增效的新型农机具，提升其科学种养水平和自我发展能力，提高对周边农户、特别是贫困户的辐射带动能力。

（五）加强农业科技示范基地建设

围绕区域优势农产品和特色产业发展需求，建设长期稳定的"全国基层农技推广体系改革与建设补助项目农业科技示范基地"，开展主推技术示范推广、农民教育培训等，将基地打造成农业先进适用技术的展示窗口和为基层农技人员指导服务的综合平台。规范基地运行管理，明确年度任务和考核指标，健全基地档案，加强考核验收。自建、租用类基地要有明确的技术示范实施方案；合作类基地，要与基地主体签订技术示范协议。农业农村部将按照有一定面积规模、有引领性综合配套技术、有较强的科技支撑团队、有可持续的运行发展机制等要求，遴选发布一批国家农业科技示范展示基地。

(六)加快农业先进适用技术推广应用

结合农业农村部发布的年度农业主推技术、地方农业主导产业发展要求和农业生产经营者的技术需求,遴选推荐地方年度农业主推技术。围绕推进农业转型升级、质量兴农和绿色兴农等要求,推广一批优质、绿色、高效的技术模式,以县域为单元,组建技术指导团队,形成当地技术操作规范,依托示范基地、示范主体等开展展示推广,组织农技人员开展指导服务,促进技术快速进村、入户、到田。

(七)深入实施农业重大技术协同推广计划

继续在内蒙古、吉林、江苏、浙江、江西、湖北、广西、四川等 8 个省份开展农业重大技术协同推广试点,强化"省市县""三级纵向协同""政产学研推用"六方协同,完善"高效协作"的组织机制、"互利共赢"的利益联结机制、"双向反馈"的信息贯通机制,实现推广服务力量协同、参与主体利益协同、技术信息供需协同,全方位提升农业科技服务的供给能力和效率。鼓励其他省份自主开展农业重大技术协同推广。

(八)加强农技推广服务信息化建设

加强中国农技推广平台建设,丰富数据信息,强化服务功能,进一步提高其在农技人员和农业生产经营者中的覆盖面和使用率。推动科研教学人员、农技人员和社会化服务组织等利用信息化技术、互联网理念,开展农情采集、信息咨询、互动交流、技术普及等活动,全面提升服务效能。加强农技推广补助项目线上考核和成效展示,聚合农业新技术、新产品、新模式等资源,向农民和新型农业经营主体精准推送。

五、创新完善管理机制,为高效组织实施提供有力保障

按照涉农转移支付项目管理改革的要求,提高政治站位、强化使命担当,加大工作力度,确保高质量完成农技推广补助项目年度任务。

(一)加强组织领导

各省级农业农村部门要充分认识做好补助项目组织实施的重要意义,紧紧围绕 2022 年补助项目的总体思路和重点任务,结合地方实际,制定针对性强、操作性好的年度项目实施方案,并报农业农村部科技教育司备案。要进一步健全工作组织协调机制,推动政策衔接配套,实现上下协同联动。分行业组织实施的省份要加强系统内部沟通协调,明确各自职责任务,形成工作合力,发挥最大效能。定期开展项目调度,准确掌握执行进度,及时解决实施中存在的问题和困难。

(二)加强绩效管理

全面建立农技推广补助项目绩效管理制度,优化考评指标体系,进一步加大信息化绩效管理力度,通过集中考评、线上抽查、实地核查等方式,实现项目绩效管理全过程覆盖。基层农技推广体系改革与建设工作将继续列入农业农村部 2022 年专项工作延伸绩效管理实施范围,粮食主推技术到位率继续作为粮食安全省长责任制考核的重要内容。各省级农业农村部门要结

合本地区实际情况，创新绩效管理方式方法，构建以农技推广服务实效为导向的激励约束机制，增强各级项目承担单位的责任感，提高项目实施效果和财政资金使用效率。

（三）加强交流宣传

充分挖掘农技推广补助项目组织实施中的有效做法和成功经验，总结可复制和推广的典型模式，通过现场观摩、典型交流等方式和网络、报纸、电视等渠道进行宣传推介，为补助项目组织实施和农技推广体系建设营造良好环境。认真做好“互联网 + 农技推广”“服务之星遴选推介”“寻找最美农技员”等活动，发掘宣传一批爱岗敬业、勇于担当、业绩突出的典型人物。

项目二　粮食产业政策

粮食是关系国计民生的重要商品，是关系经济发展、社会稳定和国家自立的基础，保障国家粮食安全始终是治国安邦的头等大事。加快发展现代农业，一定要夯实粮食生产这一基础。虽然我国粮食生产已实现历史性的“十七连增”，连续 7 年稳定在 1.3 万亿斤以上，2021 年产量创历史新高、达到 13 657 亿斤，人均粮食占有量达到 483 公斤，高于国际公认的 400 公斤粮食安全线，做到了谷物基本自给、口粮绝对安全。但对我们这样一个十几亿人口的大国来说，人口还在增加，消费水平还在不断提高，无论怎样转方式、调结构，都绝不能把粮食产能调低、耕地调少，这是必须坚守的底线。只有粮食生产能力稳住了、上去了，我们才能始终把中国人的饭碗牢牢端在自己手上。

第一节　粮食补贴政策

一、粮食补贴

粮食补贴是国家对种田农户进行的补贴，是为了进一步促进粮食生产、保护粮食综合生产能力、调动农民种粮积极性和增加农民收入的一项政策，补贴包括小麦、玉米、油菜、棉花、水稻等品种，国家财政按一定的补贴标准和粮食实际种植面积，对农户直接给予的补贴。

（一）补贴对象

种地者可以领取补贴，如果把土地承包出去了，那么领取补贴的人就是承包者。

（二）部分地区补贴金额

黑龙江省 2023 年继续实施玉米、大豆差异化补贴政策，玉米生产者补贴标准为每亩 14 元，大豆生产者补贴标准为每亩 366 元，稻谷地下水灌溉为每亩 122.67 元，地表水灌溉为每亩 172.67 元。黑龙江省生产者补贴标准是全省统一的。具体补贴标准根据国家下达的玉米、大豆生产者补贴资金总额和玉米、大豆合法实际种植面积等因素统筹确定。2022 年玉米补贴标准每亩 28 元、大豆补贴标准每亩 248 元。

辽宁省 2023 年补贴标准在全省范围内并不统一，多地公布了所在地区的粮补金额标准，具体来看，鞍山市铁西区 2023 年玉米生产补贴标准每亩 50.57 元，大豆生产补贴标准为每亩 400.57 元；本溪市初步测算的 2023 年农业生产者补贴标准为玉米 74.1 元每亩，大豆 424.1 元/亩，水稻 135 元/亩；沈阳市于洪区 2023 年玉米补贴标准 69.19 元/亩，大豆补贴标准 419.19 元/亩。

2023 年吉林省境内粮补并不“完全一致”，各市县区可根据当地实际情况来确定粮补金额标准。以吉林产粮大县榆树市发布公告为例，明确了玉米、大豆粮补的具体补贴金额，发放目标价格补贴资金 44 630 万元，其中玉米补贴 22 892 万元、大豆补贴 15016 万元、稻谷补贴 6 722 万元。玉米面积 400.23 万亩，补贴标准为 57.19 元/亩。大豆面积 30.03 万亩，补贴标准为 500 元/亩(按基期面积补贴标准为 1 072.6 元/亩)。稻谷面积 65.55 万亩，补贴标准为 102.54 元/亩。

注：具体补贴标准根据生产者补贴资金总额和玉米、大豆、水稻合法种植面积测算确定。粮食补贴标准由于地域差异、粮食品种等原因有明显的不同。

(三)粮食补贴申请流程

(1)农民自己向村委会报告粮食作物种植面积。
(2)村委会负责核实农民自报告的粮食作物种植面积。
(3)村委会向当地镇农业办公室汇总上报经过核实的农民自报告种植面积。
(4)镇农业办公室汇总各村上报的户汇总面积。
(5)镇农业办公室安排专人到村公示每户种粮农民的种植面积(公示期 7 天)。
(6)公示无异议的，汇总上报县、市农业农村局、财政局，存在异议的重新进行核定。
(7)县、市财政局审核通过后向每户“惠农一卡通”账户发放补贴款，农户自行查收。

特别注意：该流程为全国通用流程，各个地区的政策有所差异，仅供参考，详情请咨询当地农业部门。

(四)领不到粮食补贴的情况

1. 未经申报的种植面积

任何国家补贴都需要申报登记审核，通过之后才会发放补贴。所以，农民首先要申报当年自家的粮食作物种植面积，然后进行公示、核实、张贴公示，最后下发补贴。

2. 有明确退耕要求土地

如果在国家有明确退耕要求的土地(如严重破坏、水资源枯竭、土地污染等)上种植作物，则取消补贴。

3. 未经批准开垦的土地

在未经批准开垦的土地或者在禁止开垦的土地上种植玉米、大豆和稻谷等作物，也是领取不到相应补贴的。

4. 享受粮改饲的青贮玉米

青贮玉米不是指农民种的普通玉米，而是用作养殖饲料的专用玉米，这种玉米属于“粮改饲”，也可以领取补贴，但是与粮补中的玉米补贴不能重合。

5. 其他情况

另外，选择外出打工已经放弃种地的农民、将土地流转出去的农民、私自开荒的农民、将土地使用性质改变的农民也是申领不到粮食补贴的。

二、规模种植补贴

1. 规模种植要符合一定的标准

(1)相对集中成片承包耕地或租种耕地 50 亩以上，种植一季主要粮食作物，包括水稻、玉米、小麦、马铃薯、红苕、大豆、高粱等。

(2)按基本种植技术要求规范耕种，不得粗放种植。

(3)统一生产经营管理，包括统一耕作土地、购买农资、病虫害防治、销售产品等。

(4)独立承担风险、自负盈亏，独自享有产品处置权。

另外，粮食补贴与土地承包没有关系，因为国家只对该田种植者进行补贴。

2. 补贴原则

对规模种植实行种植 50 亩以上(含 50 亩)至 100 亩以下和种植 100 亩以上(含 100 亩)两档补贴。同一户在同一季种植补贴粮食作物 2 种以上，其补贴标准按照作物种植面积累计确定。补贴实行动态调整机制，具体补贴标准按当年粮食直补和农资综合补贴方案的相关规定执行。

以江西省寻乌县 2023 年补贴政策为例，对按时序申报，经村级核实并公示无异议，乡(镇)审核验收，田间管理到位、无特殊自然灾害产量达到正常水平，种植双季稻 50 亩以下的，给予早稻 100 元/亩、晚稻 50 元/亩奖补；种植双季稻 50 亩(含)以上的，给予早稻 150 元/亩奖补、晚稻 50 元/亩奖补。种植早中稻＋再生稻(5 月 1 日前完成移栽)的，参照双季稻早稻标准奖补。种植一季中稻或晚稻的，给予 50 元/亩奖补。

三、复垦抛荒耕地补贴

(1)对复垦抛荒耕地(指水田)用于种植粮食作物面积达 20 亩(含)以上的种粮大户(合作社、公司)，按 400 元/亩的标准给予复垦补助。

(2)对复垦抛荒耕地(指水田)用于种植粮食作物的农户，按 200 元/亩的标准给予复垦补助。

四、小麦、水稻最低收购价政策

2023 年，国家继续在粮食主产区实行小麦、稻谷最低收购价政策，保护广大农民利益，防止“谷贱伤农”。2023 年小麦保护价为每 100 斤最低收购价为 117 元，折合为 1.17 元一斤，比 2022 年提高 2 分钱。2023 年生产的早籼稻、中晚籼稻和粳稻最低收购价分别为每 100 斤 126 元、129 元和 131 元。早籼稻比上年提高 2 分钱，中晚籼稻、粳稻均与上年持平。国家继续对有关稻谷主产省份给予适当补贴支持。

五、产粮(油)大县奖励政策

产粮(油)大县奖励政策的目标是调动地方政府抓好粮食、油料生产的积极性，缓解产粮(油)大县财政困难，促进粮食、油料产业发展，保障国家粮油安全。常规产粮大县入围条件为：近五年平均粮食产量大于 4 亿斤，且商品量大于 1 000 万斤；或者在主产区产量或商品量名列前 15，非主产区名列前 5 的县级行政单位。在此基础上，近五年平均粮食产量或者商品量分别位于全国前100名的县为超级产粮大县，在获得常规产粮大县奖励的基础上，再获得超级产粮大县奖励。常规产粮大县奖励资金作为一般性转移支付，由县级人民政府统筹使用，超级产粮大县奖励资金用于扶持粮食生产和产业发展。产油大县奖励入围条件由省级人民政府按照"突出重点品种、奖励重点县(市)"的原则确定，入围县享受的奖励资金不低于100万元，全部用于扶持油料生产和产业发展，特别是用于支持油料收购、加工等方面的支出。

第二节 粮食绿色增产政策

一、落实和完善粮食扶持政策

认真完善和落实粮食补贴政策，提高补贴的精准性和指向性。新增粮食补贴要向粮食主产区和主产县倾斜，向新型粮食生产经营主体倾斜。加强补贴资金监管，确保资金及时、足额补贴到粮食生产者手中。引导和支持金融机构为粮食生产者提供信贷等金融服务。完善农业保险制度，对粮食作物保险给予支持。

二、建立新型粮食生产经营体系

积极培育种粮大户、家庭农场、农民合作社、农业产业化龙头企业等新型粮食生产经营主体。加快建立健全承包土地经营权流转市场，鼓励有条件的农户在自愿的前提下，将承包土地经营权流转给新型粮食生产经营主体。

三、切实加强耕地保护

落实最严格的耕地保护制度，加快划定永久基本农田，确保基本农田落地到户、上图入库、信息共享。确保耕地保有量在18亿亩以上，基本农田不低于15.6亿亩，防治耕地重金属污染。2023年全国测土配方施肥技术推广覆盖率稳定在90%以上，化肥利用率得以提高，实现化肥施用量零增长。推广高效、低毒、低残留农药，生物农药和先进施药机械，推进病虫害统防统治和绿色防控，2023年主要农作物病虫害绿色防控面积覆盖率达到54.1%，化肥、农药利用率超过41%。

四、积极推进粮食生产基地建设

建成一批优质高效的粮食生产基地，将口粮生产能力落实到田块地头。加大财政均衡性转移支付力度。大力开展粮食高产创建活动，推广绿色增产模式，提高单产水平。引导企业积极参与粮食生产基地建设，发展产前、产中、产后等环节的生产和流通服务。加强粮食烘干、仓储设施建设。

五、加快建设高标准农田

粮食主销区和产销平衡区要建设一批旱涝保收、高产稳产的口粮田，稳定和提高粮食自给率。加强农田水利建设，实施农业节水重大工程，解决好农田灌溉"最后一公里"问题，不断提高农业综合生产能力。

六、提高粮食生产科技水平

将提高粮食单产作为主攻方向，加大财政投入，鼓励引导社会资本参与粮食生产科技创新与推广运用，努力提高科技对粮食生产的贡献率。培育和推广“高产、优质、多抗”粮油品种。大规模开展粮食高产创建和增产模式攻关，集成推广高产、高效、可持续的技术和模式。加快发展农业机械化，强化农机农艺深度融合，实现粮食作物品种、栽培技术和机械装备的集成配套。建立基层农技推广机构和人员绩效考核激励机制。

项目三 畜牧业政策

畜牧业是我国农业的重要组成部分，畜牧业的健康稳定发展，不仅关系到农民的增收致富，更关系到民生大计。为扶持畜牧养殖业的发展，国家出台了一系列政策，鼓励广大农民规模养殖、科学养殖、安全养殖。重点加强对生猪、奶牛、肉牛、肉羊标准化规模养殖场（小区）建设的支持力度，实施畜禽良种工程，加快推进规模化、集约化、标准化畜禽养殖，增强畜牧业竞争力。

第一节 生猪扶持政策

为调动发展生猪养殖积极性，中央财政安排奖励资金，专项用于发展生猪生产，具体包括规模化生猪养殖户（场）圈舍改造、良种引进、粪污处理的支出，以及保险保费补助、贷款贴息、防疫服务费用支出等。奖励资金按照“引导生产、多调多奖、直拨到县、专项使用”的原则，依据生猪调出量、出栏量和存栏量权重分别为 50%、25%、25%进行测算。

一、生猪规模化养殖场建设补助项目

（一）支持范围和对象

为贯彻落实党中央、国务院关于稳定生猪生产保障市场供应的部署要求，中央预算内投资将加大生猪规模化养殖场建设支持力度，促进生猪生产加快恢复。2019 年起，对新建、改扩建种猪场、规模猪场（户）和禁养区内规模养猪场（户）异地重建等给予一次性适当补助。优先支持生猪调出大县和地方政府积极性高的县申报项目。补助对象生猪规模为年出栏在 1 000～50 000 头；新建的规模化养殖场（种猪场）相关用地、环评等手续齐全，种猪场还须具有种畜生产经营许可证；改扩建的养殖场（种猪场）已在农业农村部养殖场直联直报信息平台登记备案。

（二）支持政策

强化猪肉市场供应省负总责的属地管理责任，生猪规模化养殖场建设资金以相关主体和地方政府投入为主，中央给予建设补助。中央补助资金主要支持生猪规模化养殖场和种猪场建设动物防疫、粪污处理、养殖环境控制、自动饲喂等基础设施。中央预算内投资通过定额补助方式予以支持，采取切块方式下达。各省可结合产业发展基础、建设需求等情况，因地制宜确定建设数量，设置分档补助标准，中央补助比例原则上不超过项目总投资的 30%，最低不少于 50 万元，最高不超过 500 万元。对于禁养区搬迁、异地重建的规模化养殖场优先给予支持。

（三）主要建设内容

1. 生物防控体系建设

通过新建和改扩建的方式，提高生物安全防护水平。主要建设内容包括车辆洗消中心，购入、出售和淘汰猪中转点，移动式转猪台，中转料塔，烘干房，人员隔离缓冲区，人员更衣、淋浴消毒间，物资消毒间，物理隔离带（围栏），消毒池等。

2. 养殖废弃物资源化利用

支持生猪规模化养殖场和种猪场转变养殖方式，采用污水减量、厌氧发酵、好氧发酵等措施处理和利用畜禽粪污，促进畜禽粪污资源化利用。主要建设内容包括畜禽粪污收集设施、贮存设施、沼气工程设施、氧化塘、粪便堆肥（沤）设施、运输设施等。

3. 养殖环境控制

以提升猪舍环境舒适度，减少环境变化对猪造成的应激，提高猪群福利和健康水平为目标，主要建设内容为自动化通风系统，包括风机、通风窗、湿帘、卷帘、进排风筒等配套设施设备；自动化温控系统，包括降温、加热、空调换气和空气过滤等配套设施设备；自动化环境监测系统，包括 CO_2、NH_3、H_2S 浓度传感器、数据采集传输设备和监控主机等。

4. 自动化饲喂

以生猪养殖智能化和自动化为目标，实现生猪生产精准作业、精准控制，主要建设内容为自动饮水系统、精准上料系统和料塔、个体身份识别系统、精准管理系统等。

（四）申报部门和流程

项目申报主体填写《生猪规模化养殖场建设项目中央预算内投资计划申报表》及提供相关证明材料，经县（市、区）发展改革委、农业农村局审核上报市（州）发展改革委、农业农村局，联合审核后确定推荐项目清单，联合行文报送至省发展改革委（农经处）和农业农村厅（计财处）。

二、种猪场和规模猪场贷款贴息

（一）支持范围和对象

该专项补贴实行申报制管理，重点支持种猪场（含地方猪保种场）和年出栏 5 000 头以上的规模猪场（以下简称“两场”）。

（二）支持内容和标准

各地可根据实际，对具有种畜禽生产经营许可证的种猪场（含地方猪保种场）及年出栏 5 000 头以上的规模猪场给予短期贷款贴息支持，贴息范围重点是用于相关企业购买饲料和购买母猪、仔猪等方面的生产流动资金，贴息资金从中央财政农业生产发展资金中的适度规模经营资金中统筹安排，养殖企业银行贷款贴息比例原则上不超过 2%。此外，地方财政还可通过自有财力等其他渠道安排贴息资金，但贴息比例总和不得高于同期银行基准利率。贴息范围重点是用于企业购买饲料、母猪、仔猪等方面的生产流动资金。

注:各省市地区政策有所差异,补贴详情请咨询当地农业部门。

(三)申报部门和流程

符合贷款贴息条件的“两场”填写《种猪场和规模猪场流动资金贷款贴息申请表》,并附贷款相关佐证资料,通过县(市、区)和市(州)农业农村部门、财政部门审核后,上报省级财政厅(农业农村处)、省级农业农村厅(计划财务处和畜牧兽医处)申请贷款贴息资金。

三、能繁母猪保险和育肥猪保险

(一)支持范围和对象

该专项补贴实行申报制管理,能繁母猪或育肥猪养殖农户、规模场可向当地承保机构申请。

(二)支持内容和标准

能繁母猪保险按每头能繁母猪保额 1 000 元,保费率按 6%(60 元)给予贴息支持,其中,中央财政负担 28.8 元,省级财政负担 19.2 元,农民自己负担 12 元。

育肥猪保险按每头育肥猪保额 500 元,保费率按 6%(30 元)。所缴纳的保费按中央财政补贴 50%,省级财政补贴 10%~20%,市、县级补贴 10%~20%,即中央财政 15 元,省级财政 3~6 元,市、县级财政 3~6 元,农民负担 6 元。赔偿金额按照投保育肥猪生长发育不同阶段的体重或长度实行分段赔偿。当发生高传染性疫病,政府实施强制扑杀后,每头能繁母猪或育肥猪将按保险金额减去政府扑杀金额后赔付。

根据中国银保监会办公厅、农业农村部办公厅《关于支持做好稳定生猪生产保障市场供应有关工作的通知》(银保监办发〔2019〕189 号)精神,自 2019 年 5 月 1 日起提高能繁母猪、育肥猪保险保额,将能繁母猪保额从 1 000~1 200 元增加至 1 500 元、育肥猪保额从 500~600 元增加至 800 元。之后结合《中央财政农业保险保费补贴管理办法》修订情况统筹研究后续实施期限问题。

四、非洲猪瘟强制扑杀补助经费

(一)支持范围和对象

根据农业农村部印发《非洲猪瘟疫情应急实施方案(2020 年版)》,在经农业农村部认定和发布的非洲猪瘟疫情应急处置工作中,对强制扑杀的生猪及人工饲养的野猪,按照有关规定给予补偿,扑杀补助经费由中央财政和地方财政按比例承担。

(二)支持内容和标准

根据农业农村部办公厅、财政部办公厅《关于做好非洲猪瘟强制扑杀补助工作的通知》(农办计财〔2019〕4 号)精神,对此次强制扑杀补助标准暂按 1 200 元/头补贴,各地可根据生猪大小、品种等因素细化补助标准。

(三)申报部门和流程

各地县级农业农村部门、财政部门负责做好非洲猪瘟扑杀生猪数量的登记备案、扑杀补助经费的核实发放工作。

五、生猪良种补贴项目

(一)支持范围和对象

重点支持生猪养殖大县母猪养殖场户。

(二)支持内容和标准

通过农业生产发展资金调结构对母猪养殖场户购买使用良种猪精液进行补贴，推广人工授精技术。补贴对象为使用良种猪精液开展人工授精的母猪养殖场(户)，补贴标准每头能繁母猪年补贴额不超过40元。

(三)申报部门和流程

生猪养殖大县(市、区)农业农村部门、财政部门负责做好本地补贴精液生产供应种公猪站招标公示，由中标种公猪站按补贴价格对当地母猪养殖场户开展精液供应和人工授精服务。

六、生猪调出大县奖励政策

(一)生猪调出大县奖励政策的主要目标

调动地方政府发展生猪养殖积极性，促进生猪生产、流通，引导产销有效衔接，保障市场供应。生猪调出大县奖励资金包括生猪调出大县奖励资金、省级统筹奖励资金两个部分，对生猪调出大县前500名给予支持。

(二)支持范围和对象

根据财政部印发《生猪(牛羊)调出大县奖励资金管理办法》{(财建)〔2015〕778号)}规定，主要以统计系统公开发布的分县分年数据为基础，对统计数据达到规定标准的县予以奖励，奖励资金由财政部按因素法分配到县，分配因素包括过去三年年均生猪调出量、出栏量和存栏量，因素权重分别为50%、25%和25%。财政部对生猪调出大县实行动态管理。

(三)支持内容和标准

生猪调出大县坚持“引导生产、多调多奖、直拨到县、专项使用”的原则，专项用于以下五种支出：一是规模化生猪养殖户(场)猪舍改造、良种引进、粪污处理的支出；二是生猪养殖大户购买种公猪、母猪、仔猪和饲料等的贷款贴息和保险保费补助支出；三是生猪流通和加工方面的贷款贴息支出；四是生猪防疫服务费用支出；五是经财政部批准的其他支出。奖励资金是具有特定用途的专项资金，只能用于上述发展生猪生产等方面的支出，严格控制支出规模和范围，不得用于部门基本建设经费、人员经费和公用经费等与生猪生产无关的支出。奖励资金支持标准由各县农业农村部门、财政部门根据当地实际情况共同制定。

(四)申报部门和流程

生猪调出大县(市、区)农业农村部门、财政部门负责制定奖励资金分配方案、建立监管制度、规范资金使用。生猪养殖场可按照当地县级农业农村部门、财政部门制定资金管理办法和条件申报奖励资金。

七、畜禽粪污资源化利用项目

(一)支持范围和对象

该项目为一次性财政支持项目,实行项目制管理,有中央财政和中央预算内投资两个支持渠道,两类项目间不再重复支持。支持范围为农业农村部确定的500个生猪调出大县。各省级财政厅根据各地猪当量和贫困因素,支持非生猪调出大县实施畜禽粪污资源化利用整县推进项目。

(二)支持内容和标准

重点支持两方面内容:一是以农用有机肥和农村能源为重点,支持第三方处理主体粪污收集、贮存、处理、利用设施建设,推行专业化、市场化运行模式,促进畜禽粪污转化增值;二是支持规模养殖场特别是中小规模养殖场改进节水养殖工艺和设备,建设粪污资源化利用配套设施,按照种养匹配的原则配套粪污消纳用地,或者委托第三方进行处理,落实规模养殖场主体责任。具体支持标准由当地农业、财政部门共同制定。

(三)申报部门和流程

县(市、区)农业农村部门会同财政部门或发改部门负责做好全县推进项目实施方案,经县级人民政府审定后,报省级农业农村部门、财政部门审查,并报农业农村部、财政部、国家发展和改革委员会备案。生猪规模养殖场户可按照当地县级农业农村部门、财政部门制定的项目方案规定申请建设资金。

八、国家出台支持生猪生产政策

(一)基础设施方面

对新建、改扩建种猪场、规模猪场(户)和禁养区内规模养猪场(户)异地重建等给予适当补助,支持动物防疫、粪污处理、养殖环境控制、自动饲喂等基础设施建设;适当增加生猪调出大县奖励资金规模,重点支持生猪生产发展、动物疫病防控和流通基础设施建设。

(二)贷款贴息方面

将符合规定的种猪场、规模猪场用于新建、改扩建猪场的建设资金纳入支持范围。

(三)保险方面

将能繁母猪保额从1 000～1 200元增加至1 500元,育肥猪保额从500～600元增加至800元,鼓励具备条件的地方把握时间窗口,持续开展并扩大生猪价格保险试点。

（四）粪污处理方面

从 2019 年开始扩大畜禽粪污资源化利用整县推进项目实施范围，择优选择 100 个生猪存栏量 10 万头以上的非畜牧大县开展畜禽粪污资源化利用整县推进，对符合条件的项目县，中央投资补助比例不超过项目总投资的 50%，最多不超过 3 000 万元，"十四五"期间提出了两个新的目标，一是每个项目县建设不小于四万亩的畜禽粪肥还田利用示范基地，二是到 2025 年示范基地的粪肥替代化肥的比例要达到 30%以上，土壤有机质的含量明显提升，减排固碳成效显著。

（五）补贴补助方面

继续实施生猪良种补贴，补贴标准每头能繁母猪每年不超过 40 元；非洲猪瘟强制扑杀补助经费由现行按年度结算调整为每半年结算发放一次，中央和省级财政资金下达后，县（市）要在 3 个月内将补助资金给付到位；强化省级财政的统筹作用，对非洲猪瘟防控经费保障、落实稳定生猪生产、强制扑杀补助等政策措施确有困难的县市，可降低或取消县（市）财政承担比例。

（六）养殖用地方面

生猪养殖用地按农用地管理，无须办理建设用地审批手续，在不占用永久基本农田的前提下，合理安排生猪养殖用地空间，允许一般耕地用于生猪养殖用地，养殖用途耕地不需占补平衡；生猪养殖圈舍、场区内通道及绿化隔离带等生产设施用地，根据养殖规模确定用地规模，增加附属设施用地规模，取消 15 亩上限规定，保障生猪养殖生产的废弃物处理等设施用地需求。

养殖设施允许建设多层建筑。生猪养殖使用林地保护利用规划中宜林地的，可以由养殖企业（户）与农村集体经济组织、林地承包方或经营单位签订租赁合同，报县级林业主管部门备案，这部分宜林地按不改变林地用途使用，不占用林地定额。宜林地是林业用地的一个类别，是指适合种植林木的土地，凡采伐迹地、火烧迹地、林中空地以及林木生长的一切荒山荒地，统称宜林地，如常见的荒山、坡地等。

生猪养殖确需使用除宜林地以外的其他林地，改变林地用途的，进一步简化使用林地审核手续，切实保障林地定额。为提高审批效率，生猪养殖使用林地手续办理权限可由省级林业主管部门委托县级林业主管部门。

（七）禁养区划定方面

依法科学划定禁养区，国家法律法规和地方性法规之外的其他规章和规范性文件不得作为禁养区划定依据；开展禁养区划定情况排查，立即整改违反法律法规规定的超划禁养区情况，对打着环保名义搞"无猪市""无猪县"的，一律责令整改；加强禁养区整改调整政策支持，对禁养区内关停需搬迁的规模化养殖场户，优先支持异地重建，对符合环保要求的畜禽养殖建设项目，加快环评审批，对确需关闭的养殖场户，给予合理过渡期，严禁采取"一律关停"的简单做法。

（八）运输方面

从 2019 年 9 月 1 日起，对整车合法运输仔猪及冷鲜猪肉的车辆，恢复执行鲜活农产品运输"绿色通道"政策。

(九)抵押贷款方面

在辽宁、河南、广东、重庆等地开展土地经营权、养殖圈舍、大型养殖机械抵押贷款试点,支持具备生猪活体抵押登记、流转等条件的地区按照市场化和风险可控原则,积极开展生猪活体抵押贷款试点;对符合授信条件但暂时遇到经营困难的种猪场(地方猪保种场)、生猪规模养殖场和屠宰加工企业,不得盲目限贷、抽贷、断贷。

(十)农机方面

将全国农机购置补贴机具种类范围内的所有适用于生猪生产的机具原则上全部纳入省级补贴范围,对生猪养殖场(户)购置自动饲喂、环境控制、疫病防控、废弃物处理等农机装备应补尽补。

(十一)环评方面

推进养殖项目环评“放管服”改革,超过 96%的生猪养殖项目(年出栏量 5 000 头以下的生猪养殖项目)在线填写环境影响登记表备案,无须办理环评审批。对年出栏 5 000 头及以上的生猪养殖项目,探索开展环评告知承诺制改革试点,建设单位在开工建设前,将签署的告知承诺书和环境影响报告书等要件报送环评审批部门。在收到要件后,环评审批部门可以不经评估、审查直接做出审批决定,并切实加强事中、事后监管。

对规模以下生猪养殖项目和不设置污水排放口的规模以上生猪养殖项目,不得要求申领排污许可证和取得总量指标。

(十二)动物防疫体系方面

开展基层动物防疫机构标准化建设,按照“三权归县、服务在乡”的管理机制设置乡镇或区域性畜牧兽医站,通过“以钱养事”等机制配备乡村防疫人员,强化疫情处置应急队伍建设,尽快补齐防疫机构体系和人员队伍等短板。全面推进病死猪专业化集中处理,优化布局,落实补助资金,支持无害化处理企业提升收集、转运、处理各环节生物安全水平。

(十三)脱贫帮扶方面

通过“公司 + 农户”、托管租赁、入股加盟等方式,对中小养殖户实行包片帮扶,带动有能力、有意愿的中小养殖户增养补栏。

(十四)示范创建方面

继续开展生猪养殖标准化示范创建活动,按照质量管理制度化、厂区环境整洁化、设施设备标准化、生产经营规范化、检测检验科学化、排放处理无害化的总体要求,从 2021 年开始,利用 5 年左右时间,在全国创建一批生猪屠宰标准化建设示范单位,发挥示范引领作用,提升生猪屠宰行业标准化水平。

(十五)科技服务方面

加大非洲猪瘟疫苗科研攻关力度。开展非洲猪瘟防控技术集成示范,推广大型养殖企业有效防控模式。实施生猪良种补贴，推广人工授精技术。发挥畜牧兽医技术支撑机构、行业协会、国家生猪产业技术体系的技术优势，通过培训讲座和入户指导等方式，推广生猪疫病防控、节本增效实用技术。

第二节　病死畜禽无害化处理政策

国家高度重视病死畜禽和病害畜禽产品无害化处理工作，这不仅是阻断重大动物疫病传播流行的有效手段，还是维护畜禽产品质量安全和生态环境安全的重要举措。近年来，各地区有关部门认真贯彻落实《国务院办公厅关于建立病死畜禽无害化处理机制的意见》，加快构建处理体系，完善工作机制，强化政策支持，推动病死畜禽无害化处理工作取得积极成效。但在工作实践中发现，生产经营者主体责任落实不到位、处理体系不健全、处理方式不规范、监督管理措施不完善等问题仍旧存在，随意丢弃病死畜禽等情况时有发生，既造成动物疫病传播隐患，又存在着病死畜禽和病害畜禽产品进入食品链条、污染环境等风险。针对这些突出问题，为深入贯彻落实 2021 年新修订的《中华人民共和国动物防疫法》(以下简称《动物防疫法》)，农业农村部制定了《病死畜禽和病害畜禽产品无害化处理管理办法》(以下简称《办法》)，进一步完善健全了病死畜禽和病害畜禽产品无害化处理制度机制，促进畜牧业高质量发展。

一、《办法》的适用范围

《办法》适用于《国家畜禽遗传资源目录》明确的畜禽种类范围，覆盖畜禽饲养、屠宰、经营、隔离、运输等过程中病死畜禽和病害畜禽产品的收集、无害化处理及其监督管理活动。《办法》明确规定应当进行无害化处理的畜禽和畜禽产品有：染疫或者疑似染疫死亡、因病死亡或者死因不明的；经检疫、检验可能危害人体或者动物健康的；因自然灾害、应激反应、物理挤压等因素死亡的；屠宰过程中经肉品品质检验确认为不可食用的；死胎、木乃伊胎等；因动物疫病防控需要被扑杀或销毁的；其他应当进行无害化处理的。对病死水产养殖动物和病害水产养殖动物产品的无害化处理，可参照本《办法》执行。

二、《办法》的主要内容

1. 主要规定

《办法》分为总则、收集、无害化处理、监督管理、法律责任、附则，共 6 章 39 条，规定主要体现在以下三个方面。

一是进一步健全责任机制。《办法》提出病死畜禽和病害畜禽产品无害化处理应当坚持统筹规划与属地负责相结合、政府监管与市场运作相结合、财政补助与保险联动相结合、集中处理与自行处理相结合的原则，细化明确了生产经营者主体责任、地方人民政府属地管理责任、各级农业农村主管部门监督管理责任等三方责任。

二是进一步加强收集运输管理。《办法》要求生产经营者应当及时贮存、清运病死畜禽和病害畜禽产品，明确了委托处理应当符合的要求和集中暂存点应当具备的条件。《办法》还要求对病死畜禽和病害畜禽产品专用运输车辆实行备案管理，从事运输的单位和个人应当落实消毒、卫生防护等措施。

三是进一步规范无害化处理。《办法》规定无害化处理场建设应当符合规划并依法取得动物防疫条件合格证，养殖、屠宰、隔离场(厂)内自行处理应当符合无害化处理场所的动物防疫条件，省级农业农村主管部门组织制定自行处理零星病死畜禽的技术规范。《办法》还鼓励依法依规对无害化处理产物进行资源化利用。

2. 处罚规定

一是畜禽养殖场、养殖户、屠宰厂(场)、隔离场等未按规定贮存、清运、自行处理病死畜禽和病害畜禽产品，以及集中暂存点、病死畜禽无害化处理场未按规定配备专门人员，要按照《动物防疫法》第九十八条规定处罚。

二是畜禽养殖场、屠宰厂(场)、隔离场、病死畜禽无害化处理场没有取得动物防疫条件合格证从事无害化处理活动的，要按照《动物防疫法》第九十八条规定处罚；生产经营条件发生变化，不再符合动物防疫条件继续从事无害化处理活动的，要按照《动物防疫法》第九十九条规定处罚。

三是专业从事病死畜禽和病害畜禽产品运输的车辆，没有向承运人所在地县级农业农村主管部门备案，要按照《动物防疫法》第九十八条规定处罚；病死畜禽和病害畜禽产品专用运输车辆不符合《办法》规定的要求，要按照《动物防疫法》第九十四条规定处罚。

四是病死畜禽和病害畜禽产品无害化处理场所未建立管理制度，从事畜禽饲养、屠宰、经营、隔离以及病死畜禽和病害畜禽产品收集、无害化处理的单位和个人未建立台账或者未进行视频监控的，由县级以上地方人民政府农业农村主管部门责令改正；拒不改正或者情节严重的，处二千元以上二万元以下罚款。

三、办法的施行时间

《办法》自2022年7月1日起施行。

第三节 综合治理养殖污染政策

近年来，我国畜禽养殖业发展迅速，已经成为农村经济最具活力的增长点，对保障消费者“菜篮子”供给、促进农民增收致富具有重要意义。但是，由于我国畜禽养殖业发展缺乏必要的引导和规划，更多是自发、单纯地面向市场需求自由发展，导致我国畜禽养殖业布局不合理、种养脱节，部分地区养殖总量超过环境容量，加之畜禽养殖污染防治设施普遍配套不到位，大量畜禽粪便、污水等废弃物得不到有效处理便进入循环利用环节，导致环境污染。第一次全国污染源普查数据表明，畜禽养殖业COD、总氮、总磷的排放量分别为1 268万吨、106万吨和16万吨，分别占全国污染排放总量的41.9%、21.7%、37.7%，分别占农业源排放量的96%、38%、65%。近年的污染源普查动态更新数据显示，畜禽养殖污染物排放量在全国污染物总排放总量中的占比有所上升。可见，畜禽养殖污染物减排已不容小觑，处理不当将影响国家节能减排目标的实现及国家生态环境质量的整体改善。

一、畜牧业综合治理养殖污染发展规划目标

根据《全国农业可持续发展规划(2015—2030年)》，畜牧业综合治理养殖污染发展规划

为:支持规模化畜禽养殖场(小区)开展标准化改造和建设,提高畜禽粪污收集和处理机械化水平,实施雨污分流、粪污资源化利用,控制畜禽养殖污染排放。到 2020 年和 2030 年养殖废弃物综合利用率分别达到 75%和 90%以上,规模化养殖场畜禽粪污基本实现资源化利用,实现生态消纳或达标排放。在饮用水水源保护区、风景名胜区等区域划定禁养区、限养区,全面完善污染治理设施建设。2017 年年底前,依法关闭或搬迁禁养区内的畜禽养殖场(小区)和养殖专业户。建设病死畜禽无害化处理设施,严格规范兽药、饲料添加剂的生产和使用,健全兽药质量安全监管体系。严格控制近海、江河、湖泊、水库等水域的养殖容量和养殖密度,开展水产养殖池塘标准化改造和生态修复,推广高效安全复合饲料,逐步减少使用冰鲜杂鱼饵料。

二、畜禽规模养殖污染防治条例

《畜禽规模养殖污染防治条例》2013 年 10 月 8 日国务院第 26 次常务会议通过,自 2014 年 1 月 1 日起施行。立法目的是防治畜禽养殖污染,推进畜禽养殖废弃物的综合利用和无害化处理,保护和改善环境,保障公众身体健康,促进畜牧业持续健康发展。

畜禽养殖业环境问题已经成为妨碍产业本身健康发展的重要因素。粪便、尸体、废水等废弃物处置不当,将恶化生产环境,大量病原体、高浓度恶臭气体、粉尘等都将严重危害畜禽健康,甚至导致畜禽疫病,直接威胁生产安全,造成经济损失。畜禽养殖造成的环境污染也常常引发社会问题,如由于恶臭或水污染等原因导致农村地区的民事纠纷,直接妨碍畜禽养殖经营活动。畜禽养殖业环境保护滞后,畜禽养殖废弃物资源的浪费,也直接妨碍产业综合效益的提高。农业要提升效益,就必须走综合利用的路子,走生态化、循环化的路子。畜禽养殖业要实现可持续发展、实现产业优化和升级,就必须搞好废弃物的综合利用,走种养结合、种养平衡的路子。为此,畜禽养殖业环境保护必须加强。

《畜禽规模养殖污染防治条例》颁布之前,我国还没有国家层面的农业环境保护类法律、法规。一方面,畜禽养殖污染防治监管在较长一段时间内无法可依,仅有的原环保总局 2001 年颁布的《畜禽养殖污染防治管理办法》效力有限,无法作为进一步强化环境监管的依据,导致畜禽养殖污染防治设施配套率低,环境管理不到位;部门规章也无法协调更多力量、出台更多的政策措施推动畜禽养殖废弃物综合利用水平的提高。另一方面,由于农村生产生活方式的转变、劳动力结构的变化以及国家对化肥使用的补贴等政策,导致畜禽粪肥的应用受到限制,也直接导致了大量畜禽粪便等废弃物资源的浪费,形成污染。《畜禽规模养殖污染防治条例》立法的根本目的是要推动畜禽养殖业从加强科学规划布局,适度规模化集约化发展,加强环保设施建设,推进种养结合,提高废弃物利用率入手,提高畜禽养殖业可持续发展能力,提升产业发展水平,提升产业综合效益。

为此,该条例以生态文明建设的精神为指导,引领现代农业、生态农业发展,推动产业发展走绿色农业、循环农业和低碳农业的路子,采取全过程管理的思路,对产业的布局选址、环评审批、污染防治配套设施建设等前置环节做出规定,对废弃物的处理方式、利用途径等环节做出规定。为推动将综合利用作为防治畜禽养殖污染的根本手段,该条例还特设专章对综合利用的激励措施做出规定,如对污染防治和废弃物综合利用设施建设进行补贴、对有机肥购买使用实施不低于化肥的补贴等优惠政策、鼓励利用废弃物生产沼气以及发电上网等。这些规定贯彻落实了生态文明制度建设的要求,将从根本上对提高畜禽养殖废弃物综合利用水平、实现以环境保护促进产业优化和升级、促进实现畜禽养殖产业发展与环境保护的和谐统一提供有力的制度保障。

1. 适用范围

该条例适用于畜禽养殖场、养殖小区的养殖污染防治。畜禽养殖场、养殖小区的规模标准根据畜牧业发展状况和畜禽养殖污染防治要求确定。牧区放牧养殖污染防治，不适用该条例。（第二条）

2. 监管部门

各级人民政府应当加强对畜禽养殖污染防治工作的组织领导，采取有效措施，加大资金投入，扶持畜禽养殖污染防治以及畜禽养殖废弃物综合利用。（第四条）

县级以上人民政府环境保护主管部门负责畜禽养殖污染防治的统一监督管理。县级以上人民政府农牧主管部门负责畜禽养殖废弃物综合利用的指导和服务。县级以上人民政府循环经济发展综合管理部门负责畜禽养殖循环经济工作的组织协调。县级以上人民政府其他有关部门依照本条例规定和各自职责，负责畜禽养殖污染防治相关工作。乡镇人民政府应当协助有关部门做好本行政区域的畜禽养殖污染防治工作。（第五条）

3. 责任主体

责任主体包含：畜禽养殖场、养殖小区、单位、个人。

4. 预防

（1）县级以上人民政府农牧主管部门编制畜牧业发展规划，报本级人民政府或者其授权部门批准实施。畜牧业发展规划应当统筹考虑环境承载能力以及畜禽养殖污染防治要求，合理布局，科学确定畜禽养殖的品种、规模、总量。（第九条）

（2）县级以上人民政府环境保护主管部门会同农牧主管部门编制畜禽养殖污染防治规划，报本级人民政府或者其授权部门批准实施。畜禽养殖污染防治规划应当与畜牧业发展规划衔接，统筹考虑畜禽养殖生产布局，明确畜禽养殖污染防治目标、任务、重点区域，明确污染治理重点设施建设，以及废弃物综合利用等污染防治措施。（第十条）

（3）禁止在下列区域内建设畜禽养殖场、养殖小区：①饮用水水源保护区，风景名胜区；②自然保护区的核心区和缓冲区；③城镇居民区、文化教育科学研究区等人口集中区域；④法律、法规规定的其他禁止养殖区域。（第十一条）

（4）新建、改建、扩建畜禽养殖场、养殖小区，应当符合畜牧业发展规划、畜禽养殖污染防治规划，满足动物防疫条件，并进行环境影响评价。对环境可能造成重大影响的大型畜禽养殖场、养殖小区，应当编制环境影响报告书；其他畜禽养殖场、养殖小区应当填报环境影响登记表。大型畜禽养殖场、养殖小区的管理目录，由国务院环境保护主管部门同国务院农牧主管部门确定。（第十二条第一款）

环境影响评价的重点应当包括：畜禽养殖产生的废弃物种类和数量，废弃物综合利用和无害化处理方案和措施，废弃物的消纳和处理情况以及向环境直接排放的情况，最终可能对水体、土壤等环境和人体健康产生的影响以及控制和减少影响的方案和措施等。（第十二条第二款）

（5）畜禽养殖场、养殖小区应当根据养殖规模和污染防治需要，建设相应的畜禽粪便、污水与雨水分流设施，畜禽粪便、污水的贮存设施，粪污厌氧消化和堆沤、有机肥加工、制取沼气、沼渣沼液分离和输送、污水处理、畜禽尸体处理等综合利用和无害化处理设施。已经委托他人对

畜禽养殖废弃物代为综合利用和无害化处理的，可以不自行建设综合利用和无害化处理设施。（第十三条第一款）

未建设污染防治配套设施、自行建设的配套设施不合格，或者未委托他人对畜禽养殖废弃物进行综合利用和无害化处理的，畜禽养殖场、养殖小区不得投入生产或者使用。（第十三条第二款）

畜禽养殖场、养殖小区自行建设污染防治配套设施的，应当确保其正常运行。（第十三条第三款）

5.综合利用与治理

（1）国家鼓励和支持采取粪肥还田、制取沼气、制造有机肥等方法，对畜禽养殖废弃物进行综合利用（第十五条）。

（2）国家鼓励和支持采取种植和养殖相结合的方式消纳利用畜禽养殖废弃物，促进畜禽粪便、污水等废弃物就地就近利用（第十六条）。

（3）国家鼓励和支持沼气制取、有机肥生产等废弃物综合利用以及沼渣沼液输送和施用、沼气发电等相关配套设施建设（第十七条）。

（4）将畜禽粪便、污水、沼渣、沼液等用作肥料的，应当与土地的消纳能力相适应，并采取有效措施，消除可能引起传染病的微生物，防止污染环境和传播疫病。（第十八条）

（5）从事畜禽养殖活动和畜禽养殖废弃物处理活动，应当及时对畜禽粪便、畜禽尸体、污水等进行收集、贮存、清运，防止恶臭和畜禽养殖废弃物渗出、泄漏。（第十九条）

（6）向环境排放经过处理的畜禽养殖废弃物，应当符合国家和地方规定的污染物排放标准和总量控制指标。畜禽养殖废弃物未经处理，不得直接排放。（第二十条）

（7）染疫畜禽以及染疫畜禽排泄物、染疫畜禽产品、病死或者死因不明的畜禽尸体等病害畜禽养殖废弃物，应当按照有关法律、法规和国务院农牧主管部门的规定，进行深埋、化制、焚烧等无害化处理，不得随意处置。（第二十一条）

（8）畜禽养殖场、养殖小区应当定期将畜禽养殖品种、规模以及畜禽养殖废弃物的产生、排放和综合利用等情况，报县级人民政府环境保护主管部门备案。环境保护主管部门应当定期将备案情况抄送同级农牧主管部门。（第二十二条）

（9）县级以上人民政府环境保护主管部门应当依据职责对畜禽养殖污染防治情况进行监督检查，并加强对畜禽养殖环境污染的监测。乡镇人民政府、基层群众自治组织发现畜禽养殖环境污染行为的，应当及时制止和报告。（第二十三条）

（10）对污染严重的畜禽养殖密集区域，市、县人民政府应当制定综合整治方案，采取组织建设畜禽养殖废弃物综合利用和无害化处理设施、有计划搬迁或者关闭畜禽养殖场所等措施，对畜禽养殖污染进行治理。（第二十四条）

（11）因畜牧业发展规划、土地利用总体规划、城乡规划调整以及划定禁止养殖区域，或者因对污染严重的畜禽养殖密集区域进行综合整治，确需关闭或者搬迁现有畜禽养殖场所，致使畜禽养殖者遭受经济损失的，由县级以上地方人民政府依法予以补偿。（第二十五条）

6.激励措施

（1）县级以上人民政府应当采取示范奖励等措施，扶持规模化、标准化畜禽养殖，支持畜禽养殖场、养殖小区进行标准化改造和污染防治设施建设与改造，鼓励分散饲养向集约饲养方式

转变。(第二十六条)

(2)县级以上地方人民政府在组织编制土地利用总体规划过程中,应当统筹安排,将规模化畜禽养殖用地纳入规划,落实养殖用地。(第二十七条第一款)

国家鼓励利用废弃地和荒山、荒沟、荒丘、荒滩等未利用地开展规模化、标准化畜禽养殖。(第二十七条第二款)

(3)畜禽养殖用地按农用地管理,并按照国家有关规定确定生产设施用地和必要的污染防治等附属设施用地。(第二十七条第三款)

(4)建设和改造畜禽养殖污染防治设施,可以按照国家规定申请包括污染治理贷款贴息补助在内的环境保护等相关资金支持。(第二十八条)

(5)进行畜禽养殖污染防治,从事利用畜禽养殖废弃物进行有机肥产品生产经营等畜禽养殖废弃物综合利用活动的,享受国家规定的相关税收优惠政策。(第二十九条)

(6)利用畜禽养殖废弃物生产有机肥产品的,享受国家关于化肥运力安排等支持政策;购买使用有机肥产品的,享受不低于国家关于化肥的使用补贴等优惠政策。(第三十条第一款)

畜禽养殖场、养殖小区的畜禽养殖污染防治设施运行用电执行农业用电价格。(第三十条第二款)

(7)国家鼓励和支持利用畜禽养殖废弃物进行沼气发电,自发自用、多余电量接入电网。电网企业应当依法律和国家有关规定为沼气发电提供无歧视的电网接入服务,并全额收购其电网覆盖范围内符合并网技术标准的多余电量。(第三十一条第一款)

利用畜禽养殖废弃物进行沼气发电的,依法享受国家规定的上网电价优惠政策。利用畜禽养殖废弃物制取沼气或进而制取天然气的,依法享受新能源优惠政策。(第三十一条第二款)

(8)地方各级人民政府可以根据本地区实际,对畜禽养殖场、养殖小区支出的建设项目环境影响咨询费用给予补助。(第三十二条)

(9)国家鼓励和支持对染疫畜禽、病死或者死因不明畜禽尸体进行集中无害化处理,并按照国家有关规定对处理费用、养殖损失给予适当补助。(第三十三条)

(10)畜禽养殖场、养殖小区排放污染物符合国家和地方规定的污染物排放标准和总量控制指标,自愿与环境保护主管部门签订进一步削减污染物排放量协议的,由县级人民政府按照有关规定给予奖励,并优先列入县级以上人民政府安排的环境保护和畜禽养殖发展相关财政资金扶持范围。(第三十四条)

(11)畜禽养殖户自愿建设综合利用和无害化处理设施、采取措施减少污染物排放的,可以依照本条例规定享受相关激励和扶持政策。(第三十五条)

7. 省政府确定规模标准

县级以上人民政府应当采取示范奖励等措施,扶持规模化、标准化畜禽养殖,支持畜禽养殖场、养殖小区进行标准化改造和污染防治设施建设与改造,鼓励分散饲养向集约饲养方式转变。(第二十六条)

畜禽养殖场、养殖小区的具体规模标准由省级人民政府确定,并报国务院环境保护主管部门和国务院农牧主管部门备案。(第四十三条)

8. 区域禁养

禁止在下列区域内建设畜禽养殖场、养殖小区:

(1)饮用水水源保护区,风景名胜区;

(2)自然保护区的核心区和缓冲区;

(3)城镇居民区、文化教育科学研究区等人口集中区域;

(4)法律、法规规定的其他禁止养殖区域。(第十一条)

9.(新建、改建、扩建)环境影响评价

新建、改建、扩建畜禽养殖场、养殖小区,应当符合畜牧业发展规划、畜禽养殖污染防治规划,满足动物防疫条件,并进行环境影响评价。对环境可能造成重大影响的大型畜禽养殖场、养殖小区,应当编制环境影响报告书;其他畜禽养殖场、养殖小区应当填报环境影响登记表。大型畜禽养殖场、养殖小区的管理目录,由国务院环境保护主管部门同国务院农牧主管部门确定。(第十二条第一款)

环境影响评价的重点应当包括:畜禽养殖产生的废弃物种类和数量,废弃物综合利用和无害化处理方案和措施,废弃物的消纳和处理情况以及向环境直接排放的情况,最终可能对水体、土壤等环境和人体健康产生的影响以及控制和减少影响的方案和措施等。(第十二条第二款)

10."未建禁投"

畜禽养殖场、养殖小区应当根据养殖规模和污染防治需要,建设相应的畜禽粪便、污水与雨水分流设施,畜禽粪便、污水的贮存设施,粪污厌氧消化和堆沤、有机肥加工、制取沼气、沼渣沼液分离和输送、污水处理、畜禽尸体处理等综合利用和无害化处理设施。已经委托他人对畜禽养殖废弃物代为综合利用和无害化处理的,可以不自行建设综合利用和无害化处理设施。(第十三条第一款)

未建设污染防治配套设施、自行建设的配套设施不合格,或者未委托他人对畜禽养殖废弃物进行综合利用和无害化处理的,畜禽养殖场、养殖小区不得投入生产或者使用。(第十三条第二款)

畜禽养殖场、养殖小区自行建设污染防治配套设施的,应当确保其正常运行。(第十三条第三款)

11.总量控制

(1)县级以上人民政府农牧主管部门编制畜牧业发展规划,报本级人民政府或者其授权的部门批准实施。畜牧业发展规划应当统筹考虑环境承载能力以及畜禽养殖污染防治要求,合理布局,科学确定畜禽养殖的品种、规模、总量。(第九条)

(2)向环境排放经过处理的畜禽养殖废弃物,应当符合国家和地方规定的污染物排放标准和总量控制指标。畜禽养殖废弃物未经处理,不得直接向环境排放。(第二十条)

(3)畜禽养殖场、养殖小区排放污染物符合国家和地方规定的污染物排放标准和总量控制指标,自愿与环境保护主管部门签订进一步削减污染物排放量协议的,由县级人民政府按照国家有关规定给予奖励,并优先列入县级以上人民政府安排的环境保护和畜禽养殖发展相关财政资金扶持范围。(第三十四条)

(4)排放畜禽养殖废弃物不符合国家或者地方规定的污染物排放标准或者总量控制指标,或者未经无害化处理直接向环境排放畜禽养殖废弃物的,由县级以上地方人民政府环境保护主管部门责令限期治理,可以处5万元以下的罚款。县级以上地方人民政府环境保护主管部门作出限期治理决定后，应当会同同级人民政府农牧等有关部门对整改措施的落实情况及时进行核查，并向社会公布核查结果。（第四十一条）

12. 综合利用

（1）国家鼓励和支持采取粪肥还田、制取沼气、制造有机肥等方法，对畜禽养殖废弃物进行综合利用。（第十五条）

（2）国家鼓励和支持沼气制取、有机肥生产等废弃物综合利用以及沼渣沼液输送和施用、沼气发电等相关配套设施建设。（第十七条）

（3）进行畜禽养殖污染防治，从事利用畜禽养殖废弃物进行有机肥产品生产经营等畜禽养殖废弃物综合利用活动的，享受国家规定的相关税收优惠政策。（第二十九条）

（4）畜禽养殖户自愿建设综合利用和无害化处理设施、采取措施减少污染物排放的，可以依照该条例规定享受相关激励和扶持政策。（第三十五条）

（5）违反该条例规定，未建设污染防治配套设施或者自行建设的配套设施不合格，也未委托他人对畜禽养殖废弃物进行综合利用和无害化处理，畜禽养殖场、养殖小区即投入生产、使用，或者建设的污染防治配套设施未正常运行的，由县级以上人民政府环境保护主管部门责令停止生产或者使用，可以处 10 万元以下的罚款。（第三十九条）

13. 举报奖励

任何单位和个人对违反该条例规定的行为，有权向县级以上人民政府环境保护等有关部门举报。接到举报的部门应当及时调查处理。对在畜禽养殖污染防治中作出突出贡献的单位和个人，按照国家有关规定给予表彰和奖励。（第八条）

14. 搬迁及补偿

对污染严重的畜禽养殖密集区域，市、县人民政府应当制定综合整治方案，采取组织建设畜禽养殖废弃物综合利用和无害化处理设施、有计划搬迁或者关闭畜禽养殖场所等措施，对畜禽养殖污染进行治理。（第二十四条）

因畜牧业发展规划、土地利用总体规划、城乡规划调整以及划定禁止养殖区域，或者因对污染严重的畜禽养殖密集区域进行综合整治，确需关闭或者搬迁现有畜禽养殖场所，致使畜禽养殖者遭受经济损失的，由县级以上地方人民政府依法予以补偿。（第二十五条）

项目四　农业机械政策

第一节　农业机械生产与经营

农业机械是指用于农业生产及其产品初加工等相关农事活动的机械、设备。农业机械化是指运用先进适用的农业机械装备农业，改善农业生产经营条件，不断提高农业的生产技术水平和经济效益、生态效益的过程。

一、农业机械生产

《中华人民共和国农业机械化促进法》(以下简称《农业机械化促进法》)对农业机械生产做了如下规定。

(1)国家支持农业机械生产者开发先进适用的农业机械。采用先进技术、先进工艺和先进材料，提高农业机械产品的质量和技术水平，降低生产成本，提供系列化、标准化、多功能和质量优良、节约能源、价格合理的农业机械产品。

(2)国家支持引进、利用先进的农业机械、关键零配件和技术，鼓励引进外资从事农业机械的研究、开发、生产和经营。

(3)农业机械生产者应当对其生产的农业机械产品质量负责，并按照国家有关规定承担零配件供应和培训等售后服务责任。

(4)农业机械生产者应当按照国家标准、行业标准和保障人身安全的要求，在其生产的农业机械产品上设置必要的安全防护装置、警示标志和中文警示说明。

二、农业机械经营

农业部办公厅《关于进一步规范农机购置补贴产品经营行为的通知》(农办机〔2012〕19号)规定。

1. 经销农机购置补贴产品的企业应具备条件

(1)经工商行政管理部门注册登记，具有企业法人资格。

(2)企业注册资金不低于 50 万元。

(3)具有与经营范围、规模相适应的固定经营场所，营业、仓储场地面积 200 平方米以上。

(4)从事农业机械经营业务 2 年以上，有良好的社会信誉，2 年内无有效群体性投诉。

(5)具有与经营规模相适应的一定数量从业人员，企业管理者、业务人员、售后服务人员及取得专业资质人员比例达到《农业机械营销企业开业条件、等级划分及市场行为要求》相关要求，且至少有 1 名熟悉计算机管理软件操作人员。

(6)具备《农业机械产品修理、更换、退货责任规定》要求的售后服务和零配件供应能力，经营所需设施设备达到《农业机械营销企业开业条件、等级划分及市场行为要求》相关要求。

(7)具有健全的企业管理规章制度，诚实守信、管理规范，服务质量达到《农业机械营销企业服务质量规定》相关要求。

2. 对经销商经营规定

(1)经销商应在经营场所醒目位置公示所经营享受补贴农业机械产品的种类、生产企业、型号、配置、价格及补贴标准等相关内容，并悬挂“农业机械购置补贴产品经销商”标识。

(2)经销商要按规定向购机者开具销售发票，做好“三包”售后服务、零配件供应，以及农机购置补贴机具档案管理工作，建立销售记录并保存3年以上。

(3)经销商必须遵守“七个不得”的规定。①不得倒卖农机购置补贴指标或倒卖补贴机具。②不得进行商业贿赂和不正当竞争。③不得以许诺享受补贴为名诱导农民购买农业机械，代办补贴手续。④不得以降低或减少产品配置、搭配销售等方式变相涨价。⑤不得拒开发票或虚开发票。⑥不得虚假宣传农机购置补贴政策。⑦同一产品在同一地区、同一时期销售给享受补贴的农民的价格不得高于销售给不享受补贴的农民的价格。

3. 违法违规行为处罚

(1)一般性违规行为。①未在经营场所醒目位置公示享受补贴农业机械产品的种类、生产企业、型号、配置、价格及补贴标准等相关内容的。②未在经营场所悬挂“农业机械购置补贴产品经销商”标识的。③农民购机后，供货不及时，引起投诉的；违反“三包”规定，引起投诉的。④未向购机者说明农机操作方法和安全注意事项的。⑤销售记录和农机购置补贴机具档案不健全等。

对于一般性违规行为，县级以上农机化主管部门应及时向经销商提出严肃警告或责令限期整改等要求。

(2)情节较重的违法违规行为。①向购机者提供假冒伪劣产品的。②以非法手段套取国家农机购置补贴资金的；违反本通知“七个不得”规定的。③违反“三包”规定，引起群体性投诉，造成恶劣影响的。④拒不执行农机化主管部门做出的警告、限期整改处理决定的。⑤其他违反法律法规或农机购置补贴政策，情节严重的行为。

对于情节较重的违法违规行为，省级农机化主管部门要在充分调查取证，并事先书面告知当事人的基础上，将经销商及法定代表人列入黑名单并向社会公布。列入黑名单的经销商销售的产品不得再享受补贴，法定代表人不得再参与农业机械购置补贴产品经销活动。相关农机生产企业应当及时取消其经销资格，收回“农业机械购置补贴产品经销商”标识。

对于违法违规性质特别恶劣的生产或经销企业，应建议工商部门吊销其营业执照；情节严重构成犯罪的，应积极协调和配合司法机关处理。

第二节 农业机械购置补贴

《农业机械化促进法》第四条规定：“国家引导、支持农民和农业生产经营组织自主选择先进适用的农业机械。任何单位和个人不得强迫农民和农业生产经营组织购买其指定的农业机械产品。”

中央财政、省级财政应当分别安排专项资金，对农民和农业生产经营组织购买国家支持推广的先进适用的农业机械给予补贴。(第二十七条)

国家根据农业和农村经济发展的需要，对农业机械的农业生产作业用燃油安排财政补贴。燃油补贴应当向直接从事农业机械作业的农民和农业生产经营组织发放。（第二十八条）

违反以上规定，截留、挪用有关补贴资金的，由上级主管机关责令限期归还被截留、挪用的资金，没收非法所得，并由上级主管机关、监察机关或者所在单位对直接负责的主管人员和其他直接责任人员给予行政处分；构成犯罪的，依法追究刑事责任。（第三十四条）

财政部、农业农村部颁布的《农业机械购置补贴专项资金使用管理暂行办法》对农民购置农业机械补贴资金使用情况进行了规定，加强了补贴资金的管理，提高了补贴资金的使用效益。

一、补贴资金使用原则

补贴资金的使用应遵循公开、公正、农民直接受益的原则。公开，指补贴政策、办法公开，补贴资金操作过程透明。通过公示、公布等多种形式使农民充分了解补贴政策等信息。

公正，指资金分配、补贴机具目录、补贴对象确定等全过程公正。按照事先公布的优先补贴条件，公正确定享受补贴的农民名单，并在县或乡镇范围内公示，接受社会监督。

农民直接受益，指保证补贴资金全部补贴到农民，做到资金到位，机具到位，服务到位，使补贴的农业机械切实在生产中发挥作用，确保农民受益。

二、补贴的对象、标准和种类

（1）补贴对象是符合补贴条件的农民（农场职工）和直接从事农业生产的农机服务组织。

（2）补贴标准为按不超过机具价格的30％进行补贴。

（3）补贴种类为补贴的农业机械应符合国家农业产业政策、农业可持续发展和环境保护的要求，且经农机鉴定机构检测合格。重点补贴：①大中型拖拉机等农用动力机械；②农田作业机具，主要包括耕整、种植、植保、收获和秸秆还田等机具；③粮食及农副产品的产后处理机械；④秸秆、饲草加工处理及养殖机械。

三、补贴资金的发放程序

（1）各省、区、市的年度补贴专项实施范围、补贴机具目录、申请程序和相关要求等，应通过媒体及乡村公告等形式，及时向农民公布。

（2）实施区内的农民购买补贴机具时，须通过乡镇农机管理机构向县级农机主管部门提出申请，并填写购机申请表。

县级农机主管部门根据《农业机械购置补贴资金使用方案》和优先补贴条件进行审查，确定购机者名单和数量，经张榜公示后，与购机者签订购机补贴协议，并报省级农机主管部门和同级财政部门。

（3）购机者购机时应向供货方提交购机补贴协议，并按扣除补贴金额后的机具差价款交款提货，供货方出具购机发票。县级农机主管部门应根据购机者的需求，提供相应的组织协调服务工作。县级农机主管部门应对本辖区购机情况进行核实，并将核实结果报省级农机主管部门。供货方凭补贴协议和发票存根定期向省级农机主管部门提出结算申请。

四、管理与监督

(1)补贴资金必须专款专用,不得挤占、截留、挪用。

(2)各级农机主管部门和财政部门应对购机补贴情况进行跟踪检查,督促供货方搞好售后服务,为购机者提供技术、信息等服务,切实让农民得到实惠。

(3)享受补贴购买的农机具,原则上 2 年内不得转卖或转让。

第三节 植保无人机补贴政策

一、补贴对象

补贴对象主要是从事植保作业的农业生产经营组织,包括农民(农机)专业合作社、植保作业组织、无人机植保队、农作物病虫害统防统治组织等。需要注意的是,个人购置植保无人机暂不予补贴。

二、植保无人机补贴金额

各试点省份购置补贴总量控制在 1 000 万元以内,每档产品补贴金额不超过该产品市场销售均价的 30%,每台植保无人机补贴最高不超过 3 万元。

三、植保无人机采购金额

植保无人机分油动和电动两种,价格均在几万元到几十万元不等。常用的电动植保机在 7 万元左右比较常见。

对于享受植保无人机补贴政策的地方,购买者除可以享受中央和省级财政补贴外,部分地市也可能会拿出一部分资金对购买植保无人机的使用者进行再补助。

一般情况下,符合补贴标准的植保无人机购买者可只花费 1/3 的价格购买植保无人机。

四、无人机植保每亩收费金额

植保无人机飞防每亩地加上农药,向农民收 17 元,政府每亩机械补贴是 7 元,植保机队只向农民收取每亩 10 元。

模块巩固

1. 简述耕地地力保护补贴政策的意义。
2. 简述《全国高标准农田建设规划(2021—2030 年)》出台的背景和意义。
3. 简述高标准农田建设规划的主要内容。
4. 农技推广体系改革建设的重点任务有哪些?
5. 简述粮食补贴的对象。
6. 简述规模种植补贴的标准。

7. 产粮(油)大县奖励政策是什么?

8. 生猪规模化养殖场建设补助项目的支持范围和对象是哪些?

9. 能繁母猪保险和育肥猪保险的标准是多少?

10. 简要说明非洲猪瘟强制扑杀补助的主要内容?

11. 简述《病死畜禽和病害畜禽产品无害化处理管理办法》的适用范围?

12. 简述畜牧业综合治理养殖污染发展规划目标。

13. 经销农机购置补贴产品的企业应具备哪些条件?

14. 简述农业机械购置补贴的对象、标准和种类。

模块二
资源环境保护政策

项目五　农业资源利用保护政策

第一节　耕地资源利用保护

一、我国耕地资源概述

耕地是指种植农作物的土地，包括熟地、新开发复垦整理地、休闲地、轮歇地、草田轮作地；以种植农作物为主，间有零星果树、桑树或其他树木的土地；平均每年能保证收获一季的已垦滩地和海涂。根据不同的自然条件和社会生产条件，耕地可分为灌溉水田、望天田、水浇地、旱地和菜地五类。

灌溉水田。有水资源保证和灌溉设施，在一般年景能正常灌溉生产、种植水稻、莲藕和席草等水生农作物的耕地，包括灌溉的水旱轮作地。

望天田。无灌溉工程设施，主要依靠天然降雨用以生产的耕地，包括无灌溉设施的水旱轮作地。望天田主要用于种植水稻、莲藕、席草等水生农作物。

水浇地。除水田、菜地外，有水源保证和灌溉设施，在一般年景能正常灌溉生产的耕地。水浇地主要分布在我国北方地区，灌溉方式一般为浇灌、滴灌、畦灌和喷灌。

旱地。无灌溉设施，主要依靠天然降水生长作物的耕地，包括没有固定灌溉设施，仅靠引洪淤灌的土地。旱地主要种植棉花、杂粮、油料等旱作物。

菜地。种植蔬菜为主的耕地，包括温室和塑料大棚用地。

二、耕地资源保护政策法规

国家历来十分重视耕地保护工作，先后制定了一系列方针、政策，一再强调要加强土地管理，切实保护耕地。

1. 土地用途管制

国家实行土地用途管制制度。国家编制土地利用总体规划，规定土地用途，将土地分为农用地、建设用地和未利用地。严格限制农用地转为建设用地，控制建设用地总量，对耕地实行特殊保护。

2. 农用地转用审批制度

建设占用土地，涉及农用地转为建设用地的，应当办理农用地转用审批手续。省、自治区、直辖市人民政府批准的道路、管线工程和大型基础设施建设项目，国务院批准的建设项目占用土地，涉及农用地转为建设用地的，由国务院批准。

在土地利用总体规划确定的城市和村庄、集镇建设用地规模范围内，为实施该规划而将农用地转为建设用地的，按土地利用年度计划分批次由原批准土地利用总体规划的机关批准。在已批准的农用地转用范围内，具体建设项目用地可以由市、县人民政府批准。

3. 耕地占补平衡

国家实行占用耕地补偿制度。占用单位要负责开垦与所占用耕地的数量和质量相当的耕地；没有条件开垦的，应依法缴纳耕地开垦费，专款用于开垦新的耕地。耕地占补平衡是占用耕地单位和个人的法定义务。

土地整治是补充耕地的主要渠道。耕地占补平衡制度的落实，主要通过土地整治工程的实施，因地制宜，采取耕作层剥离和移土培肥技术，对田、水、路、林、村进行综合治理等多种方式，使新补充与被占用的耕地数量与质量相匹配。耕地占补平衡在数量质量要求上严格立足“占一补一、占优补优”，对于确因自然条件无法达到被占用耕地质量的，实行数量质量按等级折算，通过增加一定的面积，达到占补耕地的产能综合平衡。

4. 耕地总量动态平衡

省、自治区、直辖市人民政府应当严格执行土地利用总体规划和年度土地利用计划，采取措施，确保本行政区域内耕地不减少；耕地总量减少的，由国务院责令在规定期限内组织开垦与所减少耕地的数量与质量相当的耕地，并由国务院土地行政主管部门会同农业行政主管部门验收。个别省、自治区、直辖市确因土地后备资源匮乏，新增建设用地后，新开垦耕地数量不足以补偿所占用耕地的数量的，必须报经国务院批准减免本行政区域内开垦耕地的数量，进行易地开垦。

5. 基本农田保护

基本农田是指根据一定时期人口和国民经济对农产品的需求以及对建设用地的预测而确定的在土地利用总体规划期内未经国务院批准不得占用的耕地，它是为了满足一定时期人口和国民经济对农产品的需求而必须确保的耕地最低需求量，老百姓称之为“吃饭田”“保命田”。国家实行基本农田保护制度。

6. 耕地征收

（1）征收基本农田或基本农田以外的耕地超过35公顷的由国务院批准，其余由省、自治区、直辖市人民政府批准，并报国务院备案。国家征收土地的，依照法定程序批准后，由县级以上地方人民政府予以公告并组织实施。被征用土地的所有权人、使用权人应当在公告规定期限内，持土地权属证书到当地人民政府土地行政主管部门办理征地补偿登记。

（2）征收耕地的补偿费用包括土地补偿费、安置补助费以及地上附着物和青苗的补偿费。征收耕地的土地补偿费，为该耕地被征收前三年平均年产值的6～10倍。征收耕地的安置补助费，按照需要安置的农业人口数计算。需要安置的农业人口数，按照被征收的耕地数量除以征地前被征收单位平均每人占有耕地的数量计算。每一个需要安置的农业人口的安置补助费标准，为该耕地被征收前三年平均年产值的4～6倍。但是，每公顷被征收耕地的安置补助费，最高不得超过被征收前三年平均年产值的15倍。被征收土地上的附着物和青苗的补偿标准，由省、自治区、直辖市规定。

(3)征收城市郊区的菜地，用地单位应当按照国家有关规定缴纳新菜地开发建设基金。

(4)依照规定支付土地补偿费和安置补助费，尚不能使需要安置的农民保持原有生活水平的，经省、自治区、直辖市人民政府批准，可以增加安置补助费。但是，土地补偿费和安置补助费的总和不得超过土地被征收前三年平均年产值的30倍。国务院根据社会、经济发展水平，在特殊情况下，可以提高征收耕地的土地补偿费和安置补助费的标准。

7. 土地开发整理复垦

(1)国家鼓励单位和个人按照土地利用总体规划，在保护和改善生态环境、防止水土流失和土地荒漠化的前提下，开发未利用的土地；适宜开发为农用地的，应当优先开发成农用地。

(2)国家鼓励土地整理。县、乡(镇)人民政府应当组织农村集体经济组织，按照土地利用总体规划，对山、水、田、林、路、村进行综合整治，提高耕地质量，增加有效耕地面积，改善农业生产条件和生态环境。

(3)因挖损、塌陷、压占等造成土地破坏的土地，用地单位和个人应当按照国家有关规定负责复垦；没有条件复垦或者复垦不符合要求的，应当缴纳土地复垦费，专项用于土地复垦。复垦的土地应当优先用于农业。

8. 严禁乱占、滥用耕地

非农业建设必须节约使用土地，可以利用荒地的，不得占用耕地；可以利用劣地的，不得占用好地。

禁止占用耕地建窑、建坟或者擅自在耕地上建房、挖砂、采石、采矿、取土等。禁止占用基本农田发展林果业和挖塘养鱼。

禁止任何单位和个人闲置、荒芜耕地。

第二节 水资源利用保护

一、我国农业水资源概述

农业水资源是指可以为农业生产所使用的水资源，包括地表水、地下水和土壤水。我国是农业大国，农业用水比例大，占全国用水总量的70%，但耕地平均分摊水量只有世界平均数的3/4。我国农业水资源总体水平很低，主要通过降雨、降雪等方式自然循环补充，但70%～90%的降水集中在6—9月，水资源绝大部分分布在南方，而作为重要农业种植区的北方，水资源较少。不仅如此，农业水资源利用效率低，浪费及污染都十分严重。

二、农业水资源保护政策法规

为了防治水污染，进一步合理开发、利用、节约和保护水资源，我国相继制定了一系列的法律法规，如《中华人民共和国水污染防治法》《中华人民共和国水法》(以下简称《水法》)《中华人民共和国环境保护法》《中华人民共和国海洋环境保护法》《中华人民共和国水文条例》《城市供水条例》《城市节约用水管理规定》《取水许可和水资源费征收管理条例》等，有关水资源保护的立法已初具规模。

1. 水资源权属及管理体制

《水法》规定，水资源属于国家所有。水资源的所有权由国务院代表国家行使。国家对水资源实行流域管理与行政区域管理相结合的管理体制。国务院水行政主管部门负责全国水资源的统一管理和监督工作。

2. 农业水工程管理及保护

(1)地方各级人民政府应当加强对灌溉、排涝、水土保持工作的领导，促进农业生产发展；在容易发生盐碱化和渍害的地区，应当采取措施，控制和降低地下水的水位。(第二十五条)

(2)水工程保护单位和个人有保护水工程的义务，不得侵占、毁坏堤防、护岸、防汛、水文监测、水文地质监测等工程设施。

①从事工程建设，占用农业灌溉水源、灌排工程设施，或者对原有灌溉用水、供水水源有不利影响的，建设单位应当采取相应的补救措施；造成损失的，应依法给予补偿。在水工程保护范围内，禁止从事影响水工程运行和危害水工程安全的爆破、打井、采石、取土等活动。②禁止在江河、湖泊、水库、运河、渠道内弃置、堆放阻碍行洪的物体和种植阻碍行洪的林木及高秆作物。禁止在河道管理范围内建设妨碍行洪的建筑物、构筑物以及从事影响河势稳定、危害河岸堤防安全和其他妨碍河道行洪的活动。在河道管理范围内采砂，影响河势稳定或者危及堤防安全的，有关县级以上人民政府水行政主管部门应当划定禁采区和规定禁采期，并予以公告，国家实行河道采砂许可制度。③禁止围湖造地。已经围垦的，应当按照国家规定的防洪标准有计划地退地还湖。禁止围垦河道。确需围垦的，应当经过科学论证，经省、自治区、直辖市人民政府水行政主管部门或者国务院水行政主管部门同意后，报本级人民政府批准。④开采矿藏或者建设地下工程，因疏干排水导致地下水水位下降、水源枯竭或者地面塌陷，采矿单位或者建设单位应当采取补救措施；对他人生活和生产造成损失的，依法给予补偿。

3. 节约用水

国家厉行节约用水，大力推行节约用水措施，推广节约用水新技术、新工艺，发展节水型工业、农业和服务业，建立节水型社会；各级人民政府应当采取措施，加强对节约用水的管理，建立节约用水技术开发推广体系，培育和发展节约用水产业；单位和个人有节约用水的义务。各级人民政府应当推行节水灌溉方式和节水技术，对农业蓄水、输水工程采取必要的防渗漏措施，提高农业用水效率。

4. 水污染防治

《中华人民共和国水污染防治法》规定，水污染防治应当坚持预防为主、防治结合、综合治理的原则，优先保护饮用水水源，严格控制工业污染、城镇生活污染，防治农业面源污染，积极推进生态治理工程建设，预防、控制和减少水环境污染和生态破坏。

防治农药化肥污染。农药使用应当符合国家有关农药安全使用的规定和标准。运输、存贮农药和处置过期失效农药，应当加强管理，防止造成水污染。县级以上地方人民政府农业主管部门和其他有关部门，应当采取措施，指导农业生产者科学、合理地施用化肥和农药，控制化肥和农药的过量使用，防止造成水污染。

防治畜禽、水产养殖污染国家支持畜禽养殖场、养殖小区建设畜禽粪便、废水的综合利用或者无害化处理设施。畜禽养殖场、养殖小区应当保证其畜禽粪便、废水的综合利用或者无害化处理设施正常运转,保证污水达标排放。从事水产养殖应当保护水域生态环境,科学确定养殖密度,合理投饵和使用药物,防止污染水环境。

防治灌溉污染向农田灌溉渠道排放工业废水和城镇污水,应当保证其下游最近的灌溉取水点的水质符合农田灌溉水质标准。利用工业废水和城镇污水进行灌溉,防止污染土壤、地下水和农产品。

国家实行饮用水水源保护区制度。饮用水水源保护区分为一级保护区和二级保护区;必要时可以在饮用水水源保护区外围划定一定的区域作为准保护区。在饮用水水源保护区内,禁止设置排污口;禁止在饮用水水源一级保护区内新建、改建、扩建与供水设施和保护水源无关的建设项目;已建成的与供水设施和保护水源无关的建设项目,由县级以上人民政府责令拆除或者关闭;禁止在饮用水水源一级保护区内从事网箱养殖、旅游、游泳、垂钓或者其他可能污染饮用水水体的活动;禁止在饮用水水源二级保护区内新建、改建、扩建排放污染物的建设项目;已建成的排放污染物的建设项目,由县级以上人民政府责令拆除或者关闭;禁止在饮用水水源准保护区内新建、扩建对水体污染严重的建设项目;改建建设项目,不得增加排污量。

第三节 森林资源利用保护

一、我国森林资源概述

我国第八次全国森林资源清查结果显示,全国森林面积 2.2 亿公顷,全国森林覆盖率 22.96%,人工林面积居世界首位。我国森林资源总量不足,森林覆盖率只有全球平均水平的 2/3;森林资源质量不高,森林可采资源少;征占用林地及局部地区乱垦滥占林地问题严重;全国宜林地 60%分布在内蒙古和西北地区,营造林难度大。保护森林资源任重而道远。

二、森林资源保护政策法规

《中华人民共和国农业法》(以下简称《农业法》)第六十条规定:“国家实行全民义务植树制度。各级人民政府应当采取措施,组织群众植树造林,保护林地和林木,预防森林火灾,防治森林病虫害,制止滥伐、盗伐林木,提高森林覆盖率。”。随着《中华人民共和国森林法》(以下简称《森林法》)《森林采伐更新管理办法》《森林防火条例》《森林病虫害防治条例》《中华人民共和国森林法实施条例》(以下简称《森林法实施条例》)的相继出台,使我国形成了比较完整的森林资源保护法律体系。

《森林法》中将森林分为五类。一是防护林:以防护为主要目的的森林、林木和灌木丛,包括水源涵养林,水土保护林,防风固沙林,农田、牧场防护林、护岸林,护路林。二是用材林:以生产木材为主要目的的森林和林木,包括以生产竹材为主要目的的竹林。三是经济林:以生产果品、食用油料、饮料、调料,工业原料和药材等为主要目的的林木。四是薪炭林;以生产燃料为主要目的的林木。五是特种用途林:以国防、环境保护、科学实验等为主要目的森林和林木,包括国防林、实验林、母树林、环境保护林、风景林、名胜古迹和革命纪念地的林木,自然保护区的森林。

1. 森林资源权属

我国森林资源由法律规定属于集体所有的除外,属于国家所有。国家所有的和集体所有的森林、林木和林地,个人所有的林木和使用的林地,由县级以上地方人民政府登记造册,发放证书、确认所有权或者使用权。国务院可以授权国务院林业主管部门、对国务院确定的国家所有的重点林区的森林、林木和林地登记造册、发放证书,并通知有关地方人民政府。森林、林木、林地的所有者和使用者的合法权益,受法律保护,任何单位和个人不得侵犯。

2. 植树造林

1979 年 2 月 23 日,我国第五届全国人大常务委员会第六次会议决定,将 3 月 12 日作为中国的植树节。1981 年 12 月 13 日,五届全国人大四次会议通过了《关于开展全民义务植树运动的决议》。1982 年,国务院颁布了《关于开展全民义务植树运动的实施办法》,将群众性植树活动首次以国家法定形式固定下来。

《森林法》第十条规定:"植树造林、保护森林,是公民应尽的义务。各级人民政府应当组织全民义务植树,开展植树造林活动。"

(1)植树造林责任。宜林荒山荒地,属于国家所有的,由林业主管部门和其他主管部门组织造林;属于集体所有的,由集体经济组织组织造林。铁路公路两旁、江河两侧、湖泊水库周围,由各有关主管单位因地制宜地组织造林;工矿区,机关、学校用地,部队营区以及农场、牧场、渔场经营地区,由该单位负责造林。国家所有和集体所有的宜林荒山荒地可以由集体或者个人承包造林。

(2)植树造林林木权属。国有企业事业单位、机关、团体、部队营造的林木,由营造单位经营并按照国家规定支配林木收益。集体所有制单位营造的林木,归该单位所有。

农村居民在房前屋后、自留地、自留山种植的林木,归个人所有。城镇居民和职工在自有房屋的庭院内种植的林木,归个人所有。

集体或者个人承包国家所有和集体所有的宜林荒山荒地造林的,承包后种植的林木归承包集体或者个人所有;承包合同另有规定的,按照承包合同的规定执行。

(3)封山育林。新造幼林地和其他必须封山育林的地方,由当地人民政府组织封山育林。

3. 森林防火

为了有效预防和扑救森林火灾,保障人民生命财产安全,保护森林资源,维护生态安全,《森林防火条例》对森林火灾预防、森林火灾扑救、灾后处置、法律责任作了明确规定。

(1)森林防火责任制。森林、林木、林地的经营单位和个人应当按照林业主管部门的规定,建立森林防火责任制,划定森林防火责任区,确定森林防火责任人,并配备森林防火设施和设备。

(2)划定森林防火区和规定森林防火期。县级以上地方人民政府应当根据本行政区域内森林资源分布状况和森林火灾发生规律,划定森林防火区,规定森林防火期,并向社会公布。

森林防火期内,各级人民政府森林防火指挥机构和森林、林木、林地的经营单位和个人,应当根据森林火险预报,采取相应的预防和应急准备措施。森林防火期内,禁止在森林防火区野外用火。因防治病虫鼠害、冻害等特殊情况确需野外用火的,应当经县级人民政府批准,并按照要求采取防火措施,严防失火。森林防火期内,森林、林木、林地的经营单位应当设置森林防火警示宣传标志,并对进入其经营范围的人员进行森林防火安全宣传。森林防火期内,进入森林防火区的各种机动车辆应当按照规定安装防火装置,配备灭火器材。

(3)森林火险监测和预报。县级以上人民政府林业主管部门和气象主管机构应当根据森林防火需要,建设森林火险监测和预报站,建立联合会商机制,及时制作发布森林火险预警预报信息。

气象主管机构应当无偿提供森林火险天气预报服务。广播、电视、报纸、互联网等媒体应当及时播发或者刊登森林火险天气预报。

(4)森林火灾扑救。任何单位和个人发现森林火灾,应当立即报告。接到报告的当地人民政府或者森林防火指挥机构应当立即派人赶赴现场,调查核实,采取相应的扑救措施,并按照有关规定逐级报上级人民政府和森林防火指挥机构。

4. 森林病虫害防治

(1)森林病虫害防治方针。森林病虫害防治是指对森林、林木、林木种苗及木材、竹材的病害虫害的预防和除治。森林病虫害防治实行"预防为主,综合治理"的方针,并实行"谁经营、谁防治"的责任制度。《森林病虫害防治条例》对森林病虫害的预防、除治以及奖励和惩罚做出了明确规定。

(2)森林病虫害施药原则。防止环境污染,保证人畜安全,减少杀伤有益生物。

(3)对森林经营单位和个人的法律规定。森林经营单位和个人在森林的经营活动中应当遵守下列规定:植树造林应当适地适树,提倡营造混交林,合理搭配树种,依照国家规定选用林木良种,造林设计方案必须有森林病虫害防治措施;禁止使用带有危险性病虫害的林木种苗进行育苗或者造林;对幼龄林和中龄林应当及时进行抚育管理,清除已经感染病虫害的林木;有计划地实行封山育林,改变纯林生态环境;及时清理火烧地,伐除受害严重的过火林木;采伐后的林木应当及时运出伐区并清理现场。

(4)森林病虫害防治费用。全民所有的森林和林木,依照国家有关规定,分别从育林基金、木竹销售收入、多种经营收入和事业费用解决;集体和个人所有的森林和林木,由经营者负担,地方各级人民政府可以给予适当扶持。对暂时没有经济收入的森林、林木和长期没有经济收入的防护林、水源林、特种用途林的森林经营单位和个人,其所需的森林病虫害防治费用由地方各级人民政府给予适当扶持。发生大面积暴发性或者危险性病虫害,森林经营单位或者个人确实无力负担全部防治费用的、各级人民政府应当给予补助。

5. 森林采伐

森林采伐是指从伐区中获取木材的生产作业,国家根据用材林的消耗量低于生长量的原则,严格控制森林年采伐量。国家制定统一的年度木材生产计划。年度木材生产计划不得超过批准的年采伐限额。

(1)森林采伐更新。森林采伐更新是指在森林采伐后必须及时进行森林更新,并且根据树种的生态特性和不同立地条件采取相应的更新措施,以保证森林的合理采伐,及时更新采伐迹地,实现永续利用。

《森林采伐更新管理办法》规定,采伐林木的单位和个人,应当优先发展人工更新,人工更新、人工促进天然更新、天然更新相结合的原则,在采伐后的当年或者次年内必须完成更新造林任务,且更新质量必须达到相应标准。

(2)森林限额采伐。森林限额采伐是指国家根据合理经营、永续利用原则,对森林资源采伐或销毁的总量规定控制指标，作为年合理采伐量，按限定的采伐量进行采伐。

《森林法实施条例》规定，国务院批准的年森林采伐限额，每 5 年核定一次。采伐森林、林木作为商品销售的，必须纳入国家年度木材生产计划；农村居民采伐自留山上个人所有的薪炭林和自留地、房前屋后个人所有的零星林木除外。

(3)森林采伐许可。森林采伐许可是指为了科学合理地采伐利用森林，采伐单位和个人都必须持有林业主管部门或其授权单位核发的《林木采伐许可证》，并在许可范围内采伐，否则属于违法采伐，需承担相应法律责任。农村居民采伐自留地和房前屋后个人所有的零星林木除外。

①《林木采伐许可证》管理部门。农村集体经济组织采伐林木，由县级林业主管部门审核发放《林木采伐许可证》。农村居民采伐自留山和个人承包集体的林木，由县级林业主管部门或者其委托的乡、镇人民政府审核发放《林木采伐许可证》。审核发放许可证的部门，不得超过批准的年采伐限额发放《林木采伐许可证》。

采伐以生产竹林为主要目的的竹林，适用以上各款规定。

② 申请《林木采伐许可证》所需材料。申请《林木采伐许可证》，除应当提交申请采伐林木的所有权证书或者使用权证书外，还应当按照下列规定提交其他有关证明文件：国有林业企业事业单位还应当提交采伐区调查设计文件和上年度采伐更新验收证明；其他单位还应当提交包括采伐林木的目的、地点、林种、林况、面积、蓄积量、方式和更新措施等内容的文件；个人还应当提交包括采伐林木的地点、面积、树种、株数、蓄积量、更新时间等内容的文件。

③采伐林木的法律规定。采伐林木的单位或者个人，必须按照《林木采伐许可证》规定的面积、株数、树种、期限完成更新造林任务，更新造林的面积和株数不得少于采伐的面积和株数。对伐区作业不符合规定的单位，发放《林木采伐许可证》的部门有权收缴《林木采伐许可证》，中止其采伐，直到纠正为止。在林区经营(含加工)木材，必须经县级以上人民政府林业主管部门批准。木材收购单位和个人不得收购没有《林木采伐许可证》或者其他合法来源证明的木材(原木，锯材，竹材，木片和省、自治区、直辖市规定的其他木材)。

④运输木材的法律规定。从林区运出非国家统一调拨的木材，必须持有县级以上人民政府林业主管部门核发的《木材运输证》。《木材运输证》自木材起运点到终点全程有效，必须随货同行。没有《木材运输证》的，承运单位和个人不得承运。对未取得运输证件或者物资主管部门发给的调拨通知书运输木材的，木材检查站有权制止。

第四节　草原资源利用保护

一、我国草原资源概述

我国有天然草地面积 33 099.55 万公顷，分布广泛，遍布各个省(自治区、直辖市)。其中，西藏、内蒙古、新疆、青海、四川和甘肃 6 省(自治区)是我国的六大牧区，草原面积占全国草原总面积的 75.1%。由于超载放牧、乱采、乱挖、乱垦等破坏草原行为，造成草原退化、沙化不断加剧。

二、草原资源保护政策法规

1. 草原权属

(1)草原所有权和使用权。草原属于国家所有,由法律规定属于集体所有的除外。国家所有的草原,由国务院代表国家行使所有权。任何单位或者个人不得侵占、买卖或者以其他形式非法转让草原。

国家所有的草原,可以依法确定给全民所有制单位、集体经济组织等使用。使用草原的单位,应当履行保护、建设和合理利用草原的义务。依法确定给全民所有制单位、集体经济组织等使用的国家所有的草原,由县级以上人民政府登记,核发使用权证,确认草原使用权;集体所有的草原,由县级人民政府登记,核发所有权证,确认草原所有权。依法改变草原权属的,应当办理草原权属变更登记手续。

(2)草原承包经营权。

①集体经济组织内的家庭或者联户承包经营。《中华人民共和国草原法》(以下简称《草原法》)规定,集体所有的草原或者依法确定给集体经济组织使用的国家所有的草原,可以由本集体经济组织内的家庭或者联户承包经营。任何组织和个人不得剥夺或者非法限制农村集体经济组织成员承包草原的权利。

在草原承包经营期内,不得对承包经营者使用的草原进行调整;个别确需适当调整的,必须经本集体经济组织成员的村(牧)民会议 2/3 以上成员或者 2/3 以上村(牧)民代表的同意,并报乡(镇)人民政府和县级人民政府草原行政主管部门批准。

②本集体经济组织以外的单位或者个人承包经营。《草原法》规定,集体所有的草原或者依法确定给集体经济组织使用的国家所有的草原由本集体经济组织以外的单位或者个人承包经营的,必须经本集体经济组织成员的村(牧)民会议 2/3 以上成员或者 2/3 以上村(牧)民代表的同意,并报乡(镇)人民政府批准。

③草原承包期限。对于草原的承包期限,《中华人民共和国农村土地承包法》明确规定草地的承包期为 30 年至 50 年,发包方和承包方在合同中约定的承包期限只能在这个期限范围内,不能随意约定。

④草原承包经营权转让。草原承包经营权受法律保护,可以按照自愿、有偿的原则依法转让。草原承包经营权转让的受让方必须具有从事畜牧业生产的能力,并应当履行保护、建设和按照承包合同约定的用途合理利用草原的义务。草原承包经营权转让应当经发包方同意。承包方与受让方在转让合同中约定的转让期限,不得超过原承包合同剩余的期限。例如,原草原承包经营合同约定承包期限为 50 年,承包人已使用 10 年,该草原承包经营权转让的期限即不得超过 40 年。

⑤承包经营合同。承包经营草原,发包方和承包方应当签订书面合同。草原承包合同的内容应当包括双方的权利和义务,承包草原四至界限、面积和等级、承包期和起止日期、承包草原用途和违约责任等;承包期届满,原承包经营者在同等条件下享有优先承包权;承包经营草原的单位和个人,应当履行保护、建设和按照承包合同约定的用途合理利用草原的义务。

⑥草原所有权和使用权争议解决。草原所有权、使用权的争议,由当事人协商解决;协商不成的,由有关人民政府处理。单位之间的争议,由县级以上人民政府处理,个人之间、个人与单位之间的争议,由乡(镇)人民政府或者县级以上人民政府处理。当事人对有关人民政府的

处理决定不服的，可以依法向人民法院起诉。

在草原权属争议解决前，任何一方不得改变草原利用现状，不得破坏草原和草原上的设施。

2. 草原利用

(1)草畜平衡。草畜平衡是指为保持草原生态系统良性循环，在一定时间内，草原使用者或承包经营者通过草原和其他途径获取的可利用饲草饲料总量与其饲养的牲畜所需的饲草饲料量保持动态平衡。

(2)禁牧、休牧、轮牧。禁牧就是把草场封起来禁止放牧，使草场休养生息，让它自然恢复；休牧就是让一部分牧民一段时间内不放牧；轮牧就是在几个草场轮流放牧，让草场有季节的休息。

《草原法》规定，牧区的草原承包经营者应当实行划区轮牧，合理配置畜群，均衡利用草原；对严重退化、沙化、盐碱化、石漠化的草原和生态脆弱区的草原，实行禁牧、休牧制度。

国家提倡在农区、半农半牧区和有条件的牧区实行牲畜圈养。草原承包经营者应当按照饲养牲畜的种类和数量，调剂、储备饲草饲料，采用青贮和饲草饲料加工等新技术，逐步改变依赖天然草地放牧的生产方式。在草原禁牧、休牧、轮牧区，国家对实行舍饲圈养的给予粮食和资金补助。

3. 草原保护

(1)基本草原保护制度。国家实行基本草原保护制度。下列草原应当划为基本草原，实施严格管理：重要放牧场；割草地；用于畜牧业生产的人工草地、退耕还草地以及改良草地、草种基地；对调节气候、涵养水源、保持水土、防风固沙具有特殊作用的草原；作为国家重点保护野生动植物生存环境的草原；草原科研、教学试验基地；国务院规定应当划为基本草原的其他草原。

(2)建立草原自然保护区。国务院草原行政主管部门或者省、自治区、直辖市人民政府可以按照自然保护区管理的有关规定在下列地区建立草原自然保护区：具有代表性的草原类型；珍稀濒危野生动植物分布区；具有重要生态功能和经济科研价值的草原。

(3)草原植被保护。禁止开垦草原。对水土流失严重、有沙化趋势、需要改善生态环境的已垦草原，应当有计划、有步骤地退耕还草；已造成沙化、盐碱化、石漠化的，应当限期治理。

禁止在荒漠、半荒漠和严重退化、沙化、盐碱化、石漠化、水土流失的草原以及生态脆弱区的草原上采挖植物和从事破坏草原植被的其他活动。

在草原上从事采土、采砂、采石等作业活动，应当报县级人民政府草原行政主管部门批准；开采矿产资源的，并应当依法办理有关手续。经批准在草原上从事采土、采砂、采石等作业活动的，应当在规定的时间、区域内，按照准许的采挖方式作业，并采取保护草原植被的措施。在他人使用的草原上从事采土、采砂、采石等作业活动的，还应当事先取得草原使用者的同意。

除抢险救灾和牧民搬迁的机动车辆外，禁止机动车辆离开道路在草原上行驶，破坏草原植被；因从事地质勘探、科学考察等活动确需离开道路在草原上行驶的，应当向县级人民政府草原行政主管部门提交行驶区域和行驶路线方案，经确认后执行。

4. 防治草原鼠害、病虫害与草原防火

禁止在草原上使用剧毒、高残留以及可能导致二次中毒的农药。县级以上地方人民政府应当做好草原鼠害、病虫害和毒害草防治的组织管理工作。县级以上地方人民政府草原行政主管部门应当采取措施,加强草原鼠害、病虫害和毒害草监测预警、调查以及防治工作,组织研究和推广综合防治的办法。

《草原防火条例》对草原防火的相关问题做了细致规定。草原防火工作贯彻预防为主、防消结合的方针。我国实行草原防火责任制,草原的经营使用单位和个人,在其经营使用范围内承担草原防火责任。

第五节 渔业资源利用保护

一、我国渔业资源概述

渔业资源,又称水产资源,是指水域中可以作为渔业生产经营对象以及具有科学研究价值的水生生物的总称。渔业资源主要有鱼类、虾蟹类、贝类、海藻类、淡水食用水生植物类及其他类。按水域不同一般可分为淡水渔业资源和海水渔业资源。我国是世界上渔业资源丰富的国家之一,拥有广阔的渔业水域和丰富的生物资源。随着资源开发力度的盲目加大,一些重要的经济种类逐渐减少,使我国渔业资源面临着严重的衰退问题。

二、渔业资源保护政策法规

为了加强渔业资源的保护、增殖、开发和合理利用,促进渔业生产的发展,1986 年第六届全国人民代表大会常务委员会第十四次会议通过了《中华人民共和国渔业法》(以下简称《渔业法》),后又于 2000 年、2004 年、2009 年和 2013 年全国人民代表大会常务委员会四次修正。该法适用于在中华人民共和国的内水、滩涂、领海、专属经济区以及中华人民共和国管辖的一切其他海域从事养殖和捕捞水生动物、水生植物等渔业生产活动。同时辅以《中华人民共和国渔业法实施细则》(1987 年)、《渔业资源增殖保护费征收使用办法》(1988 年制订)、《中华人民共和国水生野生动物保护实施条例》(1993 年)等法律法规。除此之外,在《中华人民共和国环境保护法》《中华人民共和国野生动物保护法》以及有关水污染防治、海洋环境保护等的立法中,也对渔业资源生存环境的保护与管理作出了相关规定。

《渔业法》第三条第一款规定:"国家对渔业生产实行以养殖为主,养殖、捕捞、加工并举,因地制宜,各有侧重的方针。"第六条规定:"国务院渔业行政主管部门主管全国的渔业工作。县级以上地方人民政府渔业行政主管部门主管本行政区域内的渔业工作。县级以上人民政府渔业行政主管部门可以在重要渔业水域、渔港设渔政监督管理机构。县级以上人民政府渔业行政主管部门及其所属的渔政监督管理机构可以设渔政检查人员。渔政检查人员执行渔业行政主管部门及其所属的渔政监督管理机构交付的任务。"

1. 养殖业管理

发展渔业养殖是解决渔业资源供需矛盾的重要途径之一。为了发展养殖业,《渔业法》第十条规定:"国家鼓励全民所有制单位、集体所有制单位和个人充分利用适于养殖的水域、滩涂,发展养殖业。"

国家对水域利用进行统一规划,确定可以用于养殖业的水域和滩涂。国家实行养殖证制度，确定单位和个人对水面的养殖使用权。

(1)养殖证的发放。单位和个人使用国家规划确定用于养殖业的全民所有的水域、滩涂的，使用者应当向县级以上地方人民政府渔业行政主管部门提出申请，由本级人民政府核发养殖证，许可其使用该水域、滩涂从事养殖生产。

《水域滩涂养殖发证登记办法》(农发〔2010〕9号)第八条规定，国家所有的水域、滩涂，应当优先用于下列当地渔业生产者从事养殖生产：以水域、滩涂养殖生产为主要生活来源的；因渔业产业结构调整，由捕捞业转产从事养殖业的；因养殖水域滩涂规划调整，需要另行安排养殖水域、滩涂从事养殖生产的。

(2)水域、滩涂的承包。集体所有的或者全民所有由农业集体经济组织使用的水域、滩涂，可以由个人或者集体承包，从事养殖生产。

农民集体所有或者国家所有依法由农民集体使用的水域、滩涂可以以家庭承包方式或以招标、拍卖、公开协商等方式承包用于养殖生产，但均应申请养殖证，进行登记。

(3)收回水域、滩涂承包的法律规定。《水域滩涂养殖发证登记办法》第十六条规定，实行家庭承包的农民集体所有或者国家所有依法由农民集体使用的水域、滩涂，在承包期内出现下列情形之一，发包方依法收回承包的水域、滩涂的，应当由发证机关收回、注销养殖证：承包方全家迁入设区的市，转为非农业户口的；承包方提出书面申请，自愿放弃全部承包水域、滩涂的；其他依法应当收回养殖证的情形。

(4)处罚规定。《渔业法》第四十条规定，使用全民所有的水域、滩涂从事养殖生产，无正当理由使水域、滩涂荒芜满一年的，由发放《养殖证》的机关责令限期开发利用；逾期未开发利用的，吊销《养殖证》，可以并处1万元以下的罚款。

未依法取得《养殖证》擅自在全民所有的水域从事养殖生产的，责令改正，补办《养殖证》或者限期拆除养殖设施。

未依法取得《养殖证》或者超越《养殖证》许可范围在全民所有的水域从事养殖生产，妨碍航运、行洪的，责令限期拆除养殖设施，可以并处1万元以下的罚款。

2. 捕捞业管理

为了保护和合理利用渔业资源，维持渔业的可持续发展，国家对渔业捕捞实行特殊管理。《渔业法》第二十一条规定，国家在财政、信贷和税收等方面采取措施，鼓励、扶持远洋捕捞业的发展，并根据渔业资源的可捕捞量，安排内水和近海捕捞力量。

(1)国家对捕捞业实行捕捞限额制度。国家根据捕捞量低于渔业资源增长量的原则，确定渔业资源的总可捕捞量，实行捕捞限额制度。国务院渔业行政主管部门负责组织渔业资源的调查和评估，为实行捕捞限额制度提供科学依据。

中华人民共和国内海、领海、专属经济区和其他管辖海域的捕捞限额总量由国务院渔业行政主管部门确定，报国务院批准后逐级分解下达；国家确定的重要江河、湖泊的捕捞限额总量由有关省、自治区、直辖市人民政府确定或者协商确定，逐级分解下达。

国务院渔业行政主管部门和省、自治区、直辖市人民政府渔业行政主管部门应当加强对捕捞限额制度实施情况的监督检查，对超过上级下达的捕捞限额指标的，应当在其翌年捕捞限额指标中予以核减。

(2)国家对捕捞业实行捕捞许可证制度。海洋大型拖网、围网作业以及到中华人民共和国与有关国家缔结的协定确定的共同管理的渔区或者公海从事捕捞作业的捕捞许可证，由国务院渔业行政主管部门批准发放。其他作业的捕捞许可证,由县级以上地方人民政府渔业行政主管部门批准发放;但是,批准发放海洋作业的捕捞许可证不得超过国家下达的船网工具控制指标,具体办法由省、自治区、直辖市人民政府规定。《渔业法》第四十一条规定,未依法取得捕捞许可证擅自进行捕捞的,没收渔获物和违法所得,并处10万元以下的罚款;情节严重的,并可以没收渔具和渔船。

捕捞许可证不得买卖、出租和以其他形式转让,不得涂改、伪造、变造。《渔业法》第四十三条规定,涂改、买卖、出租或者以其他形式转让捕捞许可证的,没收违法所得,吊销捕捞许可证,可以并处1万元以下的罚款;伪造、变造、买卖捕捞许可证,构成犯罪的,依法追究刑事责任。

从事捕捞作业的单位和个人,必须按照捕捞许可证关于作业类型、场所、时限、渔具数量和捕捞限额的规定进行作业,并遵守国家有关保护渔业资源的规定。大中型渔船应当填写渔捞日志。违反以上规定进行作业的,没收渔获物和违法所得,可以并处5万元以下的罚款;情节严重的,并可以没收渔具,吊销捕捞许可证。

国家对从事捕捞作业的船舶实行检验制度。制造、更新改造、购置、进口的从事捕捞作业的船舶必须经渔业船舶检验部门检验合格后,方可下水作业。具体管理办法由国务院规定。

3. 渔业资源的增殖和保护

(1)渔业资源增殖保护费用。为增殖和保护渔业资源,国家实行征收渔业资源增殖保护费制度。《渔业法》第二十八条规定,县级以上人民政府渔业行政主管部门应当对其管理的渔业水域统一规划,采取措施,增殖渔业资源。县级以上人民政府渔业行政主管部门可以向受益的单位和个人征收渔业资源增殖保护费,专门用于增殖和保护渔业资源。渔业资源费的征收和使用,实行"取之于渔、用之于渔"的原则。

(2)渔业资源增殖保护措施。为了保护渔业资源不受破坏,国家实行捕捞方法、区域、时间等控制措施。《渔业法》作了相关规定。禁止使用炸鱼、毒鱼、电鱼等破坏渔业资源的方法进行捕捞;禁止制造、销售、使用禁用的渔具;禁止在禁渔区、禁渔期进行捕捞;禁止使用小于最小网目尺寸的网具进行捕捞;捕捞的渔获物中幼鱼不得超过规定的比例。违反以上规定的,没收渔获物和违法所得,处5万元以下的罚款;情节严重的,没收渔具,吊销捕捞许可证;情节特别严重的,可以没收渔船;构成犯罪的,依法追究刑事责任。

在禁渔区或者禁渔期内禁止销售非法捕捞的渔获物,违反该规定的,县级以上地方人民政府渔业行政主管部门应当及时进行调查处理。

制造、销售禁用的渔具的,没收非法制造、销售的渔具和违法所得,并处1万元以下的罚款。

禁止捕捞有重要经济价值的水生动物苗种。因养殖或者其他特殊需要,捕捞有重要经济价值的苗种或者禁捕的怀卵亲体的,必须经国务院渔业行政主管部门或者省、自治区、直辖市人民政府渔业行政主管部门批准,在指定的区域和时间内,按照限额捕捞。

为保护渔业资源生存环境,《渔业法》规定,在鱼、虾、蟹洄游通道建闸、筑坝,对渔业资源有严重影响的,建设单位应当建造过鱼设施或者采取其他补救措施。用于渔业并兼有调蓄、灌溉等功能的水体,有关主管部门应当确定渔业生产所需的最低水位线。禁止围湖造田。沿海滩涂未经县级以上人民政府批准,不得围垦;重要的苗种基地和养殖场所不得围垦。

项目六　农村生态保护政策

第一节　秸秆综合利用

开展秸秆综合利用工作，是提升耕地质量、改善农业农村环境、实现农业高质量、绿色发展的重要举措。

一、重点内容

1. 编制年度实施方案

各省(区、市)农业农村部门要加强对本省(区、市)秸秆综合利用的规划研究，以全域全量利用为目标，编制省级年度实施方案，明确不同区域、不同作物秸秆的利用方向，合理布局产业化利用途径、收储运基地，创设秸秆还田、离田、加工利用等领域配套政策，形成政府推动、市场驱动、主体带动的稳定运行机制。

2. 建立资源台账

各省(区、市)农业农村部门要建立科学的秸秆产生与利用情况调查标准和方法，摸清资源底数，掌握利用情况，按照分级审核负责制的原则，掌握农作物秸秆的产生量、还田量、离田利用量等基础数据，搭建国家、省、市、县四级秸秆资源数据平台，为各级政府制定秸秆综合利用政策、规划布局、产业发展等提供支撑。

3. 强化整县推进

各省(区、市)农业农村部门要遴选一批秸秆资源量大、综合利用潜力大的县(市、区)，整县推进秸秆综合利用，因地制宜确定秸秆利用方式，切实做到技术措施有用、工作措施有效、管理措施有力、持续运行有保障，推动县域秸秆综合利用率达到90%以上或比上年提高5%。鼓励各地统筹利用各类涉农政策，探索建立区域性补偿制度，提高补偿政策的指向性、精准性和实效性。

4. 培育市场主体

各省(区、市)农业农村部门要坚持政府引导、市场运作的原则，大力培育秸秆收储运服务主体，构建县域全覆盖的秸秆收储和供应网络，打通秸秆离田利用瓶颈。围绕秸秆肥料化、饲料化、燃料化、基料化和原料化等领域，发展一批市场化利用主体，延伸产业链、提升价值链，加快推进秸秆综合利用产业结构优化和提质增效。

5. 加强科技支撑

各省(区、市)农业农村部门要充分依托国家现代农业产业技术体系和基层农技推广体系等技术力量，组建本省(区、市)秸秆综合利用技术专家组。根据本地农业种植制度，形成适合本地的秸秆深翻还田、免耕还田、堆沤还田等技术规程,研发推广秸秆青黄贮饲料、打捆直燃、成型燃料生产等领域新技术,总结凝练相关技术的内涵、特点、操作要点、适用区域等,发布年度主推技术,扩大推广范围,放大示范效应。

二、有关要求

1. 落实工作责任

地方各级人民政府是秸秆综合利用的责任主体。各省(区、市)农业农村部门要按照权责一致的原则,落实相关单位和主体的责任,将各项任务分解落实到具体单位和主体,协同解决重大问题,努力形成工作合力,建立齐抓共管、上下联动的工作机制。秸秆综合利用重点县要扎实做好基础工作,统筹整合相关资源,做好县域内秸秆综合利用主体的服务与管理。

2. 注重宣传引导

各省(区、市)农业农村部门要利用电视、报刊、互联网等媒介,多渠道、多角度、全方位讲好秸秆综合利用故事,积极宣传重大政策、重要文件、重点活动以及各地涌现的典型案例,提高农民有效利用秸秆的自觉性和主动性,大力营造全社会关注、关心秸秆综合利用的良好环境。

3. 开展模式总结

各省(区、市)农业农村部门要认真总结各地在实践中形成的创新经验和有效做法,分层次、分环节、分对象开展经验交流和现场观摩活动,努力提升各地工作水平。相关秸秆综合利用重点县要凝练政策措施、工作措施、技术措施等方面的经验做法,形成可复制、可推广的县域典型模式。

第二节 畜禽粪资源化利用

抓好畜禽粪污资源化利用,关系到畜产品有效供给,关系到农村居民生产生活环境改善,关系到全面建成小康社会,是促进畜牧业绿色可持续发展的重要举措。

一、基本原则

1. 坚持统筹兼顾

准确把握我国农业农村经济发展的阶段性特点,根据资源环境承载能力和产业发展基础,统筹考虑畜牧业生产发展、粪污资源化利用和农牧民增收等重要任务,把握好工作的节奏和力度,积极作为、协同推进,促进畜牧业生产与环境保护和发展。

2. 坚持整县推进

以畜牧大县为重点,加大政策扶持力度,积极探索全县推进模式。严格落实地方政府属地管理责任和规模养殖场主体责任,统筹县域内种植业、养殖业布局,制定种植业、养殖业循环发展规划,培育第三方处理企业和社会化服务组织,全面推进区域内畜禽粪污治理。

3. 坚持重点突破

以畜禽规模养殖场为重点,突出生猪、奶牛、肉牛三大畜种,指导老场改造升级,对新场严格规范管理，鼓励养殖密集区进行集中处理，推进种养结合、农牧循环发展。

4. 坚持分类指导

根据不同区域资源环境特点，结合不同规模、不同畜种养殖场的粪污产生情况，因地制宜推广经济适用的粪污资源化利用模式，做到可持续运行。根据粪污消纳用地的作物和土壤特性，推广便捷高效的有机肥利用技术和装备，做到科学还田利用。

二、重点任务

1. 建立健全资源化利用制度

配合环保部门加强畜禽规模养殖场环境准入管理，强化地方政府属地管理责任和规模养殖场主体责任，建立完善绩效评价和考核体系。农业农村部会同生态环境部，建立定期督查机制，联合开展督导检查，对责任落实不到位、推进工作不力的地方政府予以通报。各省组织对畜牧大县进行考核，定期通报工作进展；组织对大规模养殖场开展验收，确保大规模养殖场2022年年底前完成资源化利用任务。对粪污资源化利用不符合要求的规模养殖场，已获得国家畜禽养殖标准化示范场、核心育幼场、良种扩繁推广基地等称号的，取消其相关资格。

2. 优化畜牧业区域布局

坚持以地定畜、以种定养，根据土地承载能力确定畜禽养殖规模，宜减则减、宜增则增，促使种植业、养殖业在布局上相协调，在规模上相匹配。指导超过土地承载能力的区域和规模养殖场，逐步调减养殖总量。落实《全国生猪生产发展规划》和《农业农村部关于促进南方水网地区生猪养殖布局调整优化的指导意见》精神，优化调整生猪养殖布局，调减南方水网地区生猪养殖量，引导生猪生产向粮食主产区和环境容量大的地区转移。落实《全国草食畜牧业发展规划》内容，在牧区、农牧交错带、南方草山草坡等饲草资源丰富的地区，扩大优质饲草料种植面积，大力发展草食畜牧业。各地农牧部门要在地方人民政府的统一领导下，按照《畜禽养殖禁养区划定技术指南》要求，配合环保部门依法划定或调整禁养区，防止因禁养区划定不当对畜牧业生产造成严重冲击。

3. 加快畜牧业转型升级

继续开展畜禽养殖标准化示范创建活动，大力发展畜禽标准化规模养殖，支持规模养殖场发展生态养殖，改造圈舍设施，提升集约化、自动化、现代化养殖水平，推动畜牧业生产方式转变。推行规模养殖场精细化管理，实施科学规范的饲养管理规程，推广智能化精准饲喂，提高饲料转化效率，严格规范兽药、饲料添加剂的生产和使用，加强养殖环境自动化控制。

4. 促进畜禽粪污资源化利用

开展畜牧业绿色发展示范县创建活动，以畜禽养殖废弃物减量化产生、无害化处理、资源化利用为重点，整县推进畜禽养殖废弃物综合利用。

鼓励引导规模养殖场建设必要的粪污处理利用配套设施，对现有基础设施和装备进行改造升级。鼓励养殖密集区建设集中处理中心，开展专业化集中处理。印发畜禽粪污资源化利用技术指导意见和典型技术模式，集成推广清洁养殖工艺和粪污资源化利用模式，指导规模养殖场选择科学合理的粪污处理方式。各县（市、区）畜牧部门要针对本行政区域内不同规模养殖场的特点，逐场制定粪污资源化利用方案，做好技术指导和服务。

5. 提升种养结合水平

支持第三方处理机构和社会化服务组织发挥专业、技术优势，建立有效的市场运行机制，引导企业提供可持续的商业模式和盈利模式，构建种植养殖循环发展机制。以发展生态循环农业、促进果菜茶质量效益提升为目标，以果菜茶优势产区、核心产区、知名品牌生产基地为重点，支持引导农民和新型经营主体积造和施用有机肥，实现节本增效、提质增效。健全畜禽粪污还田利用和检测方法标准体系。加大有机肥、沼肥施用装备研发推广力度。引导国家现代农业示范区、农业可持续发展试验示范区和现代农业产业园率先实现农牧循环发展，带动形成一批种养结合的典型模式。

6. 提高沼气和生物天然气利用效率

立足农村能源革命的总体要求，推动以畜禽粪污为主要原料的能源化、规模化、专业化沼气工程建设，促进农村能源发展和环境保护。支持规模养殖场和专业化企业生产沼气、生物天然气，促进畜禽粪污能源化更多用于农村清洁取暖。优化沼气工程设施、技术和工艺，引导大规模养殖场在生产、生活用能中加大沼气或沼气发电利用比例。实施农村沼气工程项目，重点支持以沼气工程为纽带，实现苹果、柑橘、设施蔬菜、茶叶等高效经济作物种植与畜禽养殖有机结合的果(菜、茶)沼畜种养循环项目。支持大型粪污能源化利用企业建立粪污收集利用体系，配套与粪污处理规模相匹配的消纳土地，促进沼液就近就地还田利用。

三、区域重点及技术模式

根据我国现阶段畜禽养殖现状和资源环境特点，因地制宜确定主推技术模式。以源头减量、过程控制、末端利用为核心，重点推广经济适用的通用技术模式。

源头减量。推广使用微生物制剂、酶制剂等饲料添加剂和低氮、低磷、低矿物质饲料配方，提高饲料转化效率，促进兽药和铜、锌饲料添加剂减量使用，降低养殖业排放。引导生猪、奶牛规模养殖场改水冲粪为干清粪，采用节水型饮水器或饮水分流装置，实行雨污分离、回收污水循环清粪等有效措施，从源头控制养殖污水产生量。粪污全量利用的生猪和奶牛规模养殖场，采用水泡粪工艺的，应最大限度降低用水量。

过程控制。规模养殖场根据土地承载能力确定适宜养殖规模，建设必要的粪污处理设施，使用堆肥发酵菌剂、粪水处理菌剂和臭气控制菌剂等，加速粪污无害化处理过程，减少氮磷和臭气排放。

末端利用。肉牛、羊和家禽等以固体粪便为主的规模化养殖场，鼓励进行固体粪便堆肥或建立集中处理中心生产商品有机肥；生猪和奶牛等规模化养殖场鼓励采用粪污全量收集还田利用和“固体粪便堆肥＋污水肥料化利用”等技术模式，推广快速低排放的固体粪便堆肥技术和水肥一体化施用技术，促进畜禽粪污就近就地还田利用。在此基础上，各区域应因地制宜，根据区域特征、饲养工艺和环境承载力的不同，分别推广以下模式。

(一)京津沪地区

该区域经济发达，畜禽养殖规模化水平高，但由于耕地面积少，畜禽养殖环境承载压力大，重点推广的技术模式：一是“污水肥料化利用”模式。养殖污水经多级沉淀池或沼气工程进行无害化处理，配套建设肥水输送和配比设施，在农田施肥和灌溉期间，实行肥水一体化施用。

二是“粪便垫料回用”模式。规模奶牛场粪污进行固液分离，固体粪便经过高温快速发酵和杀菌处理后作为牛床垫料。三是“污水深度处理”模式。对于无配套土地的规模养殖场，养殖污水固液分离后进行厌氧、好氧深度处理，达标排放或消毒回用。

（二）东北地区

包括内蒙古、辽宁、吉林和黑龙江 4 省（自治区）。该区域土地面积大，冬季气温低，环境承载力和土地消纳能力相对较高，重点推广的技术模式：一是“粪污全量收集还田利用”模式。对于养殖密集区或大规模养殖场，依托专业化粪污处理利用企业，集中收集并通过氧化塘贮存对粪污进行无害化处理，在作物收割后或播种前利用专业化施肥机械施用到农田，减少化肥施用量。二是“污水肥料化利用”模式。对于有配套农田的规模养殖场，养殖污水通过氧化塘贮存或沼气工程进行无害化处理，在作物收获后或播种前作为底肥施用。三是“粪污专业化能源利用”模式。依托大规模养殖场或第三方粪污处理企业，对一定区域内的粪污进行集中收集，通过大型沼气工程或生物天然气工程，沼气发电上网或提纯生物天然气，沼渣生产有机肥，沼液通过农田利用或浓缩使用。

（三）东部沿海地区

包括江苏、浙江、福建、广东和海南 5 省。该区域经济较发达、人口密度大、水网密集，耕地面积少，环境负荷高，重点推广的技术模式：一是“粪污专业化能源利用”模式。依托大规模养殖场或第三方粪污处理企业，对一定区域内的粪污进行集中收集，通过大型沼气工程或生物天然气工程，沼气发电上网或提纯生物天然气，沼渣生产有机肥，沼液还田利用。二是“异位发酵床”模式。粪污通过漏缝地板进入底层或转移到舍外，利用垫料和微生物菌进行发酵分解。采用“公司＋农户”模式的家庭农场宜采用舍外发酵床模式，规模生猪养殖场宜采用高架发酵床模式。三是“污水肥料化利用”模式。对于有配套农田的规模养殖场，养殖污水通过厌氧发酵进行无害化处理，配套建设肥水输送和配比设施，在农田施肥和灌溉期间，实行肥水一体化施用。四是“污水达标排放”模式。对于无配套农田养殖场，养殖污水固液分离后进行厌氧、好氧深度处理，达标排放或消毒回用。

（四）中东部地区

包括安徽、江西、湖北和湖南 4 省，是我国粮食主产区和畜产品优势区，位于南方水网地区，环境负荷较高，重点推广的技术模式：一是“粪污专业化能源利用”模式。依托大规模养殖场或第三方粪污处理企业，对一定区域内的粪污进行集中收集，通过大型沼气工程或生物天然气工程，沼气发电上网或提纯生物天然气，沼渣生产有机肥，沼液通过农田利用或浓缩使用。二是“污水肥料化利用”模式。对于有配套农田的规模养殖场，养殖污水通过三级沉淀池或沼气工程进行无害化处理，配套建设肥水输送和配套设施，在农田施肥和灌溉期间，实行肥水一体化施用。三是“污水达标排放”模式。对于无配套农田的规模养殖场，养殖污水固液分离后通过厌氧、好氧进行深度处理，达标排放或消毒回用。

（五）华北平原地区

包括河北、山西、山东和河南 4 省，是我国粮食主产区和畜产品优势区，重点推广的技术模式：一是“粪污全量收集还田利用”模式。在耕地面积较大的平原地区，依托专业化的粪污收集和施肥企业，集中收集粪污并通过氧化塘贮存进行无害化处理，在作物收割后和播种前采用专业化的施肥机械集中进行施用，减少化肥施用量。二是“粪污专业化能源利用”模式。依托大规模养殖场或第三方粪污处理企业，对一定区域内的粪污进行集中收集，通过大型沼气工程或生物天然气工程，沼气发电上网或提纯生物天然气，沼渣生产有机肥，沼液通过农田利用或浓缩使用。三是“粪便垫料回用”模式。规模奶牛场对粪污进行固液分离，固体粪便经过高温快速发酵和杀菌处理后作为牛床垫料。四是“污水肥料化利用”模式。对于有配套农田的规模养殖场，养殖污水通过氧化塘贮存或厌氧发酵进行无害化处理，在作物收获后或播种前作为底肥施用。

（六）西南地区

包括广西、重庆、四川、贵州、云南和西藏6省（自治区、直辖市）。除西藏外，该区域5省（区、市）均属于我国生猪主产区，但畜禽养殖规模水平较低，以农户和小规模饲养为主，重点推广的技术模式：一是“异位发酵床”模式。粪污通过漏缝地板进入底层或转移到舍外，利用垫料和微生物菌进行发酵分解。采用“公司＋农户”模式的家庭农场宜采用舍外发酵床模式，规模生猪养殖场宜采用高架发酵床模式。二是“污水肥料化利用”模式。对于有配套农田的规模养殖场，养殖污水通过三级沉淀池或沼气工程进行无害化处理，配套建设肥水贮存、输送和配比设施，在农田施肥和灌溉期间，实行肥水一体化施用。

（七）西北地区

包括陕西、甘肃、青海、宁夏和新疆5省（自治区）。该区域水资源短缺，主要是草原畜牧业，农田面积较大，重点推广的技术模式：一是“粪便垫料回用”模式。规模奶牛场对粪污进行固液分离，固体粪便经过高温快速发酵和杀菌处理后作为牛床垫料。二是“污水肥料化利用”模式。对于有配套农田的规模养殖场，养殖污水通过氧化塘贮存或沼气工程进行无害化处理，在作物收获后或播种前作为底肥施用。三是“粪污专业化能源利用”模式。依托大规模养殖场或第三方粪污处理企业，对一定区域内的粪污进行集中收集，通过大型沼气工程或生物天然气工程，沼气发电上网或提纯生物天然气，沼渣生产有机肥，沼液通过农田利用或浓缩使用。

四、保障措施

1. 加强组织领导

要构建合力推进、上下联动的工作格局。畜禽粪污资源化利用涉及收集、储存、运输、处理、利用等多个环节，需要农业系统畜牧、种植、土肥、农村能源、农机等单位协同发力，共同推进。农业农村部成立畜禽粪污资源化利用办公室，计划、财务、科教、种植、畜牧等相关司局人员集中办公，强化顶层设计，加强项目资金整合和组织实施，开展绩效考核等。各省（区、市）农业部门也要进一步完善工作机制，推动形成各环节协同推进的局面。

2. 加大政策扶持

完善畜禽粪污资源化利用产品价格政策，降低终端产品进入市场的门槛，创新畜禽粪污资源化利用的设施建设和运营模式，通过PPP等方式降低运营成本和市场风险，畅通社会资本进入渠道。推动地方政府围绕标准化规模养殖、沼气资源化利用、有机肥推广等关键环节出台扶持政策，提升规模养殖场、第三方处理机构和社会化服务组织粪污处理能力。认真组织实施中央财政畜禽粪污资源化利用项目和中央预算内投资畜禽粪污资源化利用整县推进项目，支持生猪、肉牛、奶牛大县整县推进畜禽粪污资源化利用。鼓励各地出台配套政策，统筹利用生猪（牛、羊）调出大县奖励资金、果菜茶有机肥替代化肥等项目资金，对畜禽粪污资源化利用工作给予支持。

3. 强化科技支撑

各地要综合考虑水、土壤、大气污染治理要求，探索适宜的畜禽粪污资源化利用技术模式，制定本地区畜禽粪污资源化利用行动方案。加强技术服务与指导，开展技术培训，提高规模养殖场、第三方处理企业和社会化服务组织的技术水平。组织科技攻关，研发推广安全、高效、环保新型饲料产品，加强畜禽粪污资源化利用技术集成，推广应用有机肥、水肥一体化等关键技术，研发一批先进技术和装备。

4. 建立信息平台

以大型养殖企业和畜牧大县为重点，围绕养殖生产、粪污资源化处理等数据链条，建设统一管理、分级使用、数据共享的畜禽规模养殖场信息直联直报平台。严格落实养殖档案管理制度，对所有规模养殖场实行摸底调查、全数登记，赋予统一身份代码，逐步将养殖场信息与其他监管信息互联，提高数据真实性和准确性。

5. 注重宣传引导

大力宣传有关法律法规，及时解读畜禽粪污资源化利用相关支持政策，提高畜禽养殖从业者的思想认识。利用电视、报刊、网络等多种媒体，广泛宣传畜禽粪污资源化利用行动的主要内容、工作思路和总体目标，宣传推广各地的好经验好做法，为推进畜禽粪污资源化利用行动营造良好氛围。

第三节　地膜污染防治及回收利用

地膜是重要的农业生产资料。我国地膜覆盖面积大、应用范围广，在增加农作物产量、提高作物品质、丰富农产品供给结构等方面发挥了重要作用。但长期以来重使用、轻回收，造成部分地区地膜残留污染问题日益严重。

认真落实中央关于下大力气治理白色污染的要求，以主要覆膜地区为治理重点，以回收利用、减量使用传统地膜和推广应用安全可控替代产品为主要治理方式，健全制度体系，强化责任落实，完善扶持政策，严格执法监管，加强科技支撑，全面推进地膜污染治理，加快建设农业绿色发展新格局，为全面建成小康社会提供有力支撑。

一、基本原则

统筹兼顾，重点推进。统筹地膜污染的环境压力、农产品供给保障能力和废旧地膜回收利用能力，协同推进生产发展和环境保护，奖惩并举，疏堵结合，重点推进覆膜面积大、残留量高地区的农业绿色发展，保障产业稳定、环境改善。

因地制宜，多措并举。根据不同区域、不同覆膜类型、不同残留程度，以回收利用为主要手段，同时探索源头不用、少用的减量化措施，在部分地区适宜作物上开展安全可控替代产品的推广应用，有效解决地膜污染问题。

强化管理，落实责任。地膜污染治理由地方人民政府负责。各有关部门在本级人民政府的统一领导下，健全工作机制，加强工作督导，做好协同配合，监督指导地膜生产、销售、使用等各主体切实履行主体责任。

政府引导，多方参与。完善以绿色生态为导向的农业补贴制度，发挥市场配置资源的决定性作用，政府重点在地膜使用和回收环节进行引导和支持，在循环利用环节鼓励社会资本投入，培育废旧地膜资源化利用循环产业。

二、主要目标

到 2025 年，农膜基本实现全回收，全国地膜残留量实现负增长，农田白色污染得到有效防控。

三、完善农田地膜污染防治制度建设

1. 加快法律法规制定

落实严格的农膜管理制度，对农膜生产、销售、使用、回收、再利用等环节加强管理。农业农村部、工业和信息化部、生态环境部、国家市场监督管理总局联合制定农用薄膜管理办法，建立全程监管体系，加强农膜回收利用的法律保障。同时，对地方制定相应办法和规定提出要求。

2. 建立地方负责制度

地方各级人民政府要对本行政区域内的地膜污染防治工作负责，压实地方政府主体责任，明确地膜污染防治的第一责任主体。结合本地实际，细化任务分工，健全工作机制，加大资金投入，完善政策措施，强化日常监管，确保各项任务落实到位。

3. 建立使用管控制度

加强地膜使用控制，开展地膜覆盖技术适宜性评价，因地制宜调减部分作物覆膜面积，促进地膜覆盖技术合理利用。完善可降解地膜评价认证和降解产物检测评估体系，加强可降解地膜产品操作性、功能性、可控性等的农田适宜性评价，开展新产品的对比试验，进一步降低产品成本，在符合标准的基础上开展可降解地膜示范推广。

4. 建立监测统计制度

研究制定农田地膜残留调查技术规范和回收率、残留量等测算方法，进一步完善农田地膜残留和回收利用监测网络，建立健全农田地膜残留监测点，开展常态化、制度化的监测评估。加强地膜使用和回收利用统计工作。

5. 建立绩效考核制度

把地膜污染治理纳入地方政府有关农业绿色发展的考核指标，加强对地膜污染防治的监督和考核，定期通报考核结果，层层传导压力。强化考核结果应用，建立激励和责任追究机制。

四、做好农田地膜污染防治工作落实

1. 规范企业生产行为

地膜生产者应具备产品质量检测能力和相关设备，不得利用再生料进行生产，禁止生产厚度、强度、耐候性能等不符合国家强制性标准的地膜，产品质量检验合格证应当标注地膜推荐使用时间。各地工业和信息化部门负责地膜生产指导工作，市场监督管理部门负责地膜质量监督管理工作。

2. 强化市场监管

地膜销售者采购和销售地膜应当依法查验产品包装、标签、产品质量检验合格证，不得采购和销售不符合国家强制性标准的地膜。各地市场监督管理部门负责地膜流通领域的监督管理工作，依法打击非标地膜的生产和销售。

3. 推动减量增效

示范推广一膜多用、行间覆盖等技术，加强粮棉、菜棉轮作等轮作倒茬制度探索，降低地膜覆盖依赖度，减少地膜用量。推广机械捡拾、适时揭膜等技术，降低地膜残留风险。鼓励和支持农业生产者使用生物可降解农膜。对利用政府性资金采购的或政府组织集中采购的地膜，有关单位要加强需求确定和履约验收管理，不得采购不合格地膜产品。各地农业农村部门负责指导地膜的科学合理使用工作。

4. 强化回收利用

坚持政府引导、部门联动、公众参与、多方回收，因地制宜建立政府扶持、市场主导的地膜回收利用体系。推进地膜专业化回收利用，完善废旧地膜回收网络，盘活已有地膜加工再利用能力。明确种植大户、农民合作社、龙头企业等新型经营主体在地膜回收方面的约束性责任，引导相关主体开展废弃地膜回收，鼓励地膜回收利用体系与可再生资源、垃圾处理、农资销售体系等相结合，就近就地、合理布局，确保环保达标。探索推动地膜生产者责任延伸制度试点。对地膜重度污染农田，各地要通过农田综合整治等方式开展存量残膜专项治理。各地农业农村部门负责指导地膜回收利用工作，生态环境部门负责地膜回收利用过程的环境污染防治监督管理工作。

五、加强农田地膜污染防治政策保障

1. 加大政策扶持力度

中央财政继续支持地方开展废弃地膜回收利用工作，继续推动农膜回收示范县建设。地膜使用量大、污染严重的地区，省级政府可根据当地实际安排地膜回收利用资金，对从事废弃地膜回收的网点、资源化利用主体等给予支持，对机械化捡拾作业等给予适当补贴。

2. 加强科技支撑

加大对地膜回收捡拾机具、符合国家标准的可降解地膜及其配套农艺技术、高强度地膜、地膜资源化利用等关键技术和设备研发的支持力度。加大符合标准的可降解地膜试验示范力度，针对其可操作性、可控性、经济性、安全性及全生命周期环境影响做好性能验证和技术评价，优先在重点用膜地区开展验证性推广。开展主要农作物地膜覆盖适宜性研究，促进地膜覆盖技术合理利用。

3. 强化组织保障

各地区、各有关部门要建立协同推进机制，确保各项政策措施落到实处。农业农村部要会同有关部门对落实情况进行跟踪评估。各地要强化宣传发动，引导公众参与，切实增强农膜生产者、销售者、使用者、回收者自觉履行生态环境责任的积极性和主动性，形成多方参与、共同治理的良好局面。

项目七　农业环境保护政策

农业环境是指影响农业生物生存和发展的各种天然的和经过人工改造的自然因素的总体，包括农业用地、用水、大气、生物等，是人类赖以生存的自然环境中的一个重要组成部分。目前，中国已成为世界上使用化肥、农药、农膜数量最大的国家。由于长期的不合理使用农药、化肥、农膜及工业和城市“三废”的超标排放，导致我国大量耕地、水源、大气、城市村镇遭到不同程度的污染，加之水土流失、土地沙漠化日趋发展，严重地阻碍了农业生产可持续发展。

第一节　保护农业生态环境

一、防治水土流失法律规定

为预防和治理水土流失，保护和合理利用水土资源，改善生态环境，发展生产，1991 年第七届全国人民代表大会常务委员会第二十次会议通过、2010 年 12 月 25 日第十一届全国人民代表大会常务委员会第十八次会议修订的《中华人民共和国水土保持法》(以下简称《水土保持法》)。该法对防治水土流失进行了明确规定。

1. 政府职能

地方各级人民政府应当采取封育保护、自然修复等措施，组织单位和个人植树种草，扩大林草覆盖面积，涵养水源，预防和减轻水土流失。禁止毁林、毁草开垦和采集发菜。

2. 水土流失重点预防区和重点治理区

禁止在该区铲草皮、挖树蔸或者滥挖虫草、甘草、麻黄等。违反本规定或采集发菜的，由县级以上地方人民政府行政主管部门责令停止违法行为，采取补救措施，没收违法所得，并处违法所得 1 倍以上 5 倍以下的罚款；没收违法所得的，可以处 5 万元以下的罚款。

3. 坡地开垦

禁止在 25°以上陡坡地开垦种植农作物。在 25°以上陡坡地种植经济林的，应当科学选择树种，合理确定规模，采取水土保持措施，防止造成水土流失。在禁止开垦坡度以下、5°以上的荒坡地开垦种植农作物，应当采取水土保持措施。

4. 采伐林木

林木采伐严格控制；对水源涵养林、水土保持林、防风固沙林等防护林只能进行抚育和更新性质的采伐；对采伐区和集材道应当采取防止水土流失的措施，并在采伐后及时更新造林。

5. 采矿、取土、挖砂、采石

禁止在崩塌、滑坡危险区和泥石流易发区从事取土、挖砂、采石等可能造成水土流失的活动，预防和减轻水土流失。

6. “四荒地”承包

承包治理“四荒地”和承包水土流失严重地区农村土地的，在依法签订的土地承包合同中应当包括预防和治理水土流失责任的内容。

7. 生产建设活动

对生产建设活动所占用地的地表应当进行分层剥离、保存和利用，做到土石方挖填平衡，减少地表扰动范围；对废弃的砂、石、土、矸石、尾矿、废渣等存放地，应当采取拦挡、坡面防护、防洪排导等措施。生产建设活动结束后，应当及时在取土场、开挖面和存放地的裸露土地上植树种草、恢复植被，对闭库的尾矿库进行复垦。

8. 易发生水土流失的其他区域

国家鼓励和支持在山区、丘陵区、风沙区以及容易发生水土流失的其他区域采取：免耕、等高耕作等；封禁抚育、轮封轮牧、舍饲圈养；发展沼气、节柴灶，利用太阳能、风能和水能，以煤、电、气代替薪柴等；从生态脆弱地区向外移民或采取其他有利于水土保持的措施。

9. 对小流域综合治理的管理规定

《农业法》第五十九条规定：“各级人民政府应当采取措施，加强小流域综合治理，预防和治理水土流失。”

二、土地沙化防治

土地沙化是指因气候变化和人类活动所导致的天然沙漠扩张和沙质土壤上植被及覆盖物被破坏，形成流沙及沙土裸露的过程。

为预防土地沙化，治理沙化土地，维护生态安全，促进经济和社会的可持续发展，2001 年 8 月 31 日第九届全国人民代表大会常务委员会第二十三次会议通过《中华人民共和国防沙治沙法》。该法对土地沙化治理工作进行了明确规定。

1. 预防土地沙化的法律规定

(1)沙化土地所在地区的县级以上地方人民政府应当按照防沙治沙规划，划出一定比例的土地，因地制宜地营造防风固沙林网、林带，种植多年生灌木和草本植物。

(2)禁止在沙化土地上砍挖灌木、药材及其他固沙植物。

(3)沙化土地所在地区的县级以上地方人民政府，不得批准在沙漠边缘地带和林地、草原开垦耕地；已经开垦并对生态产生不良影响的，应当有计划地组织退耕还林还草。

2. 土地沙化治理

(1)对具有土地的使用权人和承包经营权人的法律规定。

①使用已经沙化的国有土地的使用权人和农民集体所有土地的承包经营权人，必须采取治理措施，改善土地质量；确实无能力完成治理任务的，可以委托他人治理或者与他人合作治理。

②国有土地使用权人和农民集体所有土地承包经营权人未采取防沙治沙措施，造成土地严重沙化的，由县级以上地方人民政府农(牧)业、林业行政主管部门按照各自的职责，责令限期治理；造成国有土地严重沙化的，县级以上人民政府可以收回国有土地使用权。

③采取退耕还林还草、植树种草或者封育措施治沙的土地使用权人和承包经营权人，按照

国家有关规定，享受人民政府提供的政策优惠。

(2)对不具有土地所有权或者使用权的单位和个人的法律规定。

①不具有土地所有权或者使用权的单位和个人从事营利性治沙活动的，应当先与土地所有权人或者使用权人签订协议，依法取得土地使用权。

②在治理活动开始之前，从事营利性治沙活动的单位和个人应当向治理项目所在地的县级以上地方人民政府林业行政主管部门或者县级以上地方人民政府指定的其他行政主管部门提出治理申请。

③从事营利性治沙活动的单位和个人，必须按照治理方案进行治理。国家保护沙化土地治理者的合法权益。在治理者取得合法土地权属的治理范围内，未经治理者同意，其他任何单位和个人不得从事治理或者开发利用活动。

④进行营利性治沙活动，造成土地沙化加重的，由县级以上地方人民政府负责受理营利性治沙申请的行政主管部门责令停止违法行为，可以并处每公顷 5 千元以上 5 万元以下的罚款。

三、退耕还林还草

1. 退耕还林还草原则

退耕还林必须遵循统筹规划、分步实施、突出重点、注重实效；政策引导和农民自愿退耕相结合，谁退耕、谁造林、谁经营、谁受益；遵循自然规律，因地制宜，宜林则林，宜草则草，综合治理；建设与保护并重，防止边治理边破坏；逐步改善退耕还林者的生活条件的原则。

2. 退耕还林还草范围

水土流失严重的耕地，沙化、盐碱化、石漠化严重的耕地，生态地位重要、粮食产量低而不稳的耕地均应纳入退耕还林规划，并根据生态建设需要和国家财力有计划地实施退耕还林。江河源头及其两侧、湖库周围的陡坡耕地以及水土流失和风沙危害严重等生态地位重要区域的耕地，应当在退耕还林规划中优先安排。

3. 退耕还林还草土地林木(草)权属

国家保护退耕还林者享有退耕土地上的林木(草)所有权。自行退耕还林的，土地承包经营权人享有退耕土地上的林木(草)所有权；委托他人还林或者与他人合作还林的，退耕土地上的林木(草)所有权由合同约定。

4. 退耕土地还林后的承包经营权期限

退耕土地还林后的承包经营权期限可以延长到 70 年。承包经营权到期后，土地承包经营权人可以依照有关法律、法规的规定继续承包。退耕还林土地和荒山荒地造林后的承包经营权可以依法继承、转让。

5. 退耕还林合同内容

县级人民政府或者其委托的乡级人民政府应当与有退耕还林任务的土地承包经营权人签订退耕还林合同。退耕还林合同应当包括下列主要内容：退耕土地还林范围、面积和宜林荒山荒地造林范围、面积；按照作业设计确定的退耕还林方式；造林成活率及其保存率；管护责任；资金和粮食的补助标准、期限和给付方式；技术指导、技术服务的方式和内容；种苗来源和供应方式；违约责任；合同履行期限。退耕还林合同的内容不得与《退耕还林条例》以及国家其他有关退耕还林的规定相抵触。

6. 退耕还林者的管护义务

退耕还林者应当按照作业设计和合同的要求植树种草。禁止林粮间作和破坏原有林草植被的行为。退耕还林者在享受资金和粮食补助期间，应当按照作业设计和合同的要求在宜林荒山荒地造林。退耕还林者应当履行管护义务。禁止在退耕还林项目实施范围内复耕和从事滥采、乱挖等破坏地表植被的活动。

7. 资金与粮食补助

国家按照核定的退耕还林实际面积，向土地承包经营权人提供补助粮食、种苗造林补助费和生活补助费。具体补助标准和补助年限按照国务院有关规定执行。

8. 退耕还林资金管理

退耕还林资金实行专户存储、专款专用，任何单位和个人不得挤占、截留、挪用和克扣。任何单位和个人不得弄虚作假、虚报冒领补助资金和粮食。

第二节 绿色高质高效行动政策

绿色高质高效行动既是综合技术的集成，也是管理方式的创新转变。主要任务是：示范推广高产高效、资源节约、生态环保技术模式、推进规模化种植、标准化生产、产业化经营，增加优质绿色农产品供给，引领农业生产方式转变，提升农业供给体系的质量和效率。2023 年，中央财政继续支持开展绿色高质高效行动，紧紧围绕农业供给侧结构性改革这一主线，坚持稳粮保供、绿色发展，打造一批优良食味稻米、优质专用小麦、高油高蛋白大豆、双低双高油菜等类型的优质粮油生产基地；坚持生态环保、提质增效，打造一批棉花、糖料、果菜茶、蚕桑、中药材等优质经济作物生产基地，带动大面积区域性均衡发展，促进种植业稳产高产、节本增效和提质增效。

一、优化种养业结构

立足水土资源匹配性，进一步调整优化农业区域布局。在长江流域和黄淮海地区发展大豆、油菜及花生等油料作物，促进地力培肥和种养循环发展。巩固东北冷凉、西北风沙干旱等非优势区玉米结构调整成果。加强优质牧草生产基地建设，以北方农牧交错带为重点实施粮改饲面积 1 200 万亩以上，建设高产优质苜蓿基地 100 万亩。

二、推行标准化生产

加快建立农业高质量发展标准体系，制定修订农兽药残留标准 1 100 项，其他行业标准 200 项。创新开展绿色高质高效行动，创建一批标准化基地，推广一批粮油和经济作物生产全过程高质高效技术模式。实施对标达标提升行动，鼓励龙头企业、农民专业合作社等规模生产经营主体按标生产，有条件的可申请良好农业规范认证。鼓励国家农产品质量安全县整建制推行全程标准化生产。

三、发展生态健康养殖

继续实施兽用抗菌药使用减量化行动，在至少100家养殖场开展试点。创建国家级水产健康养殖示范场200家以上、健康养殖示范县5个以上，重点发展池塘工程化、工厂化循环水养殖。稳步发展稻渔综合种养，积极发展深远海抗风浪网箱养殖和盐碱水渔农综合利用，大力发展大水面生态渔业，鼓励发展碳汇渔业，支持深远海养殖业发展。

四、提高农产品质量安全水平

试行食用农产品合格证制度，建立生产者自我质量控制、自我开具合格证和自我质量安全承诺制度。加强绿色食品、有机农产品、地理标志农产品认证和管理，实施地理标志农产品保护工程，培育打造200个地理标志农产品。开展国家农业品牌营销行动，继续发布中国农业品牌目录。启动实施农产品仓储保鲜冷链物流设施建设工程，减少农产品流通损耗。推进农产品质量安全"区域定格、网格定人、人员定责"的网格化管理，增加产地、"三前"环节、禁用药物抽检比例。

五、持续推进化肥减量增效

深入实施化肥减量增效行动，确保化肥利用率提高到40%以上，保持化肥使用量负增长。选择300个粮棉油生产大县开展化肥减量增效试点，集成推广水稻侧深施肥、玉米种肥同播、小麦一次性施肥等高效施肥技术，示范带动全国化肥减量增效。持续推进测土配方施肥农企合作，科学制定配方，推进配方肥落地。果菜茶有机肥替代化肥试点实施范围向长江经济带、黄河流域等区域倾斜，试点作物从苹果、柑橘、蔬菜、茶叶向其他具有地方特色、节肥潜力大的园艺作物拓展。

六、持续推进农药减量控害

深入开展农药减量增效行动，确保农药利用率提高到40%以上，保持农药使用量负增长。实施绿色防控替代化学防治行动，继续创建100个绿色防控示范县，推广生态控制、生物防治等绿色技术和新型植保机械，推行专业化统防统治。在粮食主产区和果菜茶优势区，打造一批全程绿色防控示范样板，带动农药大面积减量增效，力争主要农作物病虫害绿色防控覆盖率达到30%以上。加强农药安全使用监督检查，加大违规使用农药问题的查处力度。

七、推进畜禽粪污资源化利用

基本完成大规模养殖场粪污治理设施建设。组织开展规模养殖场粪污处理设施装备配套建设情况核查，确保配套率达到95%以上。持续实施畜禽粪污资源化利用整县推进，先行将100个左右具备条件的非畜牧大县纳入实施范围。健全畜禽粪污处理利用标准体系，鼓励发展收贮运社会化服务组织，探索粪肥运输、施用引导激励政策。

八、全面实施秸秆综合利用行动

以东北地区为重点，持续推进秸秆综合利用，建设一批全域全量利用重点县。成立秸秆综合利用技术专家组，指导开展技术示范、模式集成，提升农作物秸秆科学利用水平。建立全国秸秆资源台账，探索搭建国家、省、市、县四级秸秆资源数据共享平台，为实现秸秆利用精准监测、科学决策提供依据。

九、深入实施农膜回收行动

出台《农用薄膜管理办法》，建立全程监管体系。积极贯彻落实地膜新国标，加大执法检查力度，严禁不达标地膜流入市场、铺进农田。建设一批农膜回收重点县，推广应用标准地膜，推进机械化捡拾、专业化回收。持续开展地膜残留例行监测，掌握农田地膜残留量、使用量、回收量等。试验示范全生物降解地膜。

十、探索开展农药肥料包装废弃物回收

会同生态环境部制定印发《农药包装废弃物回收处理管理办法》。开展农药包装废弃物回收情况监测调查。落实《肥料包装废弃物回收处理指导意见》，探索开展肥料包装废弃物回收处理试点。支持各地探索农药肥料包装废弃物回收模式，合理划分生产企业、经营单位、使用者的回收义务，鼓励使用者主动回收农药化肥包装废弃物。

十一、强化土壤污染管控与修复

围绕落实《土壤污染防治行动计划》目标任务，完成耕地土壤环境质量类别划分，健全农产品产地土壤环境质量监测网聚焦重点区域、重点作物，坚持治用结合，在轻中度污染耕地推广安全利用技术，对重度污染耕地实施种植结构调整，全年治理面积 5 000 万亩左右。

十二、继续加强耕地资源保护利用

继续实施耕地轮作休耕制度试点，坚持轮作为主、休耕为辅。逐步退出地方积极性不高、试点效果一般、三年试点到期的休耕任务。以东北玉米主产区为重点，启动东北黑土地保护性耕作行动计划，推广秸秆覆盖还田免(少)耕播种等关键技术，面积达到 4 000 万亩。继续实施耕地质量提升行动，开展耕地质量监测评价。

十三、加快发展节水农业

以玉米、马铃薯、棉花、蔬菜、瓜果等作物为重点，大力推广膜下滴灌水肥一体化、集雨补灌软体集雨窖、全膜覆盖、半膜覆盖等农业旱作节水技术，提高天然降水和灌溉用水利用效率。以粮食生产功能区和重要农产品生产保护区为重点，完成 2 000 万亩高效节水灌溉建设任务。在华北、西北等旱作区建立高标准旱作节水示范区 220 个，辐射带动旱作节水农业技术大面积应用，示范区生产力提高 10%。

十四、加强农业生物多样性保护

强化农业野生植物资源管理，推动完善国家重点保护野生植物名录，开展农业野生植物资源调查与抢救性收集。落实珍稀濒危水生生物拯救(保护)行动计划，新建一批原生环境保护工程，提高重要物种资源保护水平。规范水生野生动物经营利用行为，会同相关部门严厉打击野生动物违规交易。

十五、强化渔业资源养护修复

开展水生生物增殖放流工作，健全水生生物资源增殖放流标准、评估体系。在长江流域重点水域实行常年禁捕，做好渔民退捕工作，探索长江生物完整性指数评价体系。实施海洋渔业资源总量管理，不断压减海洋捕捞强度，持续推进减船转产，推动沿海省份全面开展限额捕捞试点，规范有序发展海洋牧场。开展“中国渔政亮剑 2023”系列专项执法行动，主要包括长江流域重点水域常年禁捕、海洋伏季休渔、黄河等内陆重点水域禁渔、严厉打击破坏水生野生动物资源行为、清理取缔涉渔“三无”船舶和“绝户网”、重拳打击电鱼、涉渔船舶审批修造检验监管、规范使用水产养殖用投入品、涉外渔业、渔业安全生产源头治理等十项专项行动。

第三节　农村人居环境保护

《农村人居环境整治提升五年行动方案(2021—2025 年)》提出，改善农村人居环境，是以习近平同志为核心的党中央从战略和全局高度作出的重大决策部署，是实施乡村振兴战略的重点任务，事关广大农民根本福祉、农民群众健康和美丽中国建设。自 2018 年农村人居环境整治三年行动实施以来，各地区各部门认真贯彻党中央、国务院决策部署，全面扎实推进农村人居环境整治，扭转了农村长期以来存在的脏乱差局面，村庄环境基本实现干净整洁有序，农民群众环境卫生观念发生可喜变化、生活质量普遍提高，为全面建成小康社会提供了有力支撑。但是，我国农村人居环境总体质量水平不高，还存在区域发展不平衡、基本生活设施不完善、管护机制不健全等问题，与农业农村现代化要求和农民群众对美好生活的向往还有差距。

一、总体要求

(一)指导思想

以习近平新时代中国特色社会主义思想为指导，深入贯彻党的十九大和十九届二中、三中、四中、五中、六中全会精神，坚持以人民为中心的发展思想，践行绿水青山就是金山银山的理念，深入学习推广浙江“千村示范、万村整治”工程经验，以农村厕所革命、生活污水垃圾治理、村容村貌提升为重点，巩固拓展农村人居环境整治三年行动成果，全面提升农村人居环境质量，为全面推进乡村振兴、加快农业农村现代化、建设美丽中国提供有力支撑。

(二)工作原则

坚持因地制宜，突出分类施策。同区域气候条件和地形地貌相匹配，同地方经济社会发展能力和水平相适应，同当地文化和风土人情相协调，实事求是、自下而上、分类确定治理标准和目标任务，坚持数量服从质量、进度服从实效，求好不求快，既尽力而为，又量力而行。

坚持规划先行，突出统筹推进。树立系统观念，先规划后建设，以县域为单位统筹推进农村人居环境整治提升各项重点任务，重点突破和综合整治、示范带动和整体推进相结合，合理安排建设时序，实现农村人居环境整治提升与公共基础设施改善、乡村产业发展、乡风文明进步等互促互进。

坚持立足农村，突出乡土特色。遵循乡村发展规律，体现乡村特点，注重乡土味道，保留乡村风貌，留住田园乡愁。坚持农业农村联动、生产生活生态融合，推进农村生活污水垃圾减量化、资源化、循环利用。

坚持问需于民，突出农民主体。充分体现乡村建设为农民而建，尊重村民意愿，激发内生动力，保障村民知情权、参与权、表达权、监督权。坚持地方为主，强化地方党委和政府责任，鼓励社会力量积极参与，构建政府、市场主体、村集体、村民等多方共建共管格局。

坚持持续推进，突出健全机制。注重与农村人居环境整治三年行动相衔接，持续发力、久久为功，积小胜为大成。建管用并重，着力构建系统化、规范化、长效化的政策制度和工作推进机制。

(三)行动目标

到 2025 年，农村人居环境显著改善，生态宜居美丽乡村建设取得新进步。农村卫生厕所普及率稳步提高，厕所粪污基本得到有效处理；农村生活污水治理率不断提升，乱倒乱排得到管控；农村生活垃圾无害化处理水平明显提升，有条件的村庄实现生活垃圾分类、源头减量；农村人居环境治理水平显著提升，长效管护机制基本建立。

东部地区、中西部城市近郊区等有基础、有条件的地区，全面提升农村人居环境基础设施建设水平，农村卫生厕所基本普及，农村生活污水治理率明显提升，农村生活垃圾基本实现无害化处理并推动分类处理试点示范，长效管护机制全面建立。

中西部有较好基础、基本具备条件的地区，农村人居环境基础设施持续完善，农村户用厕所愿改尽改，农村生活污水治理率有效提升，农村生活垃圾收运处置体系基本实现全覆盖，长效管护机制基本建立。

地处偏远、经济欠发达的地区，农村人居环境基础设施明显改善，农村卫生厕所普及率逐步提高，农村生活污水垃圾治理水平有新提升，村容村貌持续改善。

二、扎实推进农村厕所革命

(一)逐步普及农村卫生厕所

新改户用厕所基本入院，有条件的地区要积极推动厕所入室，新建农房应配套设计建设卫生厕所及粪污处理设施设备。重点推动中西部地区农村户厕改造。合理规划布局农村公共厕所，加快建设乡村景区旅游厕所，落实公共厕所管护责任，强化日常卫生保洁。

(二)切实提高改厕质量

科学选择改厕技术模式，宜水则水、宜旱则旱。技术模式应至少经过一个周期的试点试验，成熟后再逐步推开。严格执行标准，把标准贯穿于农村改厕全过程。在水冲式厕所改造中积极推广节水型、少水型水冲设施。加快研发干旱和寒冷地区卫生厕所适用技术和产品。加强生产流通领域农村改厕产品质量监管，把好农村改厕产品采购质量关，强化施工质量监管。

(三)加强厕所粪污无害化处理与资源化利用

加强农村厕所革命与生活污水治理有机衔接，因地制宜推进厕所粪污分散处理、集中处理与纳入污水管网统一处理，鼓励联户、联村、村镇一体处理。鼓励有条件的地区积极推动卫生厕所改造与生活污水治理一体化建设，暂时无法同步建设的应为后期建设预留空间。积极推进农村厕所粪污资源化利用，统筹使用畜禽粪污资源化利用设施设备，逐步推动厕所粪污就地就农消纳、综合利用。

三、加快推进农村生活污水治理

（一）分区分类推进治理

优先治理京津冀、长江经济带、粤港澳大湾区、黄河流域及水质需改善控制单元等区域，重点整治水源保护区和城乡接合部、乡镇政府驻地、中心村、旅游风景区等人口居住集中区域农村生活污水。开展平原、山地、丘陵、缺水、高寒和生态环境敏感等典型地区农村生活污水治理试点，以资源化利用、可持续治理为导向，选择符合农村实际的生活污水治理技术，优先推广运行费用低、管护简便的治理技术，鼓励居住分散地区探索采用人工湿地、土壤渗滤等生态处理技术，积极推进农村生活污水资源化利用。

（二）加强农村黑臭水体治理

摸清全国农村黑臭水体底数，建立治理台账，明确治理优先序。开展农村黑臭水体治理试点，以房前屋后河塘沟渠和群众反映强烈的黑臭水体为重点，采取控源截污、清淤疏浚、生态修复、水体净化等措施综合治理，基本消除较大面积黑臭水体，形成一批可复制可推广的治理模式。鼓励河长制、湖长制体系向村级延伸，建立健全促进水质改善的长效运行维护机制。

四、全面提升农村生活垃圾治理水平

（一）健全生活垃圾收运处置体系

根据当地实际，统筹县、乡、村三级设施建设和服务，完善农村生活垃圾收集、转运、处置设施和模式，因地制宜采用小型化、分散化的无害化处理方式，降低收集、转运、处置设施建设和运行成本，构建稳定运行的长效机制，加强日常监督，不断提高运行管理水平。

（二）推进农村生活垃圾分类减量与利用

加快推进农村生活垃圾源头分类减量，积极探索符合农村特点和农民习惯、简便易行的分类处理模式，减少垃圾出村处理量，有条件的地区基本实现农村可回收垃圾资源化利用、易腐烂垃圾和煤渣灰土就地就近消纳、有毒有害垃圾单独收集贮存和处置、其他垃圾无害化处理。有序开展农村生活垃圾分类与资源化利用示范县创建。协同推进农村有机生活垃圾、厕所粪污、农业生产有机废弃物资源化处理利用，以乡镇或行政村为单位建设一批区域农村有机废弃物综合处置利用设施，探索就地就近就农处理和资源化利用的路径。扩大供销合作社等农村再生资源回收利用网络服务覆盖面，积极推动再生资源回收利用网络与环卫清运网络合作融合。协同推进废旧农膜、农药肥料包装废弃物回收处理。积极探索农村建筑垃圾等就地就近消纳方式，鼓励用于村内道路、入户路、景观路等建设。

五、推动村容村貌整体提升

(一)改善村庄公共环境

全面清理私搭乱建、乱堆乱放,整治残垣断壁,通过集约利用村庄内部闲置土地等方式扩大村庄公共空间。科学管控农村生产生活用火,加强农村电力线、通信线、广播电视线“三线”维护梳理工作,有条件的地方推动线路违规搭挂治理。健全村庄应急管理体系,合理布局应急避难场所和防汛、消防等救灾设施设备,畅通安全通道。整治农村户外广告,规范发布内容和设置行为。关注特殊人群需求,有条件的地方开展农村无障碍环境建设。

(二)推进乡村绿化美化

深入实施乡村绿化美化行动,突出保护乡村山体田园、河湖湿地、原生植被、古树名木等,因地制宜开展荒山荒地荒滩绿化,加强农田(牧场)防护林建设和修复。引导鼓励村民通过栽植果蔬、花木等开展庭院绿化,通过农村“四旁”(水旁、路旁、村旁、宅旁)植树推进村庄绿化,充分利用荒地、废弃地、边角地等开展村庄小微公园和公共绿地建设。支持条件适宜地区开展森林乡村建设,实施水系连通及水美乡村建设试点。

(三)加强乡村风貌引导

大力推进村庄整治和庭院整治,编制村容村貌提升导则,优化村庄生产、生活、生态空间,促进村庄形态与自然环境、传统文化相得益彰。加强村庄风貌引导,突出乡土特色和地域特点,不搞千村一面,不搞大拆大建。弘扬优秀农耕文化,加强传统村落和历史文化名村名镇保护,积极推进传统村落挂牌保护,建立动态管理机制。

六、建立健全长效管护机制

(一)持续开展村庄清洁行动

大力实施以“三清一改”(清理农村生活垃圾、清理村内塘沟、清理畜禽养殖粪污等农业生产废弃物,改变影响农村人居环境的不良习惯)为重点的村庄清洁行动,突出清理死角盲区,由“清脏”向“治乱”拓展,由村庄面上清洁向屋内庭院、村庄周边拓展,引导农民逐步养成良好卫生习惯。结合风俗习惯、重要节日等组织村民清洁村庄环境,通过“门前三包”等制度明确村民责任,有条件的地方可以设立村庄清洁日等,推动村庄清洁行动制度化、常态化、长效化。

(二)健全农村人居环境长效管护机制

明确地方政府和职责部门、运行管理单位责任,基本建立有制度、有标准、有队伍、有经费、有监督的村庄人居环境长效管护机制。利用好公益性岗位,合理设置农村人居环境整治管护队伍,优先聘用符合条件的农村低收入人员。明确农村人居环境基础设施产权归属,建立健全设施建设管护标准规范等制度,推动农村厕所、生活污水垃圾处理设施设备和村庄保洁等一体化运行管护。有条件的地区可以依法探索建立农村厕所粪污清掏、农村生活污水垃圾处理农户付费制度,以及农村人居环境基础设施运行管护社会化服务体系和服务费市场化形成机制,逐步建立农户合理付费、村级组织统筹、政府适当补助的运行管护经费保障制度，合理确定农户付费分担比例。

七、充分发挥农民主体作用

(一)强化基层组织作用

充分发挥农村基层党组织领导作用和党员先锋模范作用，在农村人居环境建设和整治中深入开展美好环境与幸福生活共同缔造活动；进一步发挥共青团、妇联、少先队等群团组织作用，组织动员村民自觉改善农村人居环境。健全党组织领导的村民自治机制，村级重大事项决策实行“四议两公开”，充分运用“一事一议”筹资筹劳等制度，引导村集体经济组织、农民合作社、村民等全程参与农村人居环境相关规划、建设、运营和管理。实行农村人居环境整治提升相关项目公示制度。鼓励通过政府购买服务等方式，支持有条件的农民合作社参与改善农村人居环境项目。引导农民或农民合作组织依法成立各类农村环保组织或企业，吸纳农民承接本地农村人居环境改善和后续管护工作。以乡情乡愁为纽带吸引个人、企业、社会组织等，通过捐资捐物、结对帮扶等形式支持改善农村人居环境。

(二)普及文明健康理念

发挥爱国卫生运动群众动员优势，加大健康宣传教育力度，普及卫生健康和疾病防控知识，倡导文明健康、绿色环保的生活方式，提高农民健康素养。把转变农民思想观念、推行文明健康生活方式作为农村精神文明建设的重要内容，把使用卫生厕所、做好垃圾分类、养成文明习惯等纳入学校、家庭、社会教育，广泛开展形式多样、内容丰富的志愿服务。将改善农村人居环境纳入各级农民教育培训内容。持续推进城乡环境卫生综合整治，深入开展卫生创建，大力推进健康村镇建设。

(三)完善村规民约

鼓励将村庄环境卫生等要求纳入村规民约，对破坏人居环境行为加强批评教育和约束管理，引导农民自我管理、自我教育、自我服务、自我监督。倡导各地制定公共场所文明公约、社区噪声控制规约。深入开展美丽庭院评选、环境卫生“红黑榜”、积分兑换等活动，提高村民维护村庄环境卫生的主人翁意识。

八、加大政策支持力度

(一)加强财政投入保障

完善地方为主、中央适当奖补的政府投入机制，继续安排中央预算内投资，按计划实施农村厕所革命整村推进财政奖补政策，保障农村环境整治资金投入。地方各级政府要保障农村人居环境整治基础设施建设和运行资金，统筹安排土地出让收入用于改善农村人居环境，鼓励各地通过发行地方政府债券等方式用于符合条件的农村人居环境建设项目。县级可按规定统筹整合改善农村人居环境相关资金和项目，逐村集中建设。通过政府和社会资本合作等模式，调动社会力量积极参与投资收益较好、市场化程度较高的农村人居环境基础设施建设和运行管护项目。

(二)创新完善相关支持政策

做好与农村宅基地改革试点、农村乱占耕地建房专项整治等政策衔接,落实农村人居环境相关设施建设用地、用水、用电保障和税收减免等政策。在严守耕地和生态保护红线的前提下,优先保障农村人居环境设施建设用地,优先利用荒山、荒沟、荒丘、荒滩开展农村人居环境项目建设。引导各类金融机构依法合规对改善农村人居环境提供信贷支持。落实村庄建设项目简易审批有关要求。鼓励村级组织和乡村建设工匠等承接农村人居环境小型工程项目,降低准入门槛,具备条件的可以采取以工代赈等方式。

(三)推进制度规章与标准体系建设

鼓励各地结合实际开展地方立法,健全村庄清洁、农村生活污水垃圾处理、农村卫生厕所管理等制度。加快建立农村人居环境相关领域设施设备、建设验收、运行管护、监测评估、管理服务等标准,抓紧制定修订相关标准。大力宣传农村人居环境相关标准,提高全社会的标准化意识,增强政府部门、企业等依据标准开展工作的主动性。依法开展农村人居环境整治相关产品质量安全监管,创新监管机制,适时开展抽检,严守质量安全底线。

(四)加强科技和人才支撑

将改善农村人居环境相关技术研究创新列入国家科技计划重点任务。加大科技研发、联合攻关、集成示范、推广应用等力度,鼓励支持科研机构、企业等开展新技术、新产品研发。围绕绿色低碳发展,强化农村人居环境领域节能节水降耗、资源循环利用等技术产品研发推广。加强农村人居环境领域国际合作交流。举办农村人居环境建设管护技术产品展览展示。加强农村人居环境领域职业教育,强化相关人才队伍建设和技能培训。继续选派规划、建筑、园艺、环境等行业相关专业技术人员驻村指导。推动全国农村人居环境管理信息化建设,加强全国农村人居环境监测,定期发布监测报告。

九、强化组织保障

(一)加强组织领导

把改善农村人居环境作为各级党委和政府的重要职责,结合乡村振兴整体工作部署,明确时间表、路线图。健全中央统筹、省负总责、市县乡抓落实的工作推进机制。中央农村工作领导小组统筹改善农村人居环境工作,协调资金、资源、人才支持政策,督促推动重点工作任务落实。有关部门要各司其职、各负其责,密切协作配合,形成工作合力,及时出台配套支持政策。省级党委和政府要定期研究本地区改善农村人居环境工作,抓好重点任务分工、重大项目实施、重要资源配置等工作。市级党委和政府要做好上下衔接、域内协调、督促检查等工作。县级党委和政府要做好组织实施工作,主要负责同志当好一线指挥,选优配强一线干部队伍。将国有和乡镇农(林)场居住点纳入农村人居环境整治提升范围统筹考虑、同步推进。

(二)加强分类指导

顺应村庄发展规律和演变趋势,优化村庄布局,强化规划引领,合理确定村庄分类,科学划定整治范围，统筹考虑主导产业、人居环境、生态保护等村庄发展。集聚提升类村庄重在完善人居环境基础设施，推动农村人居环境与产业发展互促互进，提升建设管护水平，保护保留乡村风貌。城郊融合类村庄重在加快实现城乡人居环境基础设施共建共享、互联互通。特色保护类村庄重在保护自然历史文化特色资源、尊重原住居民生活形态和生活习惯，加快改善人居环境。“空心村”、已经明确的搬迁撤并类村庄不列入农村人居环境整治提升范围，重在保持干净整洁，保障现有农村人居环境基础设施稳定运行。对一时难以确定类别的村庄，可暂不作分类。

（三）完善推进机制

完善以质量实效为导向、以农民满意为标准的工作推进机制。在县域范围开展美丽乡村建设和美丽宜居村庄创建推介，示范带动整体提升。坚持先建机制、后建工程，鼓励有条件的地区推行系统化、专业化、社会化运行管护，推进城乡人居环境基础设施统筹谋划、统一管护运营。通过以奖代补等方式，引导各方积极参与，避免政府大包大揽。充分考虑基层财力可承受能力，合理确定整治提升重点，防止加重村级债务。

（四）强化考核激励

将改善农村人居环境纳入相关督查检查计划，检查结果向党中央、国务院报告，对改善农村人居环境成效明显的地方持续实施督查激励。将改善农村人居环境作为各省（自治区、直辖市）实施乡村振兴战略实绩考核的重要内容。继续将农业农村污染治理存在的突出问题列入中央生态环境保护督察范畴，强化农业农村污染治理突出问题监督。各省（自治区、直辖市）要加强督促检查，并制定验收标准和办法，到2025年年底以县为单位进行检查验收，检查结果与相关支持政策直接挂钩。完善社会监督机制，广泛接受社会监督。中央农村工作领导小组按照国家有关规定对真抓实干、成效显著的单位和个人进行表彰，对改善农村人居环境突出的地区予以通报表扬。

（五）营造良好舆论氛围

总结宣传一批农村人居环境改善的经验做法和典型范例。将改善农村人居环境纳入公益性宣传范围，充分借助广播电视、报纸杂志等传统媒体，创新利用新媒体平台，深入开展宣传报道。加强正面宣传和舆论引导，编制创作群众喜闻乐见的解读材料和文艺作品，增强社会公众认知，及时回应社会关切问题。

项目八 化肥、农药减量增效支持政策

2015 年 2 月，农业部印发《到 2020 年化肥使用量零增长行动方案》和《到 2020 年农药使用零增长行动方案》，聚合力量，强化措施，全力推进化肥农药减量增效。经过 5 年的实施，到 2020 年年底，我国化肥农药减量增效已顺利实现预期目标，化肥农药使用量显著减少，利用率明显提升，促进种植业高质量发展效果明显。

总体来看，全国化肥农药减量的趋势已经形成，但是减量的主要因素还是播种面积的减少，减量增效的长效发展压力仍然存在。农民认识、技术瓶颈、政府重视程度、支持力度和市场机制等因素仍是深入推进化肥农药减量增效面临的主要困难。“十四五”时期，将围绕质量兴农、绿色兴农，深入推进化肥农药减量行动，努力实现三个转变：

目标上要由“减总量”向“降强度”转变，路径上要由“控增量”向“去存量”转变，减肥减药主要对象要从经济作物向大田作物转变。一是加力推进集成创新。以粮食主产区、园艺作物优势产区和设施蔬菜集中产区为重点，集成组装一批化肥农药减量增效技术模式。重点推广侧深施肥、种肥同播、机械深施、适期施肥、水肥一体化等技术；应用农业防治、生物防治、物理防治等绿色防控技术，推进统防统治与绿色防控融合。二是加力推广新产品、新机具。重点研发高效缓释肥料、高效低毒低残留农药、生物肥料、生物农药等新型产品；积极推广先进施肥施药机械，加快替代落后机械。三是加力推进机制创新。加快培育一批有技术、有实力的社会化服务组织，开展统配统施、统防统治服务。引导大型农资企业开展农化服务，共建化肥农药减量增效示范基地。探索农村合作金融、农业租赁金融、农业信贷保险等服务创新，支持农民、企业和新型经营主体开展化肥农药减量等社会化服务，助力化肥农药使用量零增长行动顺利开展。

第一节 化肥使用量零增长

化肥是重要的农业生产资料，是粮食的“粮食”。化肥在促进粮食和农业生产发展中起着不可替代的作用，但目前也存在化肥过量施用、盲目施用等问题，带来了成本的增加和环境的污染，急需改进施肥方式，提高肥料利用率，减少不合理投入，保障粮食等主要农产品有效供给，促进农业可持续发展。

一、总体思路、基本原则和目标任务

1. 总体思路

以保障国家粮食安全和重要农产品有效供给为目标，牢固树立“增产施肥、经济施肥、环保施肥”理念，依靠科技进步，依托新型经营主体和专业化农化服务组织，集中连片整体实施。加快转变施肥方式，深入推进科学施肥，大力开展耕地质量保护与提升，增加有机肥资源利用，减少不合理化肥投入，加强宣传培训和肥料使用管理，走高产高效、优质环保、可持续发展之路，

促进粮食增产、农民增收和生态环境安全。

2. 基本原则

保障生产、节本增效。在减少化肥不合理投入的同时，通过转变肥料利用方式，提高肥料利用率，确保粮食稳定增产、农民持续增收、农业可持续发展。

因地制宜、循序渐进。根据不同区域、不同作物生产实际和施肥需要，加强分类指导，制定分阶段、分区域、分作物控肥目标任务，稳步推动各项措施落实。

统筹兼顾、综合施策。统筹考虑土肥水种等生产要素和耕作制度，按照农机农艺结合的要求，综合运用行政、经济、技术、法律等手段，有效推进科学施肥。

政府主导、多方参与。坚持政府主导、农民主体、企业主推、社会参与，创新实施方式，充分调动推广、科研、教学、企业和农民积极性，构建合力推进的长效机制。

3. 目标任务

到 2020 年，初步建立科学施肥管理和技术体系，科学施肥水平明显提升。2015—2019 年，逐步将化肥使用量年增长率控制在 1%以内；力争到 2020 年，主要农作物化肥使用量实现零增长。

(1)施肥结构进一步优化。到 2020 年，氮、磷、钾和中微量元素等养分结构趋于合理，有机肥资源得到合理利用。测土配方施肥技术覆盖率达到 90%以上；畜禽粪便养分还田率达到 60%、提高 10 个百分点；农作物秸秆养分还田率达到 60%、提高 25 个百分点。

(2)施肥方式进一步改进。到 2020 年，盲目施肥和过量施肥现象基本得到遏制，传统施肥方式得到改变。机械施肥占主要农作物种植面积的 40%以上、提高 10 个百分点；水肥一体化技术推广面积 1.5 亿亩、增加 8 000 万亩。

(3)肥料利用率稳步提高。从 2015 年起，主要农作物肥料利用率平均每年提升 1 个百分点以上，力争到 2020 年，主要农作物肥料利用率达到 40%以上。

二、技术路径和区域重点

1. 技术路径

(1)精，即推进精准施肥。根据不同区域土壤条件、作物产量潜力和养分综合管理要求，合理制定各区域、作物单位面积施肥限量标准，减少盲目施肥行为。

(2)调，即调整化肥使用结构。优化氮、磷、钾配比，促进大量元素与中微量元素配合。适应现代农业发展需要，引导肥料产品优化升级，大力推广高效新型肥料。

(3)改，即改进施肥方式。大力推广测土配方施肥，提高农民科学施肥意识和技能。研发推广适用施肥设备，改表施、撒施为机械深施、水肥一体化、叶面喷施等方式。

(4)替，即有机肥替代化肥。通过合理利用有机养分资源，用有机肥替代部分化肥，实现有机无机相结合。提升耕地基础地力，用耕地内在养分替代外来化肥养分投入。

2. 区域重点

东北地区。施肥原则：控氮、减磷、稳钾，补锌、硼、铁、钼等微量元素肥料。主要措施：结合深松整地和保护性耕作，加大秸秆还田力度，增施有机肥；适宜区域实行大豆、玉米合理轮作，在大豆、花生等作物推广根瘤菌；推广化肥机械深施技术，适时适量追肥；干旱地区玉米推广高效缓释肥料和水肥一体化技术。

黄淮海地区。施肥原则：减氮、控磷、稳钾、补充硫、锌、铁、锰、硼等中微量元素。主要措施：周期性深耕深松和保护性耕作，实施小麦、玉米秸秆还田，推广配方肥、增施有机肥，推广玉米种肥同播，棉花机械追肥，注重小麦水肥耦合，推广氮肥后移和"一喷三防"技术；蔬菜、果树注重有机无机肥配合，有效控制氮磷肥用量；设施农业应用秸秆和调理剂等改良盐渍化土壤，推广水肥一体化技术；使用石灰等调理剂改良酸化土壤，发展果园绿肥。

长江中下游地区。施肥原则：减氮、控磷、稳钾，配合施用硫、锌、硼等中微量元素。主要措施：推广秸秆还田技术，推广配方肥、增施有机肥，恢复发展冬闲田绿肥，推广果茶园绿肥；利用钙镁磷肥、石灰、硅钙等碱性调理剂改良酸化土壤，高效经济园艺作物推广水肥一体化技术。

华南地区。施肥原则：减氮、稳磷、稳钾，配合施用钙、镁、锌、硼等中微量元素。主要措施：推广秸秆还田技术，推广配方肥、增施有机肥，适宜区域恢复发展冬闲田绿肥种植；注重利用钙镁磷肥、石灰、硅钙等碱性调理剂改良酸化土壤；注重施肥技术与轻简栽培技术结合，高效经济园艺作物推广水肥一体化技术。

西南地区。施肥原则：稳氮、调磷、补钾，配合施用硼、钼、镁、硫、锌、钙等中微量元素。主要措施：推广秸秆还田技术，注重沼肥、畜禽粪便合理利用，恢复发展冬闲田绿肥种植；推广配方肥、增施有机肥，注重利用钙镁磷肥、石灰、硅钙等碱性调理剂改良酸化土壤，山地高效经济作物和园艺作物推广水肥一体化技术。

西北地区。施肥原则：统筹水肥资源，以水定肥、以肥调水，稳氮、稳磷、调钾，配合施用锌、硼等中微量元素。主要措施：配合覆膜种植推广高效缓释肥料，实施保护性耕作、秸秆还田，推广配方肥、增施有机肥；在棉花、果树、马铃薯等作物推广膜下滴灌、水肥一体化等高效节水灌溉技术；结合工程措施利用石膏等调理剂改良盐碱地。

三、重点任务

1. 推进测土配方施肥

在总结经验的基础上，创新实施方式，加快成果应用，在更大规模和更高层次上推进测土配方施肥。一是拓展实施范围。在巩固基础工作、继续做好粮食作物测土配方施肥的同时，扩大在设施农业及蔬菜、果树、茶叶等经济园艺作物上的应用，基本实现主要农作物测土配方施肥全覆盖。二是强化农企对接。充分调动企业参与测土配方施肥的积极性，筛选一批信誉好、实力强的企业深入开展合作，按照"按方抓药""中成药""中草药代煎""私人医生"等 4 种模式推进配方肥进村入户到田。三是创新服务机制。积极探索公益性服务与经营性服务结合、政府购买服务的有效模式，支持专业化、社会化服务组织发展，向农民提供统测、统配、统供、统施"四统一"服务。创新肥料配方制定发布机制，完善测土配方施肥专家咨询系统，利用现代信息技术助力测土配方施肥技术推广。

2. 推进施肥方式转变

充分发挥种粮大户、家庭农场、专业合作社等新型经营主体的示范带头作用，强化技术培训和指导服务，大力推广先进适用技术，促进施肥方式转变。一是推进机械施肥。按照农艺农机融合、基肥追肥统筹的原则，加快施肥机械研发，因地制宜推进化肥机械深施、机械追肥、种肥同播等技术，减少养分挥发和流失。二是推广水肥一体化。结合高效节水灌溉，示范推广滴灌施肥、喷灌施肥等技术，促进水肥一体下地，提高肥料和水资源利用效率。三是推广适期施肥技术。合理确定基肥施用比例，推广因地、因苗、因水、因时分期施肥技术。因地制宜推广小麦、水稻叶面喷施和果树根外施肥技术。

3. 推进新肥料新技术应用

立足农业生产需求，整合科研、教学、推广、企业力量，加大研发投入力度，追踪国际前沿技术，开展联合攻关。一是加强技术研发。组建一批产学研推相结合的研发平台，重点开展农作物高产高效施肥技术研究，速效与缓效、大量与中微量元素、有机与无机、养分形态与功能融合的新产品及装备研发。二是加快新产品推广。示范推广缓释肥料、水溶性肥料、液体肥料、叶面肥、生物肥料、土壤调理剂等高效新型肥料，不断提高肥料利用率，推动肥料产业转型升级。三是集成推广高效施肥技术模式。结合高产创建和绿色增产模式攻关，按照土壤养分状况和作物需肥规律，分区域、分作物制定科学施肥指导手册，集成推广一批高产、高效、生态施肥技术模式。

4. 推进有机肥资源利用

适应现代农业发展和我国农业经营体制特点，积极探索有机养分资源利用的有效模式，加大支持力度，鼓励引导农民增施有机肥。一是推进有机肥资源化利用。支持规模化养殖企业利用畜禽粪便生产有机肥，推广规模化养殖＋沼气＋社会化出渣运肥模式，支持农民积造农家肥，施用商品有机肥。二是推进秸秆养分还田。推广秸秆粉碎还田、快速腐熟还田、过腹还田等技术，研发具有秸秆粉碎、腐熟剂施用、土壤翻耕、土地平整等功能的复式作业机具，使秸秆取之于田、用之于田。三是因地制宜种植绿肥。充分利用南方冬闲田和果茶园土肥水光热资源，推广种植绿肥。在有条件的地区，引导农民施用根瘤菌剂，促进花生、大豆和苜蓿等豆科作物固氮肥田。

5. 提高耕地质量水平

加快高标准农田建设，完善水利配套设施，改善耕地基础条件。实施耕地质量保护与提升行动，改良土壤、培肥地力、控污修复、治理盐碱、改造中低产田，普遍提高耕地地力等级。力争到 2020 年，耕地基础地力提高 0.5 个等级以上，土壤有机质含量提高 0.2 个百分点，耕地酸化、盐渍化、污染等问题得到有效控制。通过加强耕地质量建设，提高耕地基础生产能力，确保在减少化肥投入的同时，保持粮食和农业生产稳定发展。

四、保障措施

1. 加强组织领导

农业农村部成立由部领导任组长的化肥使用量零增长行动协调指导组，部内有关司局和单位负责同志为成员，种植业管理司负责具体工作。各省（区、市）成立由农业农村厅（委、局）主要负责同志任组长的推进落实领导小组，加强协调指导，推进各项措施落实。

2. 上下联动推进

结合实施延伸绩效考核，建立上下联动、多方协作的工作机制，强化责任、整合力量、加强督查。重点实施区域要建立协作机制，相互交流、共同促进。充分发挥教学科研机构和行业协会的技术信息优势，鼓励开展技术推广、政策宣传、技术培训、服务指导等工作。

3. 完善扶持政策

加强与发展改革、财政等部门的沟通协调，扩大测土配方施肥、耕地质量保护与提升项目规模，支持秸秆还田、绿肥种植、增施有机肥和水肥一体化、机械施肥等技术推广。对新型经营主体、适度规模经营提供科学施肥服务和施用有机肥、配方肥、高效缓释肥料予以补助。积极争取金融、保险、税收等政策，支持化肥使用量零增长行动开展。

4. 强化技术支撑

农业农村部成立化肥使用量零增长行动专家指导组，提出具体技术方案，开展指导服务，把各项关键技术落实到位。落实好化肥农药减施综合技术研发重大专项。推动建立全国肥效监测网络，完善肥料使用调查统计制度，及时、准确掌握肥料使用和效应评价数据。地方各级农业部门也要成立相应的专家团队，围绕化肥使用量零增长行动开展技术指导服务。

5. 加强宣传培训

开展“科学施肥进万家”主题宣传活动，利用广播、电视、报刊、互联网等媒体，大力宣传科学施肥知识，增强农民科学用肥意识，营造良好社会氛围。结合新型职业农民培训工程、农村实用人才带头人素质提升计划，加大新型经营主体培训力度，着力提高种粮大户、家庭农场、专业合作社科学施肥技术水平。

6. 加强法制保障

抓紧制定出台《耕地质量保护条例》和《肥料管理条例》，加快建立健全耕地质量保护和肥料管理的各项规章制度。强化肥料使用管理，规范农业生产过程，加强肥料市场监管，打击假冒伪劣产品，切实维护农民群众利益。

第二节 农药使用量零增长

农药是重要的农业生产资料，对防病治虫、促进粮食和农业稳产高产至关重要。但由于农药使用量较大，加之施药方法不够科学，带来生产成本增加、农产品残留超标、作物药害、环境污染等问题。为推进农业发展方式转变，有效控制农药使用量，保障农业生产安全、农产品质量安全和生态环境安全，促进农业可持续发展，2015 年农业部制定《到 2020 年农药使用量零增长方案》。

一、总体思路、基本原则和目标任务

1. 总体思路

坚持“预防为主、综合防治”的方针，树立“科学植保、公共植保、绿色植保”的理念，依靠科技进步，依托新型农业经营主体、病虫防治专业化服务组织，集中连片整体推进，大力推广新型农药，提升装备水平，加快转变病虫害防控方式，大力推进绿色防控、统防统治，构建资源节约型、环境友好型病虫害可持续治理技术体系，实现农药减量控害，保障农业生产安全、农产品质量安全和生态环境安全。

2. 基本原则

(1)坚持减量与保产并举。在减少农药使用量的同时，提高病虫害综合防治水平，做到病虫害防治效果不降低，促进粮食和重要农产品生产稳定发展，保障有效供给。

(2)坚持数量与质量并重。在保障农业生产安全的同时，更加注重农产品质量的提升，推

进绿色防控和科学用药，保障农产品质量安全。

(3)坚持生产与生态统筹。在保障粮食和农业生产稳定发展的同时，统筹考虑生态环境安全，减少农药面源污染，保护生物多样性，促进生态文明建设。

(4)坚持节本与增效兼顾。在减少农药使用量的同时，大力推广新药剂、新药械、新技术，做到保产增效、提质增效，促进农业增产、农民增收。

3. 目标任务

到2020年，初步建立资源节约型、环境友好型病虫害可持续治理技术体系，科学用药水平明显提升，单位防治面积农药使用量控制在近三年平均水平以下，力争实现农药使用总量零增长。

(1)绿色防控。主要农作物病虫害生物、物理防治覆盖率达到30%以上、比2014年提高10个百分点，大中城市蔬菜基地、南菜北运蔬菜基地、北方设施蔬菜基地、园艺作物标准园全覆盖。

(2)统防统治。主要农作物病虫害专业化统防统治覆盖率达到40%以上、比2014年提高10个百分点，粮棉油糖等作物高产创建示范片、园艺作物标准园全覆盖。

(3)科学用药。主要农作物农药利用率达到40%以上、比2013年提高5个百分点，高效低毒低残留农药比例明显提高。

二、技术路径和区域重点

1. 技术路径

根据病虫害发生为害的特点和预防控制的实际，坚持综合治理、标本兼治，重点在“控、替、精、统”四个字上下功夫。

(1)“控”，即控制病虫发生为害。应用农业防治、生物防治、物理防治等绿色防控技术，创建有利于作物生长、天敌保护而不利于病虫害发生的环境条件，预防控制病虫发生，从而达到少用药的目的。

(2)“替”，即高效低毒低残留农药替代高毒高残留农药、大中型高效药械替代小型低效药械。大力推广应用生物农药、高效低毒低残留农药，替代高毒高残留农药。开发应用现代植保机械，替代跑冒滴漏落后机械，减少农药流失和浪费。

(3)“精”，即推行精准科学施药。重点是对症适时适量施药。在准确诊断病虫害并明确其抗药性水平的基础上，配方选药，对症用药，避免乱用药。根据病虫监测预报，坚持达标防治，适期用药。按照农药使用说明要求的剂量和次数施药，避免盲目加大施用剂量、增加使用次数。

(4)“统”，即推行病虫害统防统治。扶持病虫防治专业化服务组织、新型农业经营主体，大规模开展专业化统防统治，推行植保机械与农艺配套，提高防治效率、效果和效益，解决一家一户“打药难”“乱打药”等问题。

2. 区域重点

突出小麦、水稻、玉米、马铃薯、蔬菜、水果、茶叶等主要作物，实施分类指导、分区推进。

(1)东北地区。包括辽宁、吉林、黑龙江三省及内蒙古东四盟(市)，为水稻、玉米、马铃薯、大豆等粮油作物一季种植区。该区域是玉米螟常年重发区，稻瘟病、玉米大斑病和马铃薯晚疫病高风险流行区，黏虫和草地螟间歇暴发区，蝗虫偶发为害区。重点推广玉米螟生物防治、生物农药预防稻瘟病等绿色防控措施，发展大型高效施药机械和飞机航化作业。

(2)黄淮海地区。包括北京、天津、河北、河南、山东及安徽与江苏淮北地区、山西与陕西中南部地区，为小麦、夏玉米轮作区。该区域是小麦穗期蚜虫、吸浆虫、玉米螟常年重发区，东亚飞蝗、黏虫常年发生区，小麦条锈病、赤霉病扩展流行区，以及玉米二点委夜蛾突发为害区。重点推行绿色防控与化学防治相结合、专业化统防统治与群防群治相结合、地面高效施药机械与飞机航化作业相结合措施，大力推广蝗虫生物防治、药剂拌种、秸秆粉碎还田等技术。

(3)长江中下游地区。包括上海、浙江、江西及江苏、安徽、湖北、湖南大部，为稻麦、稻油轮作区，也是柑橘、茶、蔬菜等优势产区。该区域是水稻“两迁”害虫、小麦赤霉病、稻瘟病、柑橘黄龙病等病虫多发重发区。重点推行专业化统防统治，促进统防统治与绿色防控融合发展，实施综合治理。柑橘、茶叶、蔬菜作物上推行灯诱、性诱、色诱、食诱“四诱”措施，优先选用生物农药或高效低毒低残留农药。

(4)华南地区。包括福建、广东、广西、海南 4 省(区)，为双季稻种植区，也是水果、茶叶、甘蔗等优势产区和重要的冬季蔬菜生产基地。该区域是常年境外“两迁”害虫迁入我国的主降区，也是稻瘟病、南方水稻黑条矮缩病、柑橘黄龙病、小菜蛾、豆荚螟、甘蔗螟虫等多种病虫易发重发区。重点推行绿色防控与统防统治融合发展。水果、茶叶、冬季蔬菜生产基地重点推广灯诱、色诱、性诱、生态调控和生物防治措施。

(5)西南地区。包括重庆、四川、贵州、云南及湖北、湖南西部，为稻麦(油)两熟区、春播马铃薯主产区，也是水果、蔬菜、茶叶优势产区。该区域是小麦条锈病冬繁区、南部也是稻飞虱境外虫源初始迁入主降区，丘陵山区气候条件也非常适宜稻瘟病等多种病虫发生流行。重点培育病虫防治专业化服务组织，提高防控组织化程度，推行精准施药和绿色防控。水果、蔬菜、茶叶等重点推广“四诱”和生物防治等绿色防控技术。

(6)西北地区。包括陕西、甘肃、宁夏、新疆和山西中北部及内蒙古中西部地区，为马铃薯、春玉米、小麦、棉花等作物一季种植区，也是苹果、葡萄等优势产区。该区域是小麦条锈病主要越夏源头区，棉铃虫、草地螟和马铃薯晚疫病等重大病虫常年重发区。重点推行绿色防控措施，最大限度降低化学农药使用量。其中，小麦条锈病源头区推行退麦改种、药剂拌种等措施，减少大面积防治次数和外传菌源。

(7)青藏地区。西藏、青海及四川西北部，以牧业为主，种植业占比较小，病虫发生种类较少，为害程度较轻。该区域重点推行以生物防治、生态调控为主的绿色防控措施。

三、重点任务

围绕建立资源节约型、环境友好型病虫害可持续治理技术体系，实现农药使用量零增长。重点任务是：“一构建，三推进。”

1. 构建病虫监测预警体系

按照先进、实用的原则，重点建设一批自动化、智能化田间监测网点，健全病虫监测体系；配备自动虫情测报灯、自动计数性诱捕器、病害智能监测仪等现代监测工具，提升装备水平；完善测报技术标准、数学模型和会商机制，实现数字化监测、网络化传输、模型化预测、可视化预报，提高监测预警的时效性和准确性。

2. 推进科学用药

重点是"药、械、人"三要素协调提升。一是推广高效低毒低残留农药。扩大低毒生物农药补贴项目实施范围，加快高效低毒低残留农药品种的筛选、登记和推广应用，推进小宗作物用药试验、登记，逐步淘汰高毒农药。科学采用种子、土壤、秧苗处理等预防措施，减少中后期农药施用次数。对症选药，合理添加喷雾助剂，促进农药减量增效，提高防治效果。二是推广新型高效植保机械。因地制宜推广自走式喷杆喷雾机、高效常温烟雾机、固定翼飞机、直升机、植保无人机等现代植保机械，采用低容量喷雾、静电喷雾等先进施药技术，提高喷雾对靶性，降低飘移损失，提高农药利用率。三是普及科学用药知识。以新型农业经营主体及病虫防治专业化服务组织为重点，培养一批科学用药技术骨干，辐射带动农民正确选购农药、科学使用农药。

3. 推进绿色防控

加大政府扶持力度，充分发挥市场机制作用，加快绿色防控推进步伐。一是集成推广一批技术模式。因地制宜集成推广适合不同作物的病虫害绿色防控技术模式，解决技术不配套、不规范的问题，加快绿色防控技术推广应用。二是建设一批绿色防控示范区。重点选择大中城市蔬菜基地、南菜北运蔬菜基地、北方设施蔬菜基地、园艺作物标准园、"三品一标"农产品生产基地，建设一批绿色防控示范区，帮助农业企业、农民合作社提升农产品质量、创响品牌，实现优质优价，带动大面积推广应用。三是培养一批技术骨干。以农业企业、农民合作社、基层植保机构为重点，培养一批技术骨干，带动农民科学应用绿色防控技术。此外，大力开展清洁化生产，推进农药包装废弃物回收利用，减轻农药面源污染、净化乡村环境。

4. 推进统防统治

以扩大服务范围、提高服务质量为重点，大力推进病虫害专业化统防统治。一是提升装备水平。发挥农作物重大病虫害统防统治补助、农机购置补贴及植保工程建设投资的引导作用，装备现代植保机械，扶持发展一批装备精良、服务高效、规模适度的病虫防治专业化服务组织。二是提升技术水平。推进专业化统防统治与绿色防控融合，集成示范综合配套的技术服务模式，逐步实现农作物病虫害全程绿色防控的规模化实施、规范化作业。三是提升服务水平。加强对防治组织的指导服务，及时提供病虫测报信息与防治技术。引导防治组织加强内部管理，规范服务行为。

四、保障措施

1. 强化组织领导

农业农村部成立由部领导任组长的农药使用量零增长行动协调指导组，部内有关司局和单位负责同志为成员，种植业管理司负责具体工作。各省成立由农业农村厅(委、局)主要负责同志任组长的推进落实领导小组，加强协调指导，推进各项措施落实。

2. 上下联动推进

结合实施绩效考核，建立上下联动、多方协作的工作机制，强化责任、加强督查。重点实施区域建立协作机制，相互交流、共同促进。充分发挥教学科研机构和行业协会技术和信息优势，鼓励开展技术推广、政策宣传、技术培训、服务指导等工作。

3. 强化政策扶持

加强与发展改革、财政等部门的沟通协调，落实植物保护工程建设项目，建设覆盖重点区域、重点作物的病虫监测网络。将航空植保机械纳入农机购置补贴范围，提高大中型植保机械购置补贴标准。加大重大病虫统防统治、低毒生物农药使用、防治组织植保机械和操作人员保险费用的补贴力度，启动实施绿色防控示范项目。

4. 发挥专家作用

成立农药使用量零增长行动专家指导组，提出具体的技术方案，开展技术指导服务，把各项关键技术落实到位。结合实施新型职业农民培训工程、农村实用人才带头人素质提升计划，重点培养种粮大户、病虫防治专业化服务组织技术骨干，提高科学用药水平。落实好化肥农药减施综合技术研发重大专项。

5. 加强法制保障

制修订《农药管理条例》和《农作物病虫害防治条例》，推进依法植保。强化农药市场监管，打击制售假劣农药行为，维护农民利益。

6. 强化宣传引导

充分利用广播、电视、报刊、互联网等媒体，大力宣传绿色防控技术和科学用药知识，增强农民安全用药意识，营造良好社会氛围。

模块巩固

1. 耕地占补平衡的主要内容是什么？
2. 征收耕地补偿费用包括哪些项目？
3. 水污染防治的主要内容有哪些？
4. 简要说明《中华人民共和国森林法》中将森林分为几类，并具体解释。
5. 简要说明森林病虫害防治费用如何解决。
6. 简要解释草原承包经营权的主要内容。
7. 简述秸秆综合利用的主要内容。
8. 简要说明畜禽粪资源化利用的重点任务。
9. 地膜污染防治回收利用的主要目标是什么？
10. 农业环境的定义。
11. 农村人居环境整治提升五年行动方案的目标是什么？
12. 全面提升农村生活垃圾治理水平的主要内容。
13. 简述化肥使用量零增长的重点任务。
14. 简述农药使用零增长的重点任务。

模块三
产业发展政策

项目九　新型农业经营主体

2023年，农业农村部坚持加快培育新型农业经营主体重大战略，深入实施新型农业经营主体提升行动，推进由数量增长向量质并举转变，以内强素质、外强能力为重点，突出抓好农民合作社和家庭农场两类农业经营主体发展，实现经营质量效益、物质装备水平、产业支撑能力、组织服务提升小农功能稳步增强，在稳粮扩油中充分发挥作用，为全面推进乡村振兴、加快农业农村现代化提供有力的主体支撑。当前，创新农村经营体制要紧紧围绕建设现代农业，充分发挥农村基本经营制度的优越性，着力构建集约化、专业化、组织化、社会化相结合的新型农业经营体系，培育家庭农场、农民合作社、农业企业、农业社会化服务组织等新型农业经营主体，探索新的集体经营方式，加快发展农户间的合作经营，鼓励发展适合企业化经营的现代种养业，推进家庭经营、集体经营、合作经营、企业经营等共同发展。

第一节　新型农业社会化服务

一、新型农业社会化服务体系含义

新型农业社会化服务体系是以公共服务机构为依托、合作经济组织为基础、龙头企业为骨干、其他社会力量为补充，公益性服务和经营性服务相结合、专项服务和综合服务相协调，为农业生产提供产前、产中、产后全过程综合配套服务的体系。它是现代农业的重要标志。其中产前服务包括：农业资金信贷服务、农业生产资料供应服务、市场预测服务、信息服务；产中服务包括：生产技术服务、农田灌溉服务、植保和兽医服务、农业机械服务；产后服务包括：农副产品储藏服务、农副产品加工服务、农产品销售服务等。

二、新型农业社会化服务体系构成

从20世纪50年代开始，我国就相继建立了农业、林业、水利、气象等科技与农业技术推广机构以及供销社、合作社、农村信用社等商业金融组织，形成了具有一定规模的国家农业服务机构。改革开放以后，我国经过多年的建设，已初步建成了以中央、省、地、县、乡、村各级农业

服务机构为主体，以农科教培训中心为基地，多种形式、共同发展的农业社会化服务体系。主要包括：农业技术推广体系，动植物疫病防控体系，农产品质量监管体系，农产品市场体系，农业信息收集和发布体系，农业金融和保险服务体系。

三、新型农业社会化服务体系主体

由集体经济组织的单一主体发展为多元化主体：一是集体经济组织继续承担统一经营职责，为承包农户提供生产、生活服务；二是农业公共服务机构、农民专业合作社、农业产业化龙头企业和专业化、市场化的农业社会化服务组织及其他市场主体，为农民提供多形式、多层次的服务，丰富了统一经营层次。新型农业社会化服务体系主体主要有供销合作社、农民专业合作社、专业服务公司、专业技术协会、农民经纪人、龙头企业等。

第二节 对农业龙头企业的支持政策

农业农村部大力培育农业产业化龙头企业。目前，全国县级以上龙头企业超过 9 万家，其中国家重点龙头企业 1 959 家。同时，加快培育龙头企业牵引、农民合作社和家庭农场跟进、广大农户参与的产业化联合体，目前已形成 7 000 多个联合体。2023 年，农业农村部深入贯彻落实中央农村工作会议精神和中央一号文件要求，继续促进龙头企业做大做强。一是壮大龙头企业队伍。开展国家重点龙头企业监测，淘汰、递补一批国家重点龙头企业。推介 2023 年度农业产业化头部企业，发布主要品牌商标，形成典型案例模式。以国家重点龙头企业认定监测为“指挥棒”，指导各地培育一批省、市、县级龙头企业，形成“四级联动”的龙头企业发展格局。二是培育农业产业化联合体。制定国家级农业产业化联合体建设标准，开展国家级农业产业化联合体培育建设，引导龙头企业和合作社、家庭农场、小农户共同推进品种培优、品质提升、品牌打造和标准化生产。落实《农业农村部办公厅 中国农业银行办公室关于金融支持农业产业化联合体发展的意见》，加大对农业产业化联合体的金融支持力度，缓解联合体发展融资难题。三是引导龙头企业助力共同富裕。重点加大脱贫地区龙头企业培育力度，带动当地产业提档升级，促进农民农村共同富裕。结合脱贫地区重点产业、重要基地，组织发达地区龙头企业到脱贫地区考察对接，促进投资兴业、产销衔接；组织脱贫地区龙头企业到发达地区学习交流，开拓视野，提升能力。

一、财政扶持政策

（一）一般产业化项目

国家农业综合开发专门拨出一定比例的资金，设立产业化经营项目，以财政补贴和贷款贴息的方式支持合作组织和涉农企业发展建设农产品生产基地建设。目前国家综合开发的产业化项目主要有一般产业化项目、龙头企业带动产业发展和“一县一特”产业发展试点项目，一般项目又分为财政补助项目和贷款贴息项目。

1. 扶持范围

农产品、经济林及设施农业种植、畜禽水产养殖等种植养殖基地农产品加工储藏保鲜、产地批发市场等流通设施。

2. 扶持对象

符合农业综合开发立项条件的农业产业化龙头企业、农民专业合作社以及其他新型农业经营主体。

(1)财政补助项目

①补助规模。龙头企业项目中央财政补助资金规模 100 万～300 万元;农民专业合作社项目中央财政补助资金规模 50 万～150 万元。

②项目基本条件。符合国家法律法规、产业政策和行业发展规划;资源优势突出,区域特色明显;市场潜力较大,辐射带动能力强,预期效益好;产品科技含量较高,竞争优势比较明显;建设方案先进科学,产品技术和工艺路线合理;项目建设符合生态环境保护和资源节约利用要求,有利于促进农业可持续发展;投资估算合理,自筹资金来源有保障,筹资方案可行;土地流转用地或项目建设用地手续合法。

(2)贷款贴息项目

①补助规模。单个项目中央财政贴息资金规模不低于 50 万元。

②项目资金用途。贷款贴息项目资金用于固定资产贷款贴息,优先扶持粮油加工及“菜篮子”产品贷款贴息项目。

③其他要求。贷款贴息要求单笔贷款 100 万元以上,最高贴息贷款额度不超过 6 000 万元。贷款贴息期限一般为 2 年,与中国农业发展银行、中国农业银行合作的项目连续贴息期限为 3 年,最长不超过 5 年。贴息率不高于同期中国人民银行公布的同档次人民币贷款基准利率。

(二)国家农业综合开发

1. 扶持范围

重点支持农业产业化龙头企业根据区域优势产业发展及县域特色产业发展需要,开展农业基础设施、良种繁育、农业污染物防治、废弃物综合利用和社会化服务体系等公益性项目建设,以及新产品新技术推广应用、农产品精深加工、流通体系及品牌建设,支持与龙头企业建立紧密利益联结机制的合作化组织开展农业基础设施、规模化标准化种植养殖基地等项目建设。

2. 资金额度

龙头企业带动产业发展项目中央财政资金投入规模为 500 万～800 万元、“一县一特”产业发展项目中央财政资金投入规模为 300 万～500 万元。

3. 农业产业化项目

项目采取“以奖代补”的形式,对农业产业化国家重点龙头企业为农户提供贷款担保和签订订单合同带动农户的先进典型,以及发展基础比较好的国家农业产业化示范基地建设公共服务平台给予奖励。项目共分为三类。

(1)贷款担保类(A 类)　对国家重点龙头企业为农户发展农业生产提供贷款担保服务给予奖励。奖励的金额按照规定期间,农户银行账户实际到账资金的 1%计算,每个龙头企业申请的奖励资金最多不超过 50 万元。这段时间内担保农户户数最多、担保费用和贷款利率低的国家重点龙头企业可以依次优先申报该项目。

(2)订单合同类(B类) 对国家重点龙头企业与农户签订收购蔬菜、水果等订单合同,并通过银行向农户支付收购款的行为给予奖励。奖励的金额按照规定期间,农户银行账户实际到账资金的1%计算,每个龙头企业申请的奖励资金最多不超过50万元。这段时间内支付的农户户数最多、收购价格高于订单合同约定最低价的国家重点龙头企业可以依次优先申报该项目。与全国"一村一品"示范村镇的农户签订订单合同的国家重点龙头企业可以优先申报该项目。

(3)农业产业化示范基地类(C类) 对国家农业产业化示范基地技术研发、质量检测等公共服务平台主体(指具体承担公共服务平台建设和运营的单位,包括农业产业化示范基地管委会、示范基地内的龙头企业或中介服务组织等)为示范基地内的龙头企业提供公共服务给予奖励。每个公共服务平台主体申请的奖励资金最多不超过100万元。平台建设水平高、服务企业效果好的公共服务平台主体可以依次优先申报该项目。

二、税收优惠政策

(一)企业所得税优惠

(1)国家税务总局《关于印发〈税收减免管理办法(试行)〉的通知》(国税发〔2005〕129号)第十条、十一条规定,对符合条件的林业、渔业企业给予所得税优惠。

(2)《中华人民共和国企业所得税法实施条例》第八十六条规定,对符合条件的企业从事农、林、牧、渔业项目的所得,可以免征、减征企业所得税。

(3)财政部、国家税务总局《关于发布享受企业所得税优惠政策的农产品初加工范围(试行)的通知》(财税〔2008〕149号)和《关于享受企业所得税优惠的农产品初加工有关范围的补充通知》(财税〔2011〕26号)进一步规范了农产品初加工企业所得税优惠政策,对相关事项进行了细化。

(4)国家税务总局《关于"公司+农户"经营模式企业所得税优惠问题的公告》(国家税务总局2010年第2号)规定,对以"公司+农户"经营模式从事农、林、牧、渔业项目生产的企业,可以按照《中华人民共和国企业所得税法实施条例》第八十六条的有关规定,享受减免企业所得税优惠政策。

(二)企业增值税优惠

(1)财政部、国家税务总局《农业产品征税范围注释》规定,把部分初加工产品也列入农产品范围,通过外购农产品进行加工和销售的企业增值税税率由17%下调到13%。

(2)财政部、国家税务总局《关于农民专业合作社有关税收政策的通知》(财税〔2008〕81号)规定,增值税一般纳税人从农民专业合作社购进的免税农业产品,可按13%的扣除率计算抵扣增值税进项税额。

(3)财政部、国家税务总局《关于免征蔬菜流通环节增值税有关问题的通知》(财税〔2011〕137号)规定,对从事蔬菜批发、零售的纳税人销售的蔬菜免征增值税。其中,经挑选、清洗、切分、晾晒、包装、脱水、冷藏、冷冻等工序加工的蔬菜,属于本通知所述蔬菜的范围。

(4)财政部、国家税务总局《关于在部分行业试行农产品增值税进项税额核定扣除办法的通知》(财税〔2012〕38号)规定,将以购进农产品为原料生产销售液体乳及乳制品、酒及酒精、植物油的增值税一般纳税人，纳入农产品增值税进项税额核定扣除试点范围。

(5)财政部、国家税务总局《关于免征部分鲜活肉蛋产品流通环节增值税政策的通知》(财税〔2012〕75号)规定，对从事农产品批发、零售的纳税人销售的部分鲜活肉蛋产品免征增值税。

(三)部分进口农产品加工设备免征关税和增值税

对符合国家高新技术目录和国家有关部门批准引进项目的农产品加工设备，在《国内投资项目不予免税的进口商品目录》所列商品以外的，继续免征进口关税和进口环节增值税。对龙头企业从事国家鼓励类的产业项目，引进国内不能生产的先进加工生产设备，按有关规定免征进口关税和进口环节增值税。

(四)出口退税优惠

财政部、国家税务总局《关于进一步提高部分商品出口退税率的通知》(财税〔2009〕138号)规定，罐头、果汁、桑丝等农业深加工产品的出口退税率提高到15%；部分水产品的出口退税率提高到13%。

三、金融支持政策

(一)信贷支持政策

(1)中国银监会办公厅《关于加大农产品生产加工流通信贷资金支持力度的紧急通知》(银监办发〔2010〕350号)提出，金融机构调整和优化信贷结构，压缩非农贷款，增加支持农产品生产、加工和流通的信贷资金；对从事农产品生产、加工和销售的农户和企业，根据资金需求状况确定信贷投放的时机和额度，科学把控投放进度。

(2)国务院办公厅《关于金融支持经济结构调整和转型升级的指导意见》(国办发〔2013〕67号)明确提出，加大对"三农"领域的信贷支持力度。力争全年"三农"贷款增速不低于当年各项贷款平均增速，贷款增量不低于上年同期水平，支持符合条件的银行发行"三农"专项金融债等。

(二)抵押担保支持政策

(1)农业部等八部委《关于加快发展农业产业化经营的意见》(农发〔2006〕6号)提出，加大对农业产业化经营的金融支持力度，要创新信贷担保手段和担保办法，采取动产质押、仓单质押等多种形式，帮助龙头企业解决抵押困难。

(2)农业部、中国农业发展银行《关于进一步加强合作支持农业产业化龙头企业发展的意见》(农经发〔2009〕1号)规定，要扩大龙头企业有效担保物范围，依法开展权属清晰、风险可控的大型农用生产设备、林权、四荒地使用权等抵押贷款和应收账款、仓单、可转让股权、专利权、注册商标专用权等权利质押贷款。

(3)国务院《关于支持农业产业化龙头企业发展的意见》(国发〔2012〕10号)指出，鼓励农业银行等商业性金融机构根据龙头企业生产经营的特点合理确定贷款期限、利率和偿还方式，扩大有效担保物范围，积极创新金融产品和服务方式，有效满足龙头企业的资金需求。大力发展基于订单农业的信贷、保险产品和服务创新。鼓励融资性担保机构积极为龙头企业提供担保服务，缓解龙头企业融资难问题。

(4)中国银监会、农业部《关于金融支持农业规模化生产和集约化经营的指导意见》(银监发〔2014〕38 号)明确提出，积极引导和鼓励金融机构创新涉农金融产品和抵押担保方式，探索土地经营权抵押融资业务，提高对农业规模经营主体金融支持的针对性。

四、农业产业化国家重点龙头企业

农业产业化国家重点龙头企业(以下简称“国家重点龙头企业”)是由农业农村部、国家发改委、财政部、商务部、中国人民银行、国家税务总局、中国证券监督管理委员会、中华全国供销合作总社 8 个部门共同认定。其目的是在全国选择一批有基础、有优势、有特色、有前景的龙头企业作为国家支持的重点。国家重点龙头企业动态监测管理制度，每两年进行一次监测评估。

(一)认证对象

(1)从事农产品生产、加工和流通的企业，须符合下述申报条件第①、②、③、⑤、⑥、⑦、⑧、⑨ 款。

(2)农产品专业批发市场，须符合下述申报条件第①、②、④、⑤、⑥、⑧、⑨ 款。

(二)申报条件

①企业组织形式。依法设立的以农产品生产、加工或流通为主业、具有独立法人资格的企业。

②企业经营的产品。企业中农产品生产、加工、流通的销售收入(交易额)占总销售收入(总交易额)70%以上。

③生产、加工、流通企业规模。总资产规模：东部地区 1.5 亿元以上，中部地区 1 亿元以上，西部地区 5 000 万元以上；固定资产规模：东部地区 5 000 万元以上，中部地区 3 000 万元以上，西部地区 2 000 万元以上；年销售收入：东部地区 2 亿元以上，中部地区 1.3 亿元以上，西部地区 6 000 万元以上。

④农产品专业批发市场年交易规模。东部地区 15 亿元以上，中部地区 10 亿元以上，西部地区 8 亿元以上。

⑤企业效益。企业的总资产报酬率应高于现行一年期银行贷款基准利率；企业应不欠工资、不欠社会保险金、不欠折旧，无涉税违法行为，产销率达 93%以上。

⑥企业负债与信用。企业资产负债率一般应低于 60%；有银行贷款的企业，近两年内不得有不良信用记录。

⑦企业带动能力。鼓励龙头企业通过农民专业合作社、专业大户直接带动农户。通过建立合同、合作、股份合作等利益联结方式带动农户的数量一般应达到：东部地区 4 000 户以上，中部地区 3 500 户以上，西部地区 1 500 户以上。企业从事农产品生产、加工、流通过程中，通过合同、合作和股份合作方式从农民、合作社或自建基地直接采购的原料或购进的货物占所需原料量或所销售货物量的 70%以上。

⑧企业产品竞争力。在同行业中企业的产品质量、产品科技含量、新产品开发能力处于领

先水平，企业有注册商标和品牌。产品符合国家产业政策、环保政策，并获得相关质量管理标准体系认证，近两年内没有发生产品质量安全事件。

⑨申报企业原则上是农业产业化省级重点龙头企业。

(三)申报与认定程序

申报“国家重点龙头企业”称号的企业直接向所在地的省(自治区、直辖市)农业产业化工作主管部门提出申请，由各省(自治区、直辖市)农业产业化工作主管部门对企业所报材料的真实性进行审核，并充分征求农业、发改、财政、商务、人民银行、税务、证券监管、供销合作社等部门及有关商业银行对申报企业的意见，形成会议纪要，并经省、自治区、直辖市人民政府同意，按规定正式行文向农业农村部农业产业化办公室推荐，并附审核意见和相关材料。农业农村部产业化办公室组织专家组进行评审，并提出评审意见，报全国农业产业化联席会议审定。

五、农业产业化龙头企业支持政策清单

2022 年，为加强对农业产业化龙头企业的精准服务，农业农村部乡村产业发展司收集了各省(区、市)对龙头企业的支持政策，印发《农业产业化龙头企业支持政策清单》。

第三节 对农民合作社的支持政策

一、财政扶持政策

(一)农产品产地初加工补助政策

1. 出台背景

为改善我国农产品产地初加工条件，减少产后损失，均衡市场供应，稳定市场价格，促进农民增收，提高农产品质量安全水平，中央财政启动了农产品产地初加工补助项目支持改善农产品产地初加工条件，减少产后损失。

2. 项目主管部门

农业农村部。

3. 补助范围

每年新建的马铃薯贮藏窖、果蔬保鲜库和烘干设施等农产品产地初加工设施。

4. 补助对象

承担项目实施的农民专业合作社和农户。每个专业合作社补助数量不超过 5 座，每个农户补助数量不超过 2 座。

5. 补助标准

中央财政资金对纳入目录的各类设施实行全国统一定额补助，目前比例为 30%。

6. 补助方式

采取“先建后补”方式。按照规定程序申报并获得批准建设完成的初加工设施，经县级农

业、财政等部门组织验收合格后，由县级财政部门向实施对象兑现补助资金。

7. 项目申报程序

(1)由补助区的农民专业合作社或农户自愿提出补助设施建设申请，经乡镇政府审核，县级农业、财政部门审批同意，在项目所在村公示 7 d 后，开始施工建设。

(2)工程竣工并经当地县级农业、财政等部门组织验收合格后(验收工作需实地见物，确认当年新建，并符合工程验收标准，方可认定为合格)，在项目所在村公示 7 天，由县级财政部门兑付补助资金。

(二)合作社贷款担保费补助政策

1. 出台背景

为支持农业担保机构对农民合作社提供担保服务，扩大对农民合作社担保业务，创新财政资金支农方式，撬动更多金融资本、社会资本投向合作社，探索解决合作社融资难题的新路子，改善合作社融资环境，不断增强农民合作社的引领带动能力和市场竞争能力。

2. 项目主管部门

农业农村部。

3. 补助范围

在试点地区范围内实施。

4. 补助对象

试点地区列为补助对象的农业担保机构，在不提高其他费用标准的前提下，对其担保费率低于银行同期贷款基准利率 50%左右的农民合作社担保业务给予补助，补助比例不超过银行同期贷款基准利率 50%与实际担保费率之差。

5. 补助标准

试点地区申报项目数量各 1 个，不得超过限额。每个试点地区申报项目资金 220 万元左右。

6. 申报条件

申报项目的农业担保机构应当满足以下条件。

(1)依据国家有关法律、法规设立和经营，具有独立企业法人资格，取得融资性担保机构经营许可证。

(2)经营担保业务 1 年及以上，无不良信用记录。

(3)对农民合作社平均年担保费率不超过银行同期贷款基准利率的 50%。

(4)内部管理制度健全，运作规范，按规定提取准备金，并及时向省级农民合作社主管部门报送为农民合作社担保的有关报告。

(5)近年来没有因财政、财务及其他违法、违规行为受到监管部门的处罚。

7. 项目申报程序

(1)由省级农民合作社主管部门会同财务部门根据要求，组织指导本地区申报工作。

(2)省级或地市级担保机构根据要求报送项目申报书，并提交有关材料。

(3)省级农民合作社主管部门根据申报要求，组织指导担保机构编制申报书，在农业财政项目管理系统中完成电子申报，并将申报文件以财(计财)字文件(一式三份)报送农业农村部农村经济体制与经营管理司审核。

二、税收优惠政策

根据财政部、国家税务总局《关于农民专业合作社有关税收政策的通知》(财税〔2008〕81号)规定，依照《中华人民共和国农民专业合作社法》规定设立和登记的农民专业合作社享有以下税收优惠。

(一)增值税优惠政策

对农民专业合作社销售本社成员生产的农业产品，视同农业生产者销售自产农业产品免征增值税；增值税一般纳税人从农民专业合作社购进的免税农业产品，可按13%的扣除率计算抵扣增值税进项税额；对农民专业合作社向本社成员销售的农膜、种子、种苗、化肥、农药、农机，免征增值税。

(二)印花税优惠政策

对农民专业合作社与本社成员签订的农业产品和农业生产资料购销合同，免征印花税。

三、金融支持政策

(1)银监会、农业部《关于做好农民专业合作社金融服务工作的意见》(银监发〔2009〕13号)明确指出，各农村合作金融机构要按照“先评级-后授信-再用信”的程序，把农民专业合作社全部纳入信用评定范围。同时，加大信贷支持、创新金融产品、改进服务方式、鼓励有条件的农民专业合作社发展信用合作。

(2)银监会、农业部《关于金融支持农业规模化生产和集约化经营的指导意见》(银监发〔2014〕38号)明确提出，农村信用社(农村商业银行、农村合作银行)要进一步加强支农服务能力建设，在继续做好农户服务基础上，把符合规模化、专业化、标准化要求的联户经营、专业大户、家庭农场、农民合作社等农业规模经营主体作为支持重点，更好地发挥支农服务主力军作用。

四、国家农民合作社示范社

国家农民合作社示范社由农业农村部、国家发展改革委、财政部、水利部、国家税务总局、国家市场监督管理总局、国家林业和草原局、银保监会、中华全国供销合作总社9个部门联合评定。目的在于树立合作社典范，引导和促进农民合作社快速健康发展。国家农民合作社示范社分别每两年评定和监测一次，评定和检测轮流交替进行。

(一)评定对象

符合条件的农民合作社示范社。

(二)申报主要标准

(1)原则上应是省级示范社。

(2)依法登记设立。运行两年以上;组织机构代码证、税务登记证齐全,有固定的办公场所和独立的银行账号等。

(3)实行民主管理。

(4)财务管理规范。

(5)经济实力较强。成员出资总额100万元以上;固定资产:东部地区200万元以上,中部地区100万元以上,西部地区50万元以上;年经营收入:东部地区500万元以上,中部地区300万元以上,西部地区150万元以上等。

(6)服务成效明显。入社成员数量高于本省同行业农民专业合作社平均水平,其中,种养业合作社成员数量达到100人以上(特色农林种养业合作社成员数量可适当放宽)。农民成员占合作社成员总数的80%以上,企业、事业单位和社会团体成员不超过成员总数的5%。成员主要生产资料统一购买率、主要产品(服务)统一销售(提供)率超过80%,新品种、新技术普及推广。带动农民增收作用突出,成员农户收入高于本县(市、区)同行业非成员农户收入30%以上。

(7)产品(服务)质量安全。

(8)社会声誉良好。

(三)申报程序

第一步,农民专业合作社向所在地的县级农业行政主管部门及其他业务主管部门提出书面申请。

第二步,县级农业行政主管部门会同农业(农机、渔业、畜牧、农垦)、水利、林业、供销社等部门和单位,对申报材料真实性进行审查,征求发改、财政、税务、工商、银行业监督管理机构等单位意见,经地(市)级农业行政主管部门会同其他业务主管部门复核,向省级农业行政主管部门推荐,并报省级有关业务主管部门备案。

第三步,省级农业行政主管部门分别征求农业(农机、渔业、畜牧、农垦)、发改、财政、税务、工商、银行业监督管理机构、水利、林业、供销社等部门和单位意见,经专家评审后进行公示。经公示无异议的,根据示范社分配名额,以省级农业行政主管部门文件向全国联席会议办公室等额推荐,并附审核意见和相关材料。

第四节 对家庭农场的支持政策

家庭农场是指农民或其他长期从事农业生产的人员,主要依靠家庭成员而不是依靠雇工从事生产经营活动。家庭农场专门从事农业活动,主要进行种养业专业化生产,经营者大都接受过农业教育或技能培训,经营管理水平较高,示范带动能力较强,具有商品农产品生产能力。家庭农场经营规模适度,种植养殖规模与家庭成员的劳动生产能力和经营管理能力相适应,符合当地确定的规模经营标准,收入水平与当地城镇居民相当,实现较高的土地产出率、劳动生产率和资源利用率。

一、《关于实施家庭农场培育计划的指导意见》

家庭农场以家庭成员为主要劳动力，以家庭为基本经营单元，从事农业规模化、标准化、集约化生产经营，是现代农业的主要经营方式。党的十八大以来，各地区各部门按照党中央、国务院决策部署，积极引导扶持农林牧渔等各类家庭农场发展，取得了初步成效，但家庭农场仍处于起步发展阶段，发展质量不高、带动能力不强，还面临政策体系不健全、管理制度不规范、服务体系不完善等问题。为贯彻落实习近平总书记重要指示精神，加快培育发展家庭农场，发挥好其在乡村振兴中的重要作用，经国务院同意，2019 年 9 月 11 部门联合印发指导意见部署实施家庭农场培育计划，主要内容可以总结为八个方面。

(一)依法保障家庭农场土地经营权

依法保障家庭农场的土地经营权非常重要，特别是流转土地的稳定性，包括租金水平，这直接关系到家庭农场的稳定经营。在农业农村部发布的《关于实施家庭农场培育计划的指导意见》一文中，明确对这方面提出了具体的指导政策，包括健全土地经营权流转服务体系，以及鼓励土地经营权有序向家庭农场流转。

(二)加强基础设施建设

鼓励家庭农场参与粮食生产功能区、重要农产品生产保护区、特色农产品优势区和现代农业产业园建设。支持家庭农场开展农产品产地初加工、精深加工、主食加工和综合利用加工，自建或与其他农业经营主体共建集中育秧、仓储、烘干、晾晒以及保鲜库、冷链运输、农机库棚、畜禽养殖等农业设施，开展田头市场建设。支持家庭农场参与高标准农田建设，促进集中连片经营。

(三)健全面向家庭农场的社会化服务

公益性服务机构要把家庭农场作为重点，提供技术推广、质量检测检验、疫病防控等公益性服务。鼓励农业科研人员、农技推广人员通过技术培训、定向帮扶等方式，为家庭农场提供先进适用技术。支持各类社会化服务组织为家庭农场提供耕种防收等生产性服务。鼓励和支持供销合作社发挥自身组织优势，通过多种形式服务家庭农场。探索发展农业专业化人力资源中介服务组织，解决家庭农场临时性用工需求。

(四)健全家庭农场经营者培训制度

在《关于实施家庭农场培育计划的指导意见》一文中明确，国家和省级农业农村部门要编制培训规划，县级农业农村部门要制定培训计划，使家庭农场经营者至少每三年轮训一次，这对于提升家庭农场经营者能力素质有非常重要的作用。

(五)强化用地保障

利用规划和标准引导家庭农场发展设施农业，鼓励各地通过多种方式加大对家庭农场建设仓储、晾晒场、保鲜库、农机库棚等设施用地支持，坚决查处违法违规在耕地上进行非农建设的行为。

(六)完善和落实财政税收政策

鼓励有条件的地方通过现有渠道安排资金,采取以奖代补等方式,积极扶持家庭农场发展,扩大家庭农场受益面。支持符合条件的家庭农场作为项目申报和实施主体参与涉农项目建设。支持家庭农场开展绿色食品、有机食品、地理标志农产品认证和品牌建设。对符合条件的家庭农场给予农业用水精准补贴和节水奖励。家庭农场生产经营活动按照规定享受相应的农业和小微企业减免税收政策。

(七)加强金融保险服务

实践中农户对于信贷支持、农业保险的需求也是非常强烈,尤其是农业保险,因此,《指导》中鼓励金融机构针对家庭农场开发专门的信贷产品,鼓励金融机构对资信良好、资金周转量大的家庭农场发放信用贷款。此外,继续实施农业大灾保险、三大粮食作物完全成本保险和收入保险试点,探索开展中央财政对地方特色优势农产品保险以奖代补政策试点,有效满足家庭农场的风险保障需求。

(八)支持发展“互联网+”家庭农场

提升家庭农场经营者互联网应用水平,推动电子商务平台通过降低入驻和促销费用等方式,支持家庭农场发展农村电子商务。鼓励市场主体开发适用的数据产品,为家庭农场提供专业化、精准化的信息服务。鼓励发展互联网云农场等模式,这样能够帮助家庭农场优化配置生产要素、合理安排生产计划。

二、金融支持政策

(一)《关于做好家庭农场等新型农业经营主体金融服务的指导意见》

中国人民银行《关于做好家庭农场等新型农业经营主体金融服务的指导意见》(银发〔2014〕42 号)要求各银行业金融机构加大对家庭农场等新型农业经营主体的信贷支持力度,并且应适当延长贷款期限,积极拓展抵质押担保物范围,符合条件的新型农业经营主体贷款,利率原则上低于同类同档次贷款利率平均水平。原则上,从事种植业的专业大户和家庭农场贷款金额最高可以为借款人农业生产经营所需投入资金的 70%,其他专业大户和家庭农场贷款金额最高可以为借款人农业生产经营所需投入资金的 60%。家庭农场单户贷款原则上最高可达 1 000 万元。

(二)农业银行《关于做好金融支持家庭农场工作的通知》

提出在全行开展家庭农场专项金融服务工作,加快推进农户贷款业务经营转型,创新抵质押担保方式,扩大抵质押担保物范围,重点围绕家庭农场做好全流程金融服务。同时,对支持种植业和养殖业家庭农场分别进行了明确。其中,对种植业客户,农业银行将大力支持土地整治和土地流转,稳步开展农村土地承包经营权抵押贷款业务;支持播种机、收割机等大型农机具购置，发展“经销商保证＋本机抵押”组合担保方式，探索小微水利、固定大棚等地上附属设施有效抵押担保方式；支持农产品收购、储运、分销、加工等环节，探索引入电子商务平台，做好农产品网络直销服务。对养殖业客户，农业银行将加大对有窗式畜牧养殖、网箱式水产养殖等新型养殖设施建造的支持力度，探索开展交易资金托管业务；支持客户灵活用款，对养殖周期较短项目，允许家庭农场客户采取可循环贷款方式；支持订单养殖，推荐、引导家庭农场客户与加工企业客户对接。此外，农业银行将积极为家庭农场安装智能支付终端或 POS 机，派专人指导协助其办理网上银行、手机银行等支付业务。

项目十　农业产业化支持政策

第一节　农业产业化经营

农业产业化经营是创新农业经营体制机制的重要内容，是转变农业发展方式、在家庭承包经营基础上实现农业现代化的有效途径。

一、农业产业化经营含义

所谓农业产业化经营，是指以市场为导向，以家庭承包经营为基础，依靠龙头企业、农民专业合作经济组织以及其他各种中介组织的带动与连接，立足当地资源优势，确立农业主导产业和主导产品，将农业再生产过程中的产前、产中、产后诸环节连接成为完整的产业链条，实行种养加、产供销、贸工农等多种形式的一体化经营，把分散的农户小生产联结成为社会化、专业化的规模生产，形成系统内部有机结合、相互促进和"收益共享、风险共担"的经营机制，在更大范围内实现资源优化配置和农产品多次增值的一种新型农业生产经营形式。改造传统的自给半自给的农业和农村经济，使之与市场接轨，在家庭经营的基础上，逐步实现农业生产的专业化、商品化和社会化。

二、农业产业化经营的特征

1. 生产专业化

农业产业化经营以"一乡一业""一村一品"的形式将小规模变为大产业，做到主导产业和特色产品基地布局专业化、每个环节专业化，形成种养加、产供销、贸工农、服务网络为一体的专业化生产，从而实现农业生产的专业化和规模化经营，提高产业链的整体效率和经济效益。

2. 经营集约化

在农业产业化经营系统中，不论是种养业还是农产品加工和运销业，根据不同情况分别实行劳动密集型、劳动技术密集型、技术资金密集型和资金密集型集约化经营，利用有限的资源，充分发挥科学技术进步的巨大力量，创造尽可能多的物质财富和价值增量，实现高投入、高产出，提高整体经营效益。

3. 质量标准化

农业产业化经营将农民组织起来，通过各类龙头企业带动，建立健全质量标准体系和质量监督管理体系，实行农业标准化生产，做到统一环境标准、统一技术培训、统一产品检测、统一产品包装、统一商标品牌，有的获得了无公害产品、绿色食品、有机食品生产基地认证，有的注册了商标品牌，提高了农产品的质量安全水平，显著地增强了农产品的市场竞争力。

4. 管理企业化

农业产业化经营就是采用工业化的思维谋划农业、工业化的理念管理农业、工业化的手段发展农业，按照办企业的要求与规定，确定农业生产经营组织，理顺其内部各种经济与非经济关系，使农业生产经营者具有选择发展、承担风险、追求企业目标的内在动力和外部压力，为发展现代农业开辟新途径。

5. 经营一体化

农业产业化的关键是经营一体化，将产前、产中、产后诸环节连接成为"龙"形产业链，同"农工商一体化、产供销一条龙"式的经营链融为一起，使外部经济内部化，从而降低交易费用，实现大幅度增值，形成现代农业的运行机制。

三、农业产业化经营的模式

由于不同产品生产的特点，以及不同地区经济社会条件的差异，农业产业化经营模式也多种多样。我国农业产业化经营组织模式主要有以"公司＋农户"为代表的模式和农民专业合作经济组织模式。

1. "公司＋农户"为代表的模式

(1)"公司＋农户"模式含义　"公司＋农户"运行模式是农业产业化经营初始模式，也是基本模式。主要是通过组成龙头企业，用合同方式和农民联结起来，公司与农户形成产前、产中和产后的一体化经营。

(2)"公司＋农户"模式主要形式　订单农业是农业产业化龙头企业与农户最常见的一种联结方式。在该方式中，公司与农户之间的利益连接方式多是合同契约型，即龙头企业与农户作为各自独立的经营者和利益主体在自愿、平等、互利的前提下，签订规范界定双方权利义务的合同(契约)，以明确双方的经济关系。

(3)"公司＋农户"模式优势　这种方式的好处是企业与农户的经济关系简单，企业可以由多种所有制经济实体组成，目前多数是有实力的国有企业、集体企业或外资企业。多数龙头企业投资者资金雄厚，一般都带有专业性，技术条件好，有些企业还有现成的外销渠道，市场有保障，农民基本上不承担市场风险，发展比较顺利。

(4)"公司＋农户"模式缺陷　公司与农户是对立的利益主体，公司不愿意向农户让利，或尽可能少向农户让利。由于公司与分散农户之间力量对比悬殊，农户谈判地位低，往往处于从属地位。

这使公司与农户之间难以形成真正的一体化经营，产业化经营的链条极其脆弱。

公司和农户在市场上按照农产品供求关系的变化进行购销活动。受市场波动的影响，农产品在公司与农户之间很难形成稳定的供求关系，价格低了对农民不利，价格高了又对公司不利。在实行农业产业化后农户仍只是卖原料，只不过是原料的销路相对稳定，农户仍得不到较大的收益。

从我国农业产业未来发展的角度和我国农村实际情况出发，农村经济组织的发展呈多样化趋势，专业合作经济组织是我国农村经济组织的发展方向。

2. 农民专业合作经济组织模式

我国农村经济组织，包括集体经济组织和农村合作经济组织。农民专业合作经济组织是我国农村实行家庭承包经营后出现的一种新型农村合作经济组织。《农业法》第十一条规定，国家鼓励农民在家庭承包经营的基础上自愿组成各类专业合作的经济组织。

(1)农民专业合作经济组织涵义　农民专业合作经济组织是农民自愿参加的，以农户经营为基础，以某一产业或产品为纽带，以增加成员收入为目的，实行资金、技术、生产、购销、加工等互助合作的经济组织。

(2)农民专业合作经济组织原则

①不改变成员的财产所有权关系。②退社自由。③专业性强。④民办、民营、民受益。⑤可以突破社区界限，在更大的范围内实行专业合作。

目前，我国农村有各类农民专业合作经济组织140多万个，其中较为规范的有14余万个，广泛分布于种植业、畜牧业、水产业、林业、运输业、加工业以及销售服务行业等各领域，成为实施农业产业化经营的一支新生的组织资源。

(3)农民专业合作经济组织的组织形式　按照农民合作的紧密程度，归纳为三种主要类型。

①农民专业合作社。2006年10月31日第十届全国人大常委会第二十四次会议通过了《中华人民共和国农民专业合作社法》。此法的颁布实施，标志着我国农民专业合作组织将进入依法发展的新阶段。农民专业合作社组织一般是实体性的，以资金、技术为重点的基本合作，内部制度比较健全、管理比较规范、与农民利益联系紧密，形成劳动者约定共营企业和社会利益共同体。农民入股需交纳一定股金，合作社除按股付息外，主要按购销产品数量向社员返还利润。我国专业合作社在东部地区较多，中部地区次之，西部地区极少。

②农民股份合作制企业

(a)农民股份合作制企业产生的途径。乡(镇)及村办集体企业实行股份合作制改造，有些地区对企业全部或大部分的集体资产折股出售给职工个人，变为职工个人股；户办、私营或合伙企业向股份合作制转化，个人股份较多，集体股份相对较少；集资新建的股份合作制企业，包括农户(个人)之间集资，农户(个人)与乡(镇)政府、村集体、社会法人等单位之间的资本联合，按股份合作制企业要求直接组建股份合作制企业。

(b)农民股份合作制企业分类。一是劳资合作型。在企业中，资金联合采用入股的形式，但劳动联合却仍保持合作形式，没有折价入股。这种形式通常是在以劳动联合为主，原来就有浓厚的合作社性质的企业基础上，通过职工以劳带资的形式形成的。在这种企业中，劳动联合是主导方面，资金入股是辅助方面。二是劳资合股型。这是在市场经济比较发达的基础上，不仅资本采用入股形式，对劳动、技术、管理等无形资产也采用折价入股的办法，形成劳动股与资金股合股经营的形式。这是一种新型的具有分享经济利益特点的较完善的农民股份合作制企业形式。

(c)农民股份合作制企业劳动分配的方式。农民股份合作制企业实行按资分配和按劳分配相结合。农民股份合作制企业的职工既是股东又是劳动者，所以其取得收入的途径有两种；一是工资收入，实行按劳分配，多劳多得；二是资本分红，按其入股多少决定；从税后企业利润中取得，同股同酬。

③农产品专业协会

(a)农产品专业协会含义。农产品专业协会是由从事同类产品生产经营的农户(专业户)自愿组织起来，在技术、资金、信息、购销、加工、储运等环节实行自我管理、自我服务、自我发展，以提高竞争能力，增加成员收入为目的的专业性合作组织。它要求在民政部门登记，注册为社团组织，并向具有实体的合作社方向发展。

(b)农产品专业协会特点。农产品专业协会是一种较为松散的合作形式，是建立在家庭承包经营基础上，不改变现有的生产关系，不触及农民的财产关系，是农村组织制度的一种创新。其内部特点主要表现在以下几个方面：一是农产品专业协会不改变农民最敏感的土地承包关系，不改变农户自主经营权利，农民可以根据生产经营活动需要参加专业协会；二是专业性强，大多以专业化生产为基础，以某一类专业产品为龙头组织起来，如养猪协会、养牛协会、养羊协会、水果协会、蔬菜协会、食用菌协会等，都有明显的专业特征；三是农产品专业协会以服务为宗旨，很好地帮助农民解决了一家一户做不了、做不好的事。它了解农民需要什么，需要多少，能有针对性地开展服务；四是在组织管理上，实行自愿结合，入退自由，民主管理，凡是从事专业生产并达到一定规模的农民都可以加入协会，协会对会员进行无偿和低偿服务；五是在经营方式上灵活多样，独立自主。正因为农民专业协会有这些特点，所以能够得到广大农民的欢迎。

第二节　实现现代农业产业规模化

坚持和完善农村基本经营制度，发展多种形式规模经营，构建集约化、专业化、组织化、社会化相结合的新型农业经营体系，为我国现代农业发展指明了方向。只有规模化才便于机械化、标准化、现代化，才能提高效率，但现代农业规模化内容丰富，涵盖面广，土地规模化仅是其中一个方面，也并非是必要条件。因此，我国人多地少的基本国情，决定了现代农业在规模化问题上不能只在土地上动脑筋，土地只能适度规模经营，需要在以下四个方面做出改善。

一、产业布局的规模化

推进现代农业产业布局规模化，便于公益性、社会化服务，便于生产经营管理，有利于发展区域特色产业，有利于形成区域品牌，增强核心竞争力。当前，我国各地按照工业反哺农业、城市支持农村和多予少取放活方针，着力推进城乡产业规划一体化，根据当地的资源禀赋，科学合理配置空间布局，谋划一批现代农业示范园区。但一些地方产业布局缺乏科学谋划，发展的产业过多，重点不突出，散乱零碎，规模太小，很难形成拳头产品。在园区的经营上，不少地方还采用“大园区、大业主”贪大求洋的惯性思维，这是一个误区，我国现代农业必须走“大园区、小业主”的发展路子，才是符合国情的好途径。目前，许多城市大公司，大企业到农村盲目圈地建“大园区”“大基地”，自己当大业主，极易导致四个后果：一是容易产生“挤出效应”，使绝大多数靠家庭经营的农民无力竞争，增收更难。二是在“带动”农民的同时，也“代替”了农民，农民成为雇工，使农民无法参与农业的经营管理，生产的积极性、主动性和创造性严重受阻。三是农业是弱质产业，比较效益较低，企业规模经营又要大量雇佣农业工人，进一步降低收益，大大增加企业的经营风险。四是一旦公司不干了，或出现风险，被流转了土地的农民收益没了，在公司打工的机会也没了，他们的后顾之忧难以解决。“公社＋社员”是政府在种地，“公司＋农户”是企业在种地，政府种不好地，企业同样种不好地，种地的必须是农民自己。因此，我国现代农业产业布局，应按照宜种植则种植、宜养殖则养殖、宜林则林、宜加工则加工、宜旅游则旅游等原则，谋划建设一批产业特色鲜明、带动农民增收、竞争力强的大园区，形成差异化布局、区域性优势的格局。在大园区中重点扶持新型职业化农民、专业大户、家庭农场、合作社等新型经营主体，大力支持帮助农户与农户发展多种形式的联合与合作，引导龙头企业与农户、合作社建立合理的利益联结机制，走出一条“大园区、小业主”的现代农业发展之路。

二、产业链条的规模化

目前，我国各地农业产业链条过短，农产品生产的关键技术和加工的研发技术等十分滞后，产品销售还主要以“原”字号为主，农产品加工特别是精深加工严重不足，营销能力尤其落后，巨大的增值空间还没有打开。千方百计拉长产业链，努力构建从生产起点到消费终端的完整产业链条，应是我国现代农业未来发展的方向。就工业生产而言，一个完整的产业链通常包括生产制造、产品设计、原材料采购、订单规划、商品运输、产品零售等诸多环节。其中生产制造环节附加值最低，中国作为“世界工厂”主要从事的是产业链最低端的制造业。农业的完整产业链条也同样包含这些环节。要获得更高的农业效益，除了生产种植，更要获取设计、包装、加工、仓储、运输、销售、研发等后续产业链条中的高附加值。上海崇明岛前卫村，只有 5 000 亩地，以生态农业为核心，综合打造种植业、养殖业、农产品加工业、新能源及乡村旅游等产业，构建完整的产业链条，村民人均年收入达到 16 万元。未来，各地应加大招商引资力度，引导城市资金、技术、人才等生产要素向农村流动，重点鼓励城市工商企业到农村建立优质农产品生产加工基地，支持农产品精深加工关键技术研发，大力发展农产品精深加工业，同时精心打造农产品从包装设计、储藏运输、订单处理、批发经营到终端零售等产业链条各个环节，努力构建完整的产业链条，从而不断提高农业生产力和劳动生产率，让农民更多地贡献农产品增值收益。

三、组织的规模化

提高农民组织化程度，不仅可以降低农业的交易成本，提升农民在市场中的谈判地位，同时还能够增强农民抵御来自自然、社会、政策、市场等风险的能力。世界各国农业发展经验也表明，将农业生产者组织起来是建设现代农业必然选择。一些地方通过农民专业合作组织，实行“六统一分”把分散的种养殖农户组织起来，进行标准化生产，实现规模化经营。“六统一分”即：统一优良品种、统一投入品配送、统一疫病防控、统一机械化作业、统一技术标准、统一市场营销、分户适度规模种植养殖。其中重要的一条就是政府要创造环境，切实搞好服务。但是，在发展农民组织的问题上应防止出现当年“公社＋社员”的翻版，同时应避免“公司＋农户”的弊端，走“农户＋农户”的道路才是正途。

四、服务的规模化

构建覆盖全程、综合配套、便捷高效的多元新型的社会化服务体系，是发展现代农业的基本要求。社会化服务体系包括公益性、经营性和自助性三大方面，公益性应由政府负责，经营性由市场运作，自助性由农民合作组织承担。我国农业公益性服务还很脆弱，经营性和自助性服务组织发育不足，多元化、多层次、多形式的社会化服务体系亟待建立健全。随着我国工业化、城镇化的快速推进，青壮年农民几乎都进入城市经商务工，越来越多的农活急需社会提供服务。近些年在全国范围内公益性与经营性服务有效结合的成功范例就是农机跨区作业。国家不断加大购机补贴力度，全国各级农机部门收集发布天气、供求、交通等信息，协调保障柴油供应、落实免费通行政策。每年“三夏”，全国大约50万台农民自购的联合收割机便自发地南下北上跨区作业，解决了全国80％以上的机械化收割问题。我们必须下大功夫挖掘这一潜力，开拓这一市场，千方百计引导大企业、大公司下乡发展各类为农服务的服务业。未来我国应加快构建以公益性服务、经营性服务和自助性服务相结合，专项服务和综合服务相协调的新型农业社会化服务体系。

第三节　农业产业化支持政策

新时期，随着国家强农惠农富农政策的落实，政府对农业产业化的支持力度不断加大，在财政、税收、金融、用电等方面给予了一系列优惠政策，出台了一系列政策文件。为推进农业产业化的健康快速发展，应先了解农业产业化经营的扶持政策，以期更好地为农业生产经营服务。

一、加强基础设施建设，优化农业发展平台

主要包括农业园区、高标准农田建设。对成功创建为省级以上现代农业园区、特色农业强镇的，给予奖励；对各镇街道规划建设的农业示范园、农创园给予补助。对列入省级以上高标准农田建设计划的项目，市财政按上级要求给予配套。对市级农田建设项目、小型农田水利建设项目、氮磷生态拦截沟渠建设项目给予补助。

二、推进三产融合发展，提升农业产业化水平

主要包括稳定粮食基础产业、发展特色优势产业、支持一二三产业融合项目建设、推动农业绿色发展、鼓励创建农业品牌。支持发展粮食全产业链，对建设集种植、烘干、加工、销售为一体的水稻全产业链项目，给予项目投资额50％、最多不超过200万元的补助。设施种植芦笋、西瓜的补助标准提高50％，并优先给予立项。支持稻鱼综合种养、美丽农场建设。鼓励农旅融合发展，新建一二三产业融合发展项目，最高补助300万元。支持农业品牌创建，对品牌授权产品、绿色食品认证、标准化生产等给予补助。

三、发展数字农业，提升农业科技化水平

主要包括培育农业物联网技术应用示范基地、支持产学研合作。数字农业建设项目，给予投资额50％、最高不超过100万元的补助。获省级认定的机器换人示范基地，给予5万元补助。产学研合作项目最高补助20万元。

四、培育新型农业主体，提升农业经营水平

主要包括支持农业招商引资、培育农业生产经营主体、支持农产品营销、支持农村服务平台建设。对带动本地优势特色产业发展，引进加工设备投资额在100万元(含)以上的企业，给予加工设备投资额30％的补助，最高不超过200万元。鼓励创建产业化联合体，对农业龙头企业收购农产品贷款，给予最高不超过50万元的贴息补助；鼓励建立紧密利益联结机制，对实

施订单农业、收购本地农产品的主体，按收购金额给予最高不超过50万元的补助。鼓励农产品线上销售，对通过线上平台销售本地农产品的企业和个人，给予最高不超过20万元的补助。

五、拓宽经营性收入渠道，推进低收入农户全面小康

主要包括推进低收入农户产业增收、建立低收入农户帮扶机制。低收入农户从事农业生产，可在土地租赁、设施建设、小额信贷等方面享受优惠政策。

项目十一　农产品保护支持政策

第一节　农产品加工保鲜支持政策

一、农产品初加工税收减免政策

农产品初加工依法享受国家税收减免政策，根据《享受企业所得税优惠政策的农产品初加工范围(试行)》《关于享受企业所得税优惠的农产品初加工范围的补充通知》，种植业类的粮食、林木产品、园艺植物(含水果、蔬菜、花卉初加工)、油料植物、糖料植物、茶叶、药用植物、纤维植物、热带和南亚热带作物初加工，畜牧业类的畜禽类、饲料类、牧草类初加工，渔业类的水生动物、水生植物初加工，均享受企业所得税优惠政策。以购进农产品为原料生产液体乳及乳制品、酒及酒精、植物油的增值税一般纳税人，其购进农产品无论是否用于生产上述产品，增值税进项税额均按照《农产品增值税进项税额核定扣除试点实施办法》规定抵扣。农产品加工企业购进农产品，可凭增值税发票、海关进出口增值税专用缴款书、农产品收购发票或销售发票抵扣进项税额。2023 年将继续支持地方扩大农产品加工企业进项税额核定扣除试点行业范围，完善农产品初加工所得税优惠目录，落实税收优惠政策。

二、农产品初加工用电优惠政策

农产品初加工用电依法享受农业生产用电价格优惠政策，根据《国家发展改革委关于调整销售电价分类结构有关问题的通知》，对各种农产品(包括天然橡胶、纺织纤维原料)进行脱水、凝固、去籽、净化、分类、晒干、剥皮、初烤、沤软或大批包装以提供初级市场的用电属于农产品初加工用电，按规定执行农业生产用电价格，约 0.5 元/千瓦时；而直接以农、林、牧、渔产品为原料进行的谷物磨制、饲料加工、植物油和制糖加工、屠宰及肉类加工、水产品加工，以及蔬菜、水果、坚果等食品的加工用电属于农副食品加工业用电，按规定执行工商业及其他用电，0.8～1.0 元/千瓦时。加强与发改、电力等部门沟通协调，推动适时修订农产品初加工用电范围，指导各地认真贯彻执行农产品初加工享受农业生产用电政策。

三、农产品产地冷藏保鲜设施建设支持政策

2020 年中央一号文件提出启动实施农产品仓储保鲜冷链物流设施建设工程，支持家庭农场、农民合作社建设产地分拣包装、冷藏保鲜、仓储运输、初加工等设施。2023 年，继续围绕蔬菜、水果等鲜活农产品，兼顾地方优势特色品种，合理布局建设农产品产地冷藏保鲜设施，加快补齐发展短板，提高设施运营效率。采取“先建后补、以奖代补”方式，在各省(自治区、直辖市)实施，并择优支持蔬菜、水果等产业重点县开展整县推进。依托县级及以上示范家庭农场和农

民合作社示范社、已登记的农村集体经济组织实施，重点支持建设通风贮藏设施、机械冷藏库、气调冷藏库，以及预冷设施设备和其他配套设施设备，具体由主体根据实际需要确定类型和建设规模。补助标准为不超过建设设施总造价的30%，单个主体（不含农垦农场）补贴规模最高不超过100万元，具体补贴标准由地方制定。

第二节 农产品质量安全县创建支持政策

一、农产品质量安全示范县支持政策的提出

根据国务院统一部署，2014年农业部启动了国家农产品质量安全县创建活动，围绕“菜篮子”产品主产县，突出落实属地责任、加强全程监管、强化能力提升、推进社会共治，充分发挥地方的主动性、创造性，探索建立行之有效的农产品质量安全监管制度机制，引导带动各地全面提升农产品质量安全监管能力和水平。2015年农业部认定了首批107个农产品质量安全县（市）创建试点单位，中央财政安排每个创建试点县100万元、每个创建试点市150万元的补助资金，支持开展农产品质量安全县（市）创建活动。2016年农业部命名了首批107个县（市）为“国家农产品质量安全县（市）”，2017年确定了第二批215个创建试点单位，中央财政对部分县（市）给予财政补助。2018年，组织开展了首批农产品质量安全县（市）产销对接活动，对第二批创建试点单位开展考核验收。2019年命名了第二批国家农产品质量安全县（市），举办了第二届产销对接活动。鼓励有条件的地方以省（市）为单位整建制创建。2020年开展了“国家农产品质量安全县提升月”活动。2021年，农业农村部确定第三批119个国家农产品质量安全县（市）创建单位名单。2022年，组织开展县级农产品质量安全检测机构能力提升三年行动，通过全覆盖培训、结对帮扶、技术指导、骨干培养等措施，力争用三年时间，实现县级质检机构农产品质量安全检测机构考核和检验检测机构资质认定（以下简称“双认证”）通过率达到80%以上，认证参数能够满足农兽药残留等农产品质量安全突出问题监督执法工作需要。2023年，继续深化国家农产品质量安全县创建工作，组织验收第三批国家农产品质量安全县，组织开展国家农产品质量安全县与乡村振兴重点帮扶县农产品质量安全结对帮扶活动、农产品质量安全县创建指导交流活动等，充分发挥农产品质量安全县示范带动作用。

二、农产品质量安全示范县需具备九项条件

（一）地方政府属地管理责任依法履行

县级人民政府高度重视农产品质量安全监管工作。农产品质量安全监管纳入本县经济社会发展规划和政府考核范围，确保监管职责落实到位。对县域内农产品质量安全监管工作有相应的指导意见，出台明确的激励扶持政策。设立农产品质量安全工作领导机构，制订并组织实施监管工作年度计划，组织协调有关方面形成监管合力。农产品质量安全监管工作经费纳入县级财政预算，规模能够保障监管工作实际需要。

（二）农产品质量安全监管体系健全

县级农业行政主管部门设置专门农产品质量安全监管机构，有多名专职工作人员。全部

涉农乡镇建立农产品质量安全监管公共服务机构，达到“有机构、有职能、有人员、有条件、有经费”的要求，管理制度健全，切实发挥作用。在蔬菜、水果、茶叶、畜牧、水产重点生产养殖村全部设有农产品质量安全监管员（协管员、信息员），农产品生产经营单位有明确的责任人，监管网络完善。对县、乡、村三级监管人员有专门的培训计划，能够做到全员培训。

（三）生产经营单位主体责任落实到位

全面落实农产品生产企业、专业合作社、生产基地、种植养殖大户的主体责任，建立不使用禁用药物承诺制度，责任告知率达到100%，合理使用农业投入品，落实生产记录档案制度，逐步建立农产品产地检验准出制度。对小规模生产者有落实主体责任的措施和手段。农产品批发市场全部设立或者委托农产品质量安全检测机构，对进场销售的农产品实施抽查检测。

（四）农业投入品监管有力

县域内农资经营和配送网络健全，70%以上的农资实施连锁、统购、配送等营销模式，农资购买索证索票、经营台账等制度全部落实。100%执行高毒农药定点经营或专柜销售制度。建立农资监管信息平台，实现监管信息化，县域内所有农资产品100%纳入平台管理。开展农业投入品质量抽检和执法检查，假劣农资案件查处率达到100%，建立黑名单制度。农产品产地环境监管、监测与评价和农业面源污染治理积极开展，污染区域种植、养殖结构能够科学合理调整。

（五）标准化生产水平较高

农产品标准化生产整建制推进，农业标准转化率达到100%，标准入户率达到60%。农产品生产企业、农民专业合作社100%落实生产记录制度，严格执行农（兽）药安全使用间隔期（休药期）规定。生产过程中实施病虫害绿色防控、测土配方施肥、健康养殖等技术，开展动植物病虫害专业化统防统治。“三品一标”持续稳定发展，产地面积占辖区食用农产品生产面积的50%以上，获证主要农产品占同类农产品商品量的35%以上，标识率达到80%以上，认证登记、标志使用等奖励机制健全。“三品一标”证后监督检查措施到位，退出机制健全，县域内品牌形象良好。

（六）农产品质量安全制度机制基本完善

在检查、监测、宣传等常规监管措施的基础上，结合县域实际情况，积极探索创新生产主体备案、产地准出、质量追溯、包装标识、市场准入等有效的监管措施和手段，形成一套完整的监管模式和严格的农产品质量安全控制体系。建立完善的检查记录和监管档案制度，能够将一些监管措施上升到制度层面，逐步形成用制度管事的常态化监管方式。农产品质量安全方面的规章制度基本健全，形成较完整的制度体系。农产品质量安全应急预案完善，遇到农产品质量安全突发应急事件能够妥善处置。农产品质量安全监管相关部门监管职责分工明确，形成“分兵把口、协调配合”的农产品质量安全综合监管机制。

（七）农产品质量安全监测扎实有效

建立县级农产品质量安全综合检测站，检验检测范围覆盖产地环境、投入品、农产品（含种植业产品、畜禽产品和水产品)及其生产全过程,配齐专业技术人员和必备的条件,有稳定的运行经费和规范的工作机制,有效开展监测工作和对生产的指导服务。县级农业部门对农产品质量安全实施监测,监测参数、产品范围覆盖本县主导产业、生产基地和市场。乡镇农产品质量安全监管机构设置检测室,配备专业检测人员,积极开展农产品产地检测,生产指导服务到位。农产品生产企业、农民专业合作社配有快速检测室,开展农产品自律性检测。

(八)农产品质量安全执法到位

经编制部门批准,设立农业(畜牧兽医、渔业)综合执法机构,人员、经费、手段等能够确保农产品质量安全相关法律法规执行到位。农业(畜牧、水产)、公安、质监、工商等部门有良好的联动工作机制。农产品质量安全监督抽查、日常执法检查有力有序,生产经营不合格农产品行为、非法添加禁用物质行为和假冒"三品一标"产品行为的查处率达到 100%。涉嫌犯罪案件及时移送司法机关,案件移送率达到 100%,积极配合司法机关调查取证。

(九)农产品质量安全水平较高

省级以上各类监测的合格率达到 97%以上,本县生产的蔬菜、水果、茶叶中禁用农药、畜产品中"瘦肉精"等违禁药物、水产品中孔雀石绿、硝基呋喃等禁用药物的检测合格率必须达到 100%,"三品一标"产品的抽检合格率达到 98%以上。近 3 年县域内未发生农产品质量安全事故,同时本县生产的农产品也没有造成其他地方发生农产品质量安全事故。

第三节 地理标志农产品保护政策

一、地理标志农产品保护政策的提出

为壮大乡村特色产业、扩大优质绿色农产品供给、促进农业高质量发展,2019 年,农业农村部联合财政部启动地理标志农产品保护工程,计划用 5 年时间打造 1 000 个地理标志农产品(200 个/年)。聚焦粮油、果茶、蔬菜、中药材、畜牧、水产六大品类,选择一批地域特色鲜明、具有发展潜力、市场认可度高的地理标志农产品,重点围绕生产设施条件、品牌营销、知识产权保护三个方面开展建设。2019 年,支持 29 个省(自治区、直辖市)和 3 个计划单列市共 210 个地理标志农产品的培育,带动 780 万农户增收 150 多亿元,实现销售额 2 800 多亿元;累计培训 1 万人次以上,共支持 80 个国家级贫困县特色产业发展。

根据《农业农村部、财政部关于做好 2022 年农业生产发展等项目实施工作的通知》(农计财发〔2022〕13 号)部署要求,2022 年,在全国范围内重点支持 200 个地理标志农产品发展通过实施保护工程,得到支持的地理标志农产品综合生产能力明显增强,产品知名度、美誉度和市场占有率显著提高,有效带动农民持续增收,形成一批地理标志农产品助力农业高质量发展、乡村产业振兴的样板。

二、办理特色农产品地理标志保护申请

根据国家《地理标志产品保护规定》,国家市场监督管理总局统一管理全国的地理标志产

品保护工作。各地出入境检验检疫局和质量技术监督局依照职能开展地理标志产品保护工作。

(一)申请主体

由当地县级以上人民政府指定的地理标志产品保护申请机构或人民政府认定的协会和企业提出,并征求相关部门意见。申请保护的产品在县域范围内的,由县级人民政府提出产地范围的建议;跨县域范围的,由地市级人民政府提出产地范围的建议;跨地市范围的,由省级人民政府提出产地范围的建议。

(二)申请机构

出口企业的地理标志产品的保护申请向本辖区内出入境检验检疫部门提出;按地域提出的地理标志产品的保护申请和其他地理标志产品的保护申请向当地(县级或县级以上)质量技术监督部门提出。省级质量技术监督局和直属出入境检验检疫局,按照分工,分别负责对拟申报的地理标志产品的保护申请提出初审意见,并将相关文件、资料上报国家市场监督管理总局。

(三)申请需要提供的材料

有关地方政府关于划定地理标志产品产地范围的建议。有关地方政府成立申请机构或认定协会、企业作为申请人的文件。地理标志产品的证明材料包括:地理标志产品保护申请书;产品名称、类别、产地范围及地理特征的说明;产品的理化、感官等质量特色及其与产地的自然因素和人文因素之间关系的说明;产品生产技术规范(包括产品加工工艺、安全卫生要求、加工设备的技术要求等);产品的知名度,产品生产、销售情况及历史渊源的说明。拟申请的地理标志产品的技术标准。

(四)生产者申请使用地理标志

地理标志产品产地范围内的生产者使用地理标志产品专用标志,应向当地质量技术监督局或出入境检验检疫局提出申请,并提交以下资料:地理标志产品专用标志使用申请书,由当地政府主管部门出具的产品产自特定地域的证明,有关产品质量检验机构出具的检验报告。

上述申请经省级质量技术监督局或直属出入境检验检疫局审核,并经国家市场监督管理总局审查合格注册登记后,发布公告,生产者即可在其产品上使用地理标志产品专用标志,获得地理标志产品保护。

项目十二　最新农业产业补贴扶持项目

第一节　国家现代农业产业园

建设现代农业产业园是推进农业供给侧结构性改革的重要抓手和乡村产业振兴的平台载体。2017 年以来，中央一号文件连续 6 年对产业园建设作出部署。农业农村部和财政部贯彻落实中央要求，支持创建了 200 个全产业链发展、现代要素集聚的国家现代农业产业园，其中已认定 130 个，带动构建了国家、省、市、县产业园建设体系，基本形成了以产业园为抓手推动现代农业发展的工作格局。2023 年，农业农村部和财政部安排创建了 44 个国家现代农业产业园。在主导产业上，围绕保障国家粮食安全和重要农产品有效供给，支持稻谷、小麦、玉米、大豆、油菜、花生、牛羊、生猪、天然橡胶、棉花、食糖、乳制品、种业、设施蔬菜等关系国计民生的重要农产品，适当兼顾对农民增收有突出作用的优势特色农产品。在重点品种上，倾斜支持大豆和油菜生产，拟选择部分种植规模大、扩种基础好的县区，创建大豆和油菜产业园。在建设任务上，重点推进全产业链建设，强化科技支撑，推进绿色发展，建立健全联农带农机制，促进产村融合发展。在资金支持上，中央财政通过以奖代补方式，分 1 亿元和 7 000 万元两个档次，对批准创建的国家产业园分年度予以支持。在建设区域上，产业园应布局在县域内，区域范围涉及 2 个及以上乡镇，不得整县或跨县创建。

一、现代农业产业园的三大作用

1. 让产业链升级

创建一个产业园，一定区域范围内就有了一定的规模，人才、科技、资金等生产要素会往园里集中，在龙头企业带动下，全产业链升级就有了保证。如消费者熟悉的正阳花生、五常大米、潜江小龙虾、安溪铁观音、金乡大蒜产业等，都是在各地的国家级产业园里“升华”的。

2. 农业高质量发展的示范

产业园可以作为示范园，打造一个质量高地，向周边溢出扩散。园区里高科技、新装备、大数据越来越常见，不少在产业园务工的职业农民对这些新生事物已经熟悉，周边农民也开始尝试着使用起来。

3. 打通城与乡

产业园里有工业，也有农业，有些产业园所在地看起来像城镇，园外又是大片的田园，农民在家门口就有活干、有钱挣。游客走进产业园，可以参观工厂，走出产业园，还能进行乡村旅游。城与乡的空间界限模糊了，城乡间的要素流动路线不再是单向街，而是双向车道。

二、现代农业产业园"五要素"

搞好现代农业产业园要紧紧抓住以下五个要素：创建目标、创建条件、创建任务、管理机制、联动带农。

1. 创建目标

按照"一年有起色、两年见成效、四年成体系"的总体安排，建成一批产业特色鲜明、要素高度聚集、设施装备先进、生产方式绿色、经济效益显著、辐射带动有力的国家现代农业产业园，实现打造现代农业发展的先行区、引领农业供给侧结构性改革、推动农业农村经济转型升级的发展目标。

2. 创建条件

发展功能定位准确，规划布局科学合理，建设水平区域领先，绿色发展成效突出，带动农民作用显著，政策支持措施有力，组织管理健全完善。

3. 创建任务

做大做强主导产业，建设优势特色产业引领区；促进生产要素集聚，建设现代技术与装备集成区；推进产加销、贸工农一体化发展，建设一二三产业融合发展区；推进适度规模经营，建设新型经营主体创业创新孵化区；提升农业质量效益和竞争力，建设现代农业示范核心区。

4. 管理机制

要完善管理机制，建立运营机构，优化营销环境。

5. 联动带农

实现农产品由简单买卖向契约合作转变，土地由简单流转向股份合作转变，扶持资金由新型主体享有向农户共享转变，农村资产由权属不清、闲置分散到产权明晰、整合盘活转变。

创建现代农业产业园，严守"五不列入"的申报底线要求，即"机器人戴草帽"的不列入；一家独大、一家独办的不列入；只有生产、没有加工的不列入；产业园范围过大、过小的不列入；工作部署推进不力的不列入。

三、现代农业园的主要特征

1. 科技含量高

瞄准国内外最新科技成果，加强引进、消化、创造。突出技术的集成与配套，以生物技术为重点，加强种子种苗、设施化栽培、工厂化立体种养、节水灌溉、无公害生产等高新技术的研究与开发，推动农业科技总体水平的提高。

2. 科技成果转化率高

重点突出科技与市场、科技与经济的结合，促进农业高新技术转化为现实生产力，使园区成为科技与经济相结合的桥梁和纽带。

3. 综合经济效益高

在实现社会效益、生态效益的基础上，突出经济效益，充分发挥园区的资源优势和区位优势，采用新品种、新设施、新技术，获得高效益。

4. 经营管理机制新

改变以往计划经济的运行和管理模式，建立企业化经营管理运行制度，推进“产权清晰、责权明确、政企分开”的现代企业制度。

四、现代农业产园标准

现代农业产业园是优化农业产业结构、促进“三产”深度融合的标志，其参考标准如下。

1. 主导产业提质增效

现代农业产业园由于聚焦当地主导产业，要素资源集中投放在某个区域优先发展，同时产业集聚产生外部优势和全产业链集约可控，会产生明显的提质增效效果。

各产业园选择比较优势突出的特色产业作为主导产业，综合施策，促进生产要素在空间和产业上的优化配置，强化链条延伸和集约开发，打造产业集群，将资源优势、比较优势转化为产业优势、产品优势和竞争优势，产业发展水平在区域甚至在全国处于领先地位。

如福建省安溪县现代农业产业园建设标准化茶园 1.57 万公顷，茶叶产量约占全国的 1/20，已形成茶叶种植、加工、销售、物流、研发、人才、电商等各类产业要素集聚的现代高效茶业示范经济综合体。

2. 科技驱动更加有力

各产业园可以集中融合资源，搭建平台，与科研院校开展紧密合作，共建产学研合作基地，开展新品种、新技术、新装备的研发、示范、推广，打造农业科技创新高地和现代技术与装备集成区。

如陕西省洛川县现代农业产业园以西北农林科技大学洛川苹果试验站为基地，组建了洛川苹果产业开发院士工作站，建成国家级苹果种质资源圃和国家级苹果选种场各 33.33 公顷，引进种质资源 2 000 份，引进 400 个苹果新品种、品系、砧木和 100 个自优选系进行比较试验，培育出秦脆、秦蜜等 5 个新品种，取得免套袋、免人工疏花疏果、重茬栽培、矮砧宽行种植、以虫治虫生物物理防治等 20 多项重大技术突破。

3. 产业融合不断深入

围绕主导产业发展，农业产业园科学规划布局生产、加工、物流、研发、休闲、服务等功能板块，推动产业链纵向延伸和产业间横向拓展，形成产加销、农工商、农文旅一体化发展格局，逐步打破一二三产业割裂形态，积极探索深度融合和系统经营模式，初步形成产业新业态。

如广东省江门市新会区现代农业产业园围绕“陈皮”产业，建设新会（柑）陈皮种质资源保护与良种苗木繁育中心，建设绿色标准化种植基地，强化精深加工，形成茶、饼、酒、酱、酵素、调料、凉果等系列产品 35 大类、100 多个品种，建设新会陈皮标准仓储中心，深挖陈皮产业生态、休闲、健康和文化价值，建成中国首个集陈皮交易、特色餐饮、休闲养生、文化旅游于一体的大型特色农产品商业文化综合体，产业融合发展迈出新步伐。

4. 带动农民作用初显

全国许多产业园以土地流转、土地入股、务工就业等形式，推动发展“龙头企业＋合作社＋基地＋农户”的合作制、股份制、订单农业等多种利益联结方式，深化“订单农业＋合同价收购＋二次分红”利益联结模式，探索构建“大园区＋小庭园”“大产业＋小业主”等产业化联合体，促进小农户与大市场、现代农业发展有机衔接。

如湖南省宁乡市现代农业产业园由村集体成立合作社将万元财政资金通过合作社作为股权资金入股企业，以保底(5%)+浮动的形式参与企业年底分红。分红的20%作为村集体的管理运行经费，剩余的80%按照向企业流转的土地、交售的粮食或宁乡花猪数通过合作社分给农户。

5. 品牌建设实现突破

乡村振兴是“三农”工作的抓手，产业兴旺是乡村振兴的抓手，区域品牌是产业兴旺的抓手。也就是说，农产品区域公用品牌建设是乡村振兴(产业兴旺)、脱贫攻坚、一二三产业融合和区域社会经济高质量发展的战略抓手。如吉林大米、寿光蔬菜、盱眙龙虾、洛川苹果、普洱茶叶、横县茉莉花等，都是典型例证。

第二节　田园综合体项目

田园综合体是指综合化发展产业和跨越化利用农村资产，是当前乡村发展代表创新突破的思维模式，推动现有农庄、农场、合作社、农业特色小镇、农业产业园以及农旅产业、乡村地产等转型升级的新路径，具有广阔的发展前景。

田园综合体开发不是普通农业旅游空间规划，而是生产生活娱乐“人本”空间构建。2024年，中央一号文件强调，实施乡村文旅深度融合工程，推进乡村旅游集聚区(村)建设，培育生态旅游、森林康养、休闲露营等新业态，推进乡村民宿规范发展、提升品质。农业农村部将深入发掘农业的食品保障、生态涵养、休闲体验、文化传承等多种功能，促进农业与休闲、旅游、康养、生态、文化、养老等产业深度融合，丰富乡村产业的类型，提升乡村经济价值，推动乡村休闲旅游业高质量发展。在田园综合体设计过程中，应从功能转型、模式转型、产业转型、价值转型这四方面来落实它的转型思路。

一、田园综合体的内涵

好的“田园”是人们向往的理想空间。农村是我国传统文明的发源地，乡土文化的根不能断，农村不能成为荒芜的农村、留守的农村、记忆中的故园。实施乡村振兴战略，让农业经营有效益，让农业成为有奔头的产业，让农民成为体面的职业，让农村成为安居乐业的美丽家园，必须着眼于“新田园时代”背景，在城乡融合发展中创造“现代田园”，关键的平台就是“田园综合体”。

(一)田园综合体将成为城乡一体化的新支点和新引擎

中央城市工作会议指出：“我国城镇化必须同农业现代化同步发展，城市工作必须同‘三农’工作一起推动，形成城乡发展一体化的新格局。”

中央农村工作会议指出：“农业还是‘四化同步’的短腿，农村还是全面建成小康社会的短板。中国要强，农业必须强；中国要美，农村必须美；中国要富，农民必须富。”

以城带乡、以工促农，形成城乡发展一体化新格局，必须在广阔的农村地区找到新支点、新平台和新引擎。具有多元集聚功能的田园综合体恰好可以成为实现这一目标的优良载体。也就是说，田园综合体将成为实现乡村现代化和新型城镇化联动发展的一种新模式。

(二)田园综合体将成为农业供给侧结构性改革新的突破口

近年来,我国将农业供给侧结构性改革作为转化“三农”发展动能的主要抓手,进行了多项改革尝试,取得了一定效果,积累了良好基础,特别是在“提质”方面,在优质农产品供给方面取得了较大突破。

下一步,如何将现有改革项目集聚、联动,形成精准发力、高起点突破的新引擎,在进一步“提质”的基础上做到“增效”,让农民充分受益,将是“三农”领域改革面临的新挑战。

田园综合体集循环农业、创意农业、农事体验于一体,以空间创新带动产业优化、链条延伸,有助于实现一二三产业深度融合,打造具有鲜明特色和竞争力的“新第六产业”,实现现有产业及载体(农庄、农场、农业园区、农业特色小镇等)的升级换代。

(三)田园综合体将成为新农村建设的新样本

我国农村地域辽阔,实现“农村美、产业兴、百姓富、生态优”的综合效益,应该选择聚居模式。但以往部分地区“赶农民上楼”的聚居模式,并不能满足广大农民的宜居愿望,也不符合中国乡村自古以来的田园居住特色。

依托田园综合体,可以探索多元化的聚居模式,既保持田园特色,又实现现代居住功能。借助聚居功能,田园综合体也将成为实现城乡基础设施和公共服务均等化的最佳空间。

(四)田园综合体将成为高端人群集聚地

在我国现代化发展较快的地区,作为主要潮流的城市化,和非主要潮流的逆城市化是共同存在的。特别是在沿海发达城市,逆城市化的主要群体是高端人群。可以预见,在较为发达的城市,郊区化现象将进一步扩散。而中国人传统的“田园”情结,也将吸引越来越多的人选择住在郊区、回归田园。

(五)田园综合体将成为农民脱贫新模式

精准扶贫最重要的是赋予农民及其从事的产业自主“造血”的功能。田园综合体集聚产业和居住功能,让农民充分参与和受益,是培育新型职业农民的新路径。

各种扶贫政策和资金,可以精准对接到田园综合体这一“综合”平台,释放更多红利和效应,让农民有更多获得感和幸福感,让“三农”有可持续发展支撑,让农村真正成为“希望的田野”。

总之,田园综合体将推动农业发展方式、农民增收方式、农村生活方式、乡村治理方式的深刻变化,实现新型城镇化、城乡一体化、农业现代化更高水平的良性互动,奏响“三农”发展全面转型、乡村全面振兴的“田园交响曲”。

二、田园综合体的开发

(一)独特新颖

旅游的核心是新、奇、特,发展旅游就是求新、求奇、求特。猎奇、探秘是永恒的旅游主题。中国作为农业大国,有广大的农村,有千特万异的风情。每个乡村都有不可复制的特点和优势，广阔天地大有作为。找到这些特点，包装提升为卖点，创意设计为爆点，这是进行乡村旅游和田园综合体开发的关键。

例如，利用区块链、大数据、人工智能、物联网、5G 等科技手段，融合文旅策划、规划设计手法，做一套跨界融合的可行性解决方案。

（二）情理之中

情理之中就是项目要吻合当地历史文化和自然条件，不能无中生有。通过跨界融合的创意和策划，找到强大的依据，与当地历史文化无缝对接。

（三）预算之内

旅游规划是实操的艺术，讲究落地实施。但不是说创意厉害就难于实施，创意平平就好实施。关键是创意强、投资少。好创意就是花小钱成大事。

（四）市场之需

创意一定要符合和满足市场的需求。旅游策划和旅游规划不是天马行空，这些规则也是人性需求、社会需求、市场需求，必须在规律的范围内创意，落脚点必须放在市场需求上，做到运营前置。

三、申报条件

中央财政从农村综合改革转移支付资金、现代农业生产发展资金、农业综合开发补助资金中统筹安排，支持试点工作。每个试点省份安排试点项目 1～2 个。

四、试点立项条件

（一）功能定位准确

围绕有基础、有优势、有特色、有规模、有潜力的乡村和产业。按照农田田园化、产业融合化、城乡一体化的发展路径，以自然村落、特色片区为开发单元，全域统筹开发，全面完善基础设施。突出以农业为基础的产业融合、辐射带动等主体功能，具备循环农业、创意农业、农事体验一体化发展的基础和前景。明确农村集体组织在建设田园综合体中的功能定位，充分发挥其在开发集体资源、发展集体经济、服务集体成员等方面的作用。

（二）基础条件较优

区域范围内农业基础设施较为完备，农村特色优势产业基础较好，区位条件优越，核心区集中连片，发展潜力较大；已自筹资金投入较大且有持续投入能力，建设规划能积极引入先进生产要素和社会资本，发展思路清晰；农民合作组织比较健全，规模经营显著，龙头企业带动力强，与村集体组织、农民及农民合作社建立了比较密切的利益联结机制。

（三）生态环境友好

能落实绿色发展理念，保留青山绿水，积极推进山水田林湖整体保护、综合治理，践行“看得见山、望得到水、记得住乡愁”的生产生活方式。农业清洁生产基础较好，农业环境突出问题得到有效治理。

(四)政策措施有力

地方政府积极性高，在用地保障、财政扶持、金融服务、科技创新应用、人才支撑等方面有明确举措，水、电、路、网络等基础设施完备。建设主体清晰，管理方式创新，搭建了政府引导、市场主导的建设格局。积极在田园综合体建设用地保障机制等方面作出探索，为产业发展和田园综合体建设提供条件。

(五)投融资机制明确

积极创新财政投入使用方式，探索推广政府和社会资本合作，综合考虑运用先建后补、贴息、以奖代补、担保补贴、风险补偿金等，撬动金融和社会资本投向田园综合体建设。鼓励各类金融机构加大金融支持田园综合体建设力度，积极统筹各渠道支农资金支持田园综合体建设。严控政府债务风险和村级组织债务风险，不新增债务负担。

(六)带动作用显著

以农村集体组织、农民合作社为主要载体，组织引导农民参与建设管理，保障原住农民的参与权和受益权，实现田园综合体的共建共享。通过构建股份合作、财政资金股权量化等模式，创新农民利益共享机制，让农民分享产业增值收益。

(七)运行管理顺畅

根据当地主导产业规划和新型经营主体发展培育水平，因地制宜探索田园综合体的建设模式和运营管理模式。可采取村集体组织、合作组织、龙头企业等共同参与建设田园综合体，盘活存量资源、调动各方积极性，通过创新机制激发田园综合体建设和运行内生动力。

五、申报立项条件

申报试点立项项目应功能定位准确，基础条件较优，生态环境友好，政策措施有力，投融资机制明确，带动作用显著，运行管理顺畅等。

六、申报立项不予受理情况

(1)未突出以农为本，项目布局和业态发展与农业未能有机融合，以非农业产业为主导产业。

(2)不符合产业发展政策；资源环境承载能力较差。

(3)违反国家土地管理使用相关法律法规，违规进行房地产开发和私人庄园会所建设。

(4)乡、村举债搞建设；存在大拆大建、盲目铺摊子等情况。

七、试点省份及扶持资金额度

(1)确定河北、山西、内蒙古、江苏、浙江、福建、江西、山东、河南、湖南、广东、广西、海南、重庆、四川、云南、陕西、甘肃 18 个省(区、市),作为开展田园综合体建设试点。

重点支持河北、山西、福建、山东、广西、海南、重庆、四川、云南、陕西 10 个省(区、市)开展田园综合体建设试点。

(2)河北、山东、四川等粮食主产省安排中央财政资金 5 000 万元。

(3)山西、福建、广西、海南、重庆、云南、陕西等非粮食主产省(区)安排中央财政资金 4 000 万元。

八、扶持政策及申报数量

(1)按照三年规划、分年实施的方式。

(2)中央财政从农村综合改革转移支付资金、现代农业生产发展资金、农业综合开发补助资金中统筹安排。

(3)每个试点省份安排试点项目 12 个。

(4)采取资金整合、先建后补、以奖代补、政府与社会资本合作、政府引导基金等方式。

(5)试点项目每年经财政部年度考核评价合格之后,继续安排中央财政资金支持。对试点效果不理想的,将不再安排资金支持。

九、申报项目规划及实施方案编制大纲

(1)拟建设田园综合体的基本情况、目标任务、区域功能布局、主要建设内容和任务。

(2)水土资源开发和生态环境保护情况;项目建设、管理和运营体制机制。

(3)投资估算与资金筹措方案;资源环境评估分析;政策保障措施等内容。

十、田园综合体申报流程

(1)收集资料,形成定位,上报县(区)级人民政府。

(2)编写投资估算和年度实施方案,上报市级财政局农发办。

(3)编制项目研究和概念方案,上报省级财政厅农发办。

(4)参与答辩评审(确立省级田园综合体,确立国家级田园综合体)。

(5)确立田园综合体试点。

第三节　农村产业融合发展示范园项目

一、农村产业融合发展示范园的含义

农村产业融合发展示范园是指在一定区域范围内,农村一二三产业融合特色鲜明、融合模式清晰、产业集聚发展、利益联结紧密、配套服务完善、组织管理高效,具有较强示范作用,发展经验具备复制推广价值,且经国家认定的园区。

二、开展农村产业融合发展示范园项目的内容

(1)支持农村产业融合发展项目,促进产业兴村强县和信息进村入户,扶持一批带动力强、影响力大、能让更多农民分享全产业链增值收益的融合发展主体。

(2)以农村创业创新园区(基地)为平台,为创业创新主体提供场所和高效便捷的服务。

(3)推动初加工、精深加工、综合利用加工协调发展。通过金融服务、物流配送、电子商务、休闲农业和乡村旅游等新产业、新业态、新模式拓宽产业融合发展途径。

(4)鼓励支持企业将资金、设备、技术与农户的土地经营权等要素有机结合,为农户提供种养技术、产品营销、商品化处理等服务,实现信息互通、优势互补。

(5)推进农产品加工流通、休闲旅游、电子商务、投资贸易、展示展销等平台建设,通过政府购买服务等方式为企业提供政策咨询、融资信息、人才对接等公共服务。

(6)培育一批产业深度融合的现代农业产业园、科技创业园、农产品精深加工示范基地和农产品加工园区,促进产园(产城、产镇、产村)融合发展。

(7)推介一批农产品加工业发展典型和休闲农业与乡村旅游示范县、精品线路和景点、美丽休闲乡村、农村创业创新典型县、优秀带头人和企业家典型,充分发挥其辐射带动和示范引领作用。

三、创建类型、数量、条件与程序

1. 创建类型

各地要结合本地区实际,充分挖掘地域特色,围绕农业内部融合、产业链延伸、功能拓展、新技术渗透、产业融合、多业态复合六种类型,有针对性地创建农村产业融合发展示范园。为统筹整合资源,强化示范效应,已认定或正在创建的农业科技园等园区,符合条件的也可申请创建农村产业融合发展示范园。为提高示范园创建的多样性,确保多出经验,避免类型过于单一或雷同,各省(区、市)要尽可能选择不同类型进行试点示范,每种类型最多选择 1 个。

2. 创建数量

2023 年全国创建 50 个国家现代农业产业园、40 个优势特色产业集群和 200 个农业产业强镇的农业产业发展项目。

3. 创建条件

国家农村产业融合发展示范园原则上由县级政府申报创建,对隶属于地市级政府的项目应由地市级政府申报创建,每个县(市、区、旗、农场)或地市政府只能申报创建 1 个国家农村产业融合发展示范园。申报创建国家农村产业融合发展示范园应符合以下基本条件:申报县(市、区、旗、农场)或地市政府高度重视农村产业融合发展工作,已成立由主要领导挂帅的领导小组,新产业新业态发展具备一定基础,且建设示范园的意愿积极,示范园发展思路清晰、功能定位明确,规划布局合理、建设水平领先,产业特色鲜明、融合模式新颖,配套设施完善、组织管理高效,利益联结紧密、示范作用显著。具体创建条件由各省(区、市)根据上述要求,结合本地实际细化确定。同等条件下,优先支持农村产业融合发展试点示范县创建农村产业融合发展示范园。

4. 创建程序

由县（市、区、旗、农场）或地市政府根据本省（区、市）创建条件，组织承建单位编制国家农村产业融合发展示范园创建方案，评审确定最优项目后，向省级发展改革委提出创建申请。省级发展改革委组织相关部门或专家对创建方案进行评审，按照竞争性选拔原则和本省（区、市）示范园控制数量，择优确定示范园名单，并上报国家发展改革委，国家发展改革委汇总后会同有关部门公布创建名单。按照"当年先创建、翌年再认定"的原则，由县（市、区、旗、农场）或地市政府根据国家有关部门公布的示范园名单，按照省级发展改革委评审通过的创建方案，组织开展示范园创建工作。创建工作满一年后，由省级发展改革委会同有关部门组织验收并将验收结果上报国家发展改革委，国家发展改革委会同有关部门对验收合格的正式认定为国家农村产业融合发展示范园，对示范效果不显著、验收不合格的不予认定并撤销创建资格，同时在下批次组织申报示范园创建工作时，相应减少该省（区、市）名额。

四、保障措施

1. 加大项目资金支持力度

鼓励县（市、区、旗、农场）或地市政府以国家农村产业融合发展示范园为重点，在不改变资金用途和管理要求的基础上，统筹利用各项涉农资金支持示范园符合条件的项目建设，完善示范园供水、供电、道路、通信、仓储物流、垃圾污水处理等设施条件。鼓励地方各级政府安排资金，支持农村产业融合发展示范园基础设施建设。

2. 优先支持发行企业债券

支持国家农村产业融合发展园区的入园农业产业化龙头企业发行农村产业融合发展专项企业债券，为园区基础设施建设、新型农业经营主体发展开拓长期、稳定、规模化的融资渠道。支持农村产业融合发展示范园以小微企业增信集合债券形式发行农村产业融合发展专项企业债券，募集资金用于农村产业融合小微企业发展。

3. 鼓励设立产业投资基金

鼓励有条件的地方，根据发展需要与财力，按照市场化方式，依法发起设立产业投资基金，按照市场运作、专业管理、科学决策、防范风险的原则，吸引和带动社会资本、金融机构、国有企业参与投资，加大对国家农村产业融合发展示范园的投入力度，充分发挥政府资金的引导作用和放大效应。

4. 鼓励地方加大融资支持

鼓励各地引导银行业金融机构加大对国家农村产业融合发展示范园入园企业的贷款投放。鼓励各地建立健全"政银担"合作机制，引导担保机构为国家农村产业融合发展示范园入园企业贷款、发行企业债券等进行担保增信，建立 7 项多层次风险缓释措施和风险分担机制。

5. 完善用地保障机制

根据农村产业融合发展用地政策，指导各地在农村产业融合发展示范园建设中做好用地保障工作。将农村产业融合发展示范园纳入土地利用总体规划统筹安排，在年度土地利用计划安排中予以支持，并通过城乡建设用地增减挂钩、工矿废弃地复垦利用、依法利用存量建设用地等途径，多渠道保障示范园用地需求。针对休闲农业、设施农业等不同类型项目，实施差别化的土地用途管制政策。

6. 支持政府与社会资本合作

支持县(市、区、旗、农场)或地市政府创新农村产业融合发展示范园建管模式,通过政府和社会资本合作等方式建设农村产业融合发展示范园,撬动更多金融和社会资本投入示范园建设和运营。

7. 加强产业融合公共服务

搭建农村综合性信息化服务平台,提供电子商务、休闲农业与乡村旅游、农业物联网、价格信息、公共营销等服务。优化创业孵化平台,提供设计、创意、技术、市场、融资等定制化解决方案等服务。建设农村产权流转交易市场,促进农村承包土地经营权依法有序流转。

五、认定原则

当年先创建、翌年再认定。

六、相关部门

国家发展改革委会同农业农村部、工业和信息化部、财政部、自然资源部、商务部、文化和旅游部等有关部门,对示范园创建认定进行宏观指导,统筹示范园的创建申报、评审认定、检查考核等工作。各级发展改革部门牵头负责示范园创建、认定、管理的组织工作。

七、申报主体

原则上是县(市)级政府。

八、申报条件

(1)高度重视农村产业融合发展工作,已成立由本级政府主要领导挂帅的领导小组,并明确具体的示范园管理机构。

(2)具备较好的产业融合发展基础或特色产业优势,且建设示范园的意愿明确。

(3)示范园发展思路清晰、功能定位明确,用地符合国土空间规划(土地利用总体规划)、建设水平领先,产业特色鲜明、融合模式新颖,配套设施完善、组织管理高效,利益联结紧密,对区域内农民有较强的增收带动效应,具有较强的示范、引导和带动作用。

(4)各省(区、市)根据上述要求,结合本地实际细化确定的具体创建条件。

九、申报数量

上一年度农林牧渔业总产值超过 5 000 亿元的省(区、市)每年创建数量不超过 5 个(含上年未通过认定但保留创建资格的示范园,下同),其他省(区、市)不超过 3 个,直辖市和新疆生产建设兵团不超过 2 个,计划单列市不超过 1 个。

十、申报程序

(1)示范园所隶属的县(市、区、旗、农场)或地市政府根据本省(区、市)创建条件,组织示范园创建牵头单位编制示范园创建方案,并由县级或地市政府审定后,向省发展改革委提出创建申请。

(2)省级发展改革委会同相关部门组织专家对创建方案进行评审,按照竞争性选拔原则和本省(区、市)示范园控制数量,择优确定示范园名单,联合上报国家发展改革委、农业农村部、工业和信息化部、财政部、自然资源部、商务部、文化和旅游部等部门。

(3)国家发展改革委会同农业农村部、工业和信息化部、财政部、自然资源部、商务部、文化和旅游部汇总审核后公布创建名单。

十一、申报材料

(1)示范园创建申报书。

(2)示范园创建实施方案。

(3)其他相关配套材料。

十二、政策支持

(1)示范园所在县(市、区、旗、农场)或地市政府,以示范园为重点,在不改变资金用途和管理要求的基础上,统筹利用各项涉农资金支持示范园符合条件的项目建设,完善示范园供水、供电、道路、通信、仓储物流、垃圾污水处理、环境美化绿化等设施条件。鼓励地方各级政府优先安排资金,支持示范园基础设施和公共服务平台建设。

(2)示范园入园农业产业化龙头企业,可以优先申报发行农村产业融合发展专项企业债券。入园小微企业可以增信集合债券形式发行农村产业融合发展专项企业债券。

(3)示范园用地在年度土地利用计划安排上予以倾斜支持,依法依规办理用地手续;鼓励按照国家有关规定,通过城乡建设用地增减挂钩、工矿废弃地复垦利用、依法利用存量建设用地等途径,多渠道保障示范园用地需求。

模块巩固

1. 简述新型农业社会化服务体系的含义。
2. 新型农业社会化服务体系主体包括哪些对象?
3. 简述农业产业化国家重点龙头企业的申报条件。
4. 简述国家农民合作社示范社的申报主要标准。
5. 简述农业产业化经营的主要特征。
6. 简述农业产业化经营的主要模式。
7. 简述国家针对农业产业化支持的主要政策。
8. 简述地理标志农产品保护政策的主要内容。
9. 简要说明现代农业产业园的三大作用。
10. 现代农业园的主要特征是什么?
11. 简述田园综合体的定义。
12. 农村产业融合发展示范园项目有哪些保障措施?

模块四 农村保障扶持政策

项目十三　农业金融政策

第一节　常见农村金融机构

受二元经济结构的长期制约影响，我国农村经济发展水平仍然严重滞后，城乡经济发展差距仍然较大，城乡金融资源配置不平衡的矛盾仍然十分突出。农村金融体系不完善、体制机制不健全、机构功能不完备、基础设施不到位等问题使得我国农村金融成为整个金融体系的“短板”，难以满足农村金融服务多样化的需求和社会主义新农村建设的需要。因此，培育分工合理、投资多元、功能完善、服务高效的新型农村金融机构，建设多层次、广覆盖、可持续的农村金融体系已迫在眉睫。通过了解我国新型农村金融机构的成立背景、机构特点和优势，使农民能够结合自身需求去选择合适的金融机构，及时获得所需资金。

中国银行保险监督管理委员会发布的《关于调整放宽农村地区银行业金融机构准入政策更好支持社会主义新农村建设的若干意见》(银监发〔2006〕90号)，指出要在农村地区按有关规定设立村镇银行、小额贷款公司等新型农村金融机构。这些新型农村金融机构相互配合，各有特色，共同推动农村金融的发展。

一、村镇银行

村镇银行是指经中国银行保险监督管理委员会依据有关法律、法规批准，由境内外金融机构、境内非金融机构企业法人、境内自然人出资，在农村地区设立的主要为当地农民、农业和农村经济发展提供金融服务的银行业金融机构。

(一)村镇银行的特点

1. 地域和准入门槛

村镇银行的一个重要特点就是机构设置在县、乡镇，根据《村镇银行管理暂行规定》，在地(市)设立的村镇银行，注册资本不低于人民币5 000万元；在县(市)设立的村镇银行，注册资本不得低于300万元；在乡(镇)设立的村镇银行，其注册资本不得低于100万元。

2. 市场定位

村镇银行的市场定位主要在两个方面:一是满足农户的小额贷款需求,二是服务当地中小型企业。为有效满足当地"三农"发展需要,确保村镇银行服务"三农"政策的贯彻实施,在《村镇银行管理暂行规定》中明确要求村镇银行不得发放异地贷款,在缴纳存款准备金后其可用资金应全部投入当地农村发展建设,然后才可将富余资金投入其他方面。

3. 治理结构

作为独立的企业法人,村镇银行根据现代企业的组织标准建立和设置组织构架,同时按照"科学运行、有效治理"的原则,村镇银行的管理结构应是扁平化的,管理层次少、中间不易断开或时滞,决策链条短、反应速度相对较快,业务流程结构与农业产业的金融资金要求较为贴合。

4. 发起人制度和产权结构

村镇银行的创新之处"发起人制度"是指银保监会规定,必须有一家符合监管条件,管理规范、经营效益好的商业银行作为主要发起银行并且单一金融机构的股东持股比例不得低于20%,此外,单一非金融机构企业法人及其关联方持股比例不得超过10%。后来为了鼓励民间资本投资村镇银行,银保监会于2012年5月出台的《关于鼓励和引导民间资本进入银行业的实施意见》(银监发〔2012〕27号),将主发起行的最低持股比例降至15%,进一步促进了村镇银行多元化的产权结构。

(二)村镇银行经营的业务

经银监分局或所在城市银监局批准,村镇银行可经营以下业务。

一是吸收公众存款;二是发放短期、中期和长期贷款;三是办理国内结算;四是办理票据承兑与贴现;五是从事同业拆借,从事银行卡业务;六是代理发行、代理兑付、承销政府债券;七是代理收付款项及代理保险业务;八是经银行业监督管理机构批准的其他业务。

按照国家有关规定,村镇银行还可代理政策性银行、商业银行、保险公司、证券公司等金融机构的业务。

(三)村镇银行与商业银行的区别

村镇银行主要为当地农民、农业和农村经济发展提供金融服务。区别于商业银行的分支机构,村镇银行信贷措施灵活、决策快。村镇银行是独立法人机构,组织机构扁平化,且专门服务一个地区,信贷申请流程相比商业银行更加灵活、快捷。以小额信贷为例,村镇银行小额信贷往往在3天左右就可以得到贷款,如有特殊情况时间可以更短,而一般商业银行需要一周左右。

(四)申请贷款

1. 申请贷款的基本条件

具有本地常住户口或本地有效居住身份;有稳定、合法的收入来源,有按期偿还贷款本息的能力;遵纪守法,品德优良,个人资信状况良好,没有不良信用记录;能够提供村镇银行认可的担保或具备村镇银行认可的信用资格。经资格审查合格的,经办人员应向客户介绍村镇银行信贷条件及有关规定,协商具体信贷业务事宜。对不符合规定的,应婉言拒绝申请并做出解释。

2. 客户应提交的申请材料

一是所申请贷款的借款申请书。二是申请人的身份证明材料，包括有效身份证件、户口簿、居住证明等。有配偶的，应同时要求申请人提交婚姻状况证明、配偶的身份证明材料。三是申请人的工作单位及收入证明材料，应结合当地情况，取得能反映申请人实际还款能力的凭据，如政府机关、事业单位、知名企业等人事制度管理规范、收入水平较高的组织机构，开具的个人工资收入证明、个人所得税完税凭证、交缴公积金证明、个体业主的营业执照及纳税凭证等。四是所申请的贷款要求提供担保的，还应提交担保材料。五是村镇银行要求提供的其他材料。

3. 办理流程

(1)受理阶段。借款人需要使用信贷业务，可向村镇银行的营业点或网上银行提出申请，借款人在申请贷款时，应当填写包括借款金额、借款用途、偿还能力及还款方式等主要内容的申请书，并提供相关的申请资料。受理人员依据有关法律法规、规章制度及农合机构的风险管理制度审查客户的资格及其提供的申请材料，决定客户的信贷业务申请。

(2)调查评价阶段。受理完成后，进入调查评价阶段，根据客户的申请，村镇银行将全面综合评价客户的资信状况，信贷业务的合法性、安全性、盈利性等情况，信贷业务的担保状况，信贷业务的风险状况等。

(3)审批发放阶段。经调查评价合格的信贷业务，审批人员依据该笔信贷业务的效益和风险进行审批。经审批同意发放的信贷业务，在落实使用条件后，签订合同，向客户支用该笔信贷业务。

(4)贷后管理阶段。村镇银行将对客户执行合同情况、客户的经营情况进行追踪调查和检查，直到该笔信贷业务结束为止。

二、小额信贷公司

小额贷款公司是由自然人、企业法人与其他社会组织投资设立，不吸收公众存款，经营小额贷款业务的有限责任公司或股份有限公司。与银行相比，小额贷款公司更为便捷、迅速，适合中小企业、个体工商户的资金需求；与民间借贷相比，小额贷款更加规范、贷款利息可双方协商。

(一)小额信贷公司的特征

1. 只贷不存

区别于一般的银行，小额信贷公司只能发放贷款，而不能吸收存款。资金来源只能来自有限股东(有限责任公司的股东不超过 50 名，股份有限公司的股东不超过 200 名)的自有资金、捐赠资金或单一来源的批发资金。

2. 利率放开

取消对贷款利率的管制，各家小额信贷公司可以根据自己的经营情况自行浮动小额信贷利率，但最高不能超过人民银行基准利率的 4 倍，最低利率不得低于基准利率的 90％。假如央行将一年以内(含一年)的贷款基准利率定为 5.35％，小额信贷公司同期贷款利率水平最高不得超过 21.4％，最低不得低于 4.815％。

3. 服务“三农”

小额信贷公司是服务“三农”的贷款服务组织，必须在坚持为农民、农业和农村经济发展服务的原则下选择贷款对象。

4. 区域限制

小额信贷公司只能针对所在的行政区域发放小额信贷，原则上不能跨区。

（二）小额信贷公司的优势

1. 程序简单、放贷过程快、手续简便

小额贷款公司贷款程序简单，贷款按照客户申请、受理与调查、核实抵押情况、担保情况、贷款委员会审批、签订借款合同、发放贷款、贷款本息收回等管理。一般在贷款受理之日起7天内办理完毕，比在银行贷款方便，也比较快捷，相比民间借贷，利息要低很多。

2. 还款方式灵活

按月等额还本付息、按季结息到期还本、到期一次性还本付息或分两次还本付息等多种灵活的还款付息方式。

3. 营销模式灵活

小额贷款公司在风险可控情况下实行不评级、不授信的营销形式，打破了长期以来商业银行等正规金融机构的经营方式，具有方式简便、高效快捷的特点，有利于中小企业及时获得信贷支持，缓解中小企业及个体工商户的短期融资困难，一定程度上弥补了银行贷款和民间借贷之间的不足。

4. 小额贷款公司贷款质量高

小额贷款公司贷款质量高，是因为小额贷款公司贷出的资金几乎全部是股东的自有资金，所以对贷款项目的审查就更为谨慎；由于小额贷款公司是私人经营，主要在当地放款，能充分了解借款人及用途，所以对风险控制有一定好处。

5. 小额贷款社会风险小

小额贷款公司不非法集资、不放高利贷、不用社会闲散人员收贷。其集资、放贷、收贷都有自己的执行办法，而且只贷不存，不涉及公众存款问题，社会风险小。

（三）小额信贷公司的贷款流程

1. 申请受理

借款人将小额贷款申请提交给小额贷款机构之后，由经办人员向借款人介绍小额贷款的申请条件、期限等，同时对借款人的条件、资格及申请材料进行初审。

2. 再审核

经办人员根据有关规定，采取合理的手段对客户提交材料的真实性进行审核，评价申请人的还款能力和还款意愿。

3. 审批

由有权审批人根据客户的信用等级、经济情况、信用情况和保证情况，最终审批确定客户的综合授信额度和额度有效期。

4. 发放

落实放款条件之后,客户根据用款需求,随时向贷款行申请支用额度。

5. 贷后管理

小额信贷公司按照贷款管理的有关规定对借款人的收入状况、贷款的使用情况等进行监督检查,检查结果要有书面记录,并归档保存。

6. 贷款回收

根据借款合同约定的还款计划、还款日期,借款人在还款到期日及时足额偿还本息,到此小额贷款流程结束。

不同公司小额贷款规定可能会略有不同,要求提交的资料可能也不尽相同,有些公司为了规避贷款风险都会要求贷款者满足一定的条件,如年龄条件、收入水平以及还贷能力等。

三、担保公司

担保公司是担负个人或中小企业信用担保职能的专业机构,通过有偿出借自身信用资源、防控信用风险来获取经济与社会效益。

个人或企业在向银行借款的时候,银行为了降低风险,不直接放款给个人,而是要求借款人找到第三方(担保公司或资质好的个人)为其做担保。担保公司会根据银行的要求,让借款人出具相关的资质证明进行审核,之后将审核好的资料交到银行,银行复核后放款,担保公司收取相应的服务费用。

(一)担保公司的成立条件

1. 担保公司注册需要满足的条件

一是满足注册资本最低限额(实缴货币资本500万元人民币;从事再担保业务的融资性担保公司1亿元,并连续营业两年以上);二是有符合要求的经营场所;三是符合法律规定的公司章程;四是有熟悉金融及相关业务的管理和评估人员。

2. 申请成立时需要向公司登记机关提交的文件

一是设立公司的申请报告(机构名称、注册资本金来源、经营场所、经营范围);二是公司章程;三是工商行政管理部门核发的企业名称预先审核通知书;四是各股东协议书。

(二)担保公司的优势

1. 门槛低

银行小额贷款的营销成本较高,小企业向银行直接申请贷款受理较难,造成小企业有融资需求时往往会向担保机构等融资机构求救,担保机构选择客户的成本比较低,从中选择优质项目推荐给合作银行,提高融资的成功率,就会降低银行小额贷款的营销成本。

2. 风险低

在贷款的风险控制方面,银行不愿在小额贷款上投放,主要因为银行此类贷款的管理成本较高,而收益并不明显,对于这类贷款,担保机构可以通过优化贷中管理流程,形成对于小额贷后管理的个性化服务,分担银行的管理成本,免去银行后顾之忧。

事后风险释放,担保机构的优势更是无可替代,银行直贷的项目出现风险,处置抵押物往往周期长,诉讼成本高,变现性不佳。担保机构的现金代偿,大大解决了银行处置难的问题,有些担保机构做到1个月(投资担保甚至3天)贷款逾期即代偿,使银行不良贷款及时得到消除,之后由担保机构通过比银行更加灵活的处理手段进行风险化解。

3. 速度快

银行固有的贷款流程模式造成中小企业主大量的时间浪费;而担保公司恰恰表现出灵活多变的为不同企业设计专用的融资方案模式,大大节省了企业主的时间与精力,能迎合企业主急用资金的需求。

(三)担保公司的业务流程

1. 申请

客户提出贷款担保申请。

2. 考察

考察客户的经营情况、财务情况、抵押资产情况、纳税情况、信用情况、企业主情况,初步确定担保与否。

3. 沟通

与贷款银行沟通,进一步掌握银行提供的客户信息,明确银行拟贷款的金额和期限。

4. 担保

与客户签订担保及反担保协议,办理资产抵押及登记等法律手续,并与贷款银行签订保证合同,正式与银行、客户确立担保关系。

5. 放贷

银行在审查担保的基础上向客户发放贷款,同时向客户收取担保费用。

6. 跟踪

跟踪客户的贷款使用情况和运营情况,通过客户季度纳税、用电量、现金流的增长或减少跟踪考察经营状况。

7. 提示

客户还贷前一个月,预先提示,以便客户提早做好还贷准备,保证客户资金流的正常运转。

8. 解除

凭客户的银行还款单,解除抵押登记,解除与银行、客户的担保关系。

9. 记录

记录本次担保的信用情况,分为正常、不正常、逾期、坏账四个档次,为后续担保提供信用记录。

10. 归档

将与银行、客户签订的各种协议以及还贷后的凭证、解除担保的凭证等整理归档、封存,以备今后查档。

第二节 农村信用合作社

农村信用社作为农村金融的重要组成部分，在我国金融体系中的位置和作用是无可替代的，是农村金融体制改革的客观要求，是新农村建设重要的金融动力，是农村经济可持续发展的客观需求，为"三农"和农村经济、社会的全面发展进步有效地提供金融支持和服务，对我国农村经济的发展和社会的稳定具有重要作用。通过了解农村信用社的发展变化过程，可以掌握农村信用社提供的产品服务种类以及申请方法。

农村信用社提供多样化的业务活动和全方位的金融服务，能够稳定社区的货币流通秩序，控制和消除社区内的不法金融及高利贷行为。对农民来说，了解农村信用社的性质，掌握农村信用社的产品、服务以及申请方式非常有必要。

一、农村信用合作社的信贷产品

农村信用合作社（农村信用社、农信社）是指经中国人民银行批准设立、由社员入股组成、实行民主管理、主要为社员提供金融服务的农村合作金融机构。

农村信用社是中国金融体系的重要组成部分，主要任务是筹集农村闲散资金，为农业、农民和农村经济发展提供金融服务。同时，组织和调节农村基金，支持农业生产和农村综合发展，支持各种形式的合作经济和社员家庭经济，限制和打击高利贷。

二、农村信用合作社的存款业务

（一）个人存款业务

1. 活期储蓄存款

活期储蓄存款是一种无固定期限、开户后可随时存取、十分灵活的储蓄存款品种，适用于个人日常生活中暂时不用和其他短期内待用资金的存储。

个人结算户存款是个人活期存款账户的一种，不仅包含一般储蓄账户的功能，还具有资金支付结算功能，具有异地汇兑等便利。

2. 整存整取定期储蓄存款

整存整取定期储蓄存款是一种开户时约定存期、一次存入、到期支取本息的储蓄存款品种。整存整取定期储蓄数字明确，利于计划实施。适宜于个人较长时间闲置资金的存储。如买农机具、供子女上学、攒钱买房、防病养老等。

3. 零存整取定期储蓄存款

零存整取定期储蓄存款是一种开户时约定存期、固定存额、每月存入一次、到期一次性支取本息的储蓄存款品种。零存整取定期储蓄适合农村中多数在外打工的中青年人，每月有较固定收入来源者。

4. 存本取息定期储蓄存款

存本取息定期储蓄存款是一种开户时约定存期、本金一次存入、按约定期限分次支取利息、到期一次性支取本金的储蓄存款品种。存本取息定期储蓄适合退休回农村有养老金和抚恤金的老人，可以定期得到一笔较为固定的利息收入，有利于安排好家庭生活。

5. 定活两便储蓄存款

定活两便储蓄存款是一种不确定存期、可以随时支取、利率按实际存期确定、介于活期存款和定期存款之间的储蓄存款品种。定活两便储蓄，灵活机动，收益颇丰。既有活期储蓄的灵活方便，又达到一定存期享受比活期储蓄高的利息。适合有部分资金难以掌握用途时选用，既可在用钱时随时支取，又可在不用钱时获得较多利息。

6. 教育储蓄

以在校读书小孩名义存款的一种储蓄品种，享受免所得税的优惠政策。教育储蓄积少成多，适合为子女积累学费，培养理财习惯。

（二）单位存款业务

1. 单位活期存款

单位活期存款是在开户时不约定存款期限、可以随时存取、按规定的存款利率计付利息的一种存款品种。账户选择：基本存款账户、一般存款账户、专用存款账户、临时存款账户。

2. 单位通知存款

单位通知存款是一种在开户时不约定存期，本金一次存入，支取时需提前通知农村信用社营业网点，约定取款日期及金额，按实际存期和规定的利率计付利息，利随本清的一种定期类存款品种。

3. 单位协定存款

单位协定存款是单位与开户行签订存款合同，双方约定期限、商定结算账户需保留的基本存款额度，超过基本存款额度的资金转入协定户，协定户下的存款享受协议优惠利率的一种存款。

4. 单位协议存款

单位协议存款是单位与农村信用社（合作银行）签订协议，在农村信用社（合作银行）存入的金额大、期限长的一种定期存款品种。

三、如何通过农村信用合作社获得资金

农村信用社所属地区不同、贷款的种类不一样，相应的程序和手续也有所不同，信用贷款、质押贷款和抵押贷款的程序、手续都略有区别，但基本程序大致一样。

（一）申请贷款的条件

1. 农户

一是居住在农村信用合作社服务区域内；二是具有完全民事行为能力；三是未涉及经济纠纷，信誉良好，无不良信用记录；四是从事的产业具有一定规模且前景良好；五是有稳定收入来源，具备清偿贷款本息的能力；六是在农村信用社开立个人结算账户。

2. 个体商户

一是经工商行政管理部门批准登记注册，以自购商铺为固定经营场所，或虽无自有商铺但与有关业主形成了稳固的长期租赁关系的商户；二是资信良好，无不良记录，未涉及经济纠纷；三是从事产业符合国家产业政策；四是有合法可靠的经济来源，具有清偿贷款本息的能力；五是在农村信用社开立了基本账户（或个人结算账户），自愿接受农村信用社监督，能够如实向农村信用社提供有关经营活动的情况。

3. 企业

一是经工商行政管理部门核准登记注册，具有独立法人资格；二是企业之间相互了解信任、规模实力相当；三是企业具有完善的管理规章制度和规范的财务核算基础；四是产权明晰，已开业并正常经营6个月以上，经济效益良好，资产负债率低于60%，偿债能力较强；五是企业及股东、高层管理人员近3年内没有不良信用记录；六是重合同、讲诚信、有良好的商业信誉，无不良信用记录；七是原则上在所辖农村信用社开立了基本结算账户；八是从事产业符合国家产业政策和相关法律法规，特殊行业的应有特殊行业许可证。

（二）农村信用社的贷款程序

1. 受理阶段

借款人需要使用信贷业务，可向农合机构的营业点或网上银行提出申请，借款人在申请贷款时，应当填写包括借款金额、借款用途、偿还能力及还款方式等主要内容的申请书，并提供相关的申请资料。受理人员依据有关法律法规、规章制度及农合机构的风险管理制度审查客户的资格及其提供的申请材料，决定客户的信贷业务申请。

2. 调查评价阶段

受理完成后，进入调查评价阶段，根据客户的申请，农合机构将全面综合评价客户的资信状况，信贷业务的合法性、安全性、盈利性等情况，信贷业务的担保状况，信贷业务的风险状况等。

3. 审批发放阶段

经调查评价合格的信贷业务，审批人员依据该笔信贷业务的效益和风险进行审批。经审批同意发放的信贷业务，在落实使用条件后，签订合同，向客户支用该笔信贷业务。

4. 贷后管理阶段

农合机构将对客户执行合同情况、客户的经营情况进行追踪调查和检查，直到该笔信贷业务结束为止。

第三节　农村合作金融

我国农村正规金融供给严重不足，“三农”领域尤其是农村弱势群体的资金需求难以得到满足，导致农村民间借贷现象十分普遍。农村合作金融的发展对解决弱势农民的金融需求及规范农村民间借贷具有重要的作用。

一、认识农村合作金融

(一)农村合作金融的概念

农村合作金融是人们在农村经济与社会活动中,为改善生产和生活条件、获取融资服务,按照自愿入股、民主管理、互助互利的原则组织起来的一种信用活动形式。它既是我国合作经济的有机组成部分,又是我国金融体系的重要一环。

农村合作金融的本质就是以农民为典型代表的群体通过自愿结合的方式联合起来,由社员投入股金,以资金互助合作的方式为成员提供金融服务。合作金融不以赢利为目标。合作金融主要为社员服务,一般不会大量地为非社员服务,盈余一般用于按交易量返还赢利、弥补亏损、不可分割的公积金、股息分红等。

(二)农村合作金融的作用

1. 支付中介

这种作用体现在为农村经济主体提供便利的交换媒介上。通过向农村经济主体提供货币作为交换媒介,使其以更低的成本和更高的效率获取商品和劳务。

2. 信用筹集和分配资源

首先是为农村经济主体筹集资金或协助其筹资,通过这个功能,可以使农村经济主体实现现在与未来的利益交换。其次是在农村内部及城乡之间融通资金。

3. 管理风险

由于农村合作金融自身的独特性,合作金融能够提供风险分散和风险转移的方法。

4. 互惠合作

由于农村合作金融组织自身不以赢利为目标,而是把成员的利益放在第一位,能充分体现成员间的互助互惠功能。另外,由于农村合作金融组织所具有金融行业的特性,能够更多、更快地获取各种信息与知识,并且更加贴近乡土、贴近农户,能够把这些信息与知识及时地提供给成员,促进彼此的合作与经济福利提升。

(三)发展农村合作金融的重要性

1. 规范农村合作金融是我国农业发展的需要

一是确保农村资金支持农村各产业特别是农业的发展。二是推动农村合作事业的发展。农村合作金融不仅具有引导小生产进入市场的功能,而且通过对农业相关产业的支持,把农村经济引向产业化、集约化、现代化的快速轨道。三是有利于增加农民收入。

2. 农村合作金融的存在和发展是市场进一步发展的需要

农村合作金融通过层层合作变小资本为大资本,变小生产为大生产,并且市场经济越发展,合作的层次也越高,规模也就越大,通过合作,将小生产和大生产结合起来,促进市场经济持续、稳定发展。

3. 农村合作金融是金融体系中不可或缺的组成部分

在各种金融组织中,能提供短期融资服务的金融组织有政策性组织和商业银行,但它们无法取代合作金融的短期信贷功能。政策性银行虽然也是为支持经济平衡发展而运作,但它主要着眼于宏观方面,扶持的是全地区乃至全国的重要事业,很少具体到单户农业经营者。而商业银行从市场原则出发,要求借款人有较高的经济实力和效益,不是低层次市场主体所能达到的。另外,商业银行不能满足分散、零星客户的小额临时资金需要。合作金融的建立正是为了解决政策性银行和商业银行所不能及或不好办的农户生产经营资金问题。

二、当前农村合作金融的类型

农村合作金融体系分为正规农村合作金融体系和非正规农村合作金融体系。正规农村合作金融体系主要包括农村信用合作社和农村资金互助社,非正规农村合作金融体系主要是合乎法律的民间私人借贷。

(一)农村资金互助社

农村资金互助社是指经银行业监督管理机构批准,由乡(镇)、行政村农民和农村小企业自愿入股组成,为社员提供存款、贷款、结算等业务的社区互助性银行业金融机构。

1. 设立条件

农村资金互助社应在农村地区的乡(镇)和行政村以发起方式设立。其名称由所在地行政区划、字号、行业和组织形式依次组成。设立农村资金互助社应符合以下条件:一是有符合法律法规的章程;二是有 10 名以上符合规定要求的发起人;三是有符合规定要求的注册资本;四是有符合任职资格的理事、经理和具备从业条件的工作人员;五是有符合条件的营业场所,安全防范设施和与业务有关的其他设施;六是有符合规定的组织机构和管理制度;七是符合银行业监管部门规定的其他条件。

2. 经营模式

农村资金互助社以吸收社员存款、接受社会捐赠资金和同其他银行业金融机构融入资金作为资金来源。农村资金互助社的资金主要用于发放社员贷款,满足社员贷款需求后确有富余的可存放其他银行金融机构,也可购买国债和金融债券。不得向非社员吸收存款、发放贷款及办理其他金融业务,不得以该社资产为其他单位或个人提供担保。农村资金互助社可以办理结算业务,并按有关规定开办各类代理业务。

农村资金互助社审慎经营,严格进行风险管理:资本充足率不得低于 8%;对单一社员的贷款总额不得超过资本净额的 15%;对单一农村小企业社员及其关联企业社员、单一农民社员及其在同一户口簿上的其他社员贷款总额不得超过资本净额的 20%;对前十大户贷款总额不得超过资本净额的 50%;资产损失准备充足率不得低于 100%;银行业监督管理机构规定的其他审慎要求。

农村资金互助社执行国家有关金融企业的财务制度和会计准则,设置会计科目和法定会计账册,进行会计核算,提取呆账准备金,进行利润分配,在分配中应体现多积累和可持续的原则。

3. 入股条件

农村资金互助社社员是指符合本规定要求的入股条件，承认并遵守章程，向农村资金互助社入股的农民及农村小企业。农民和农村小企业入股条件如下：

(1)农民入股条件。一是具有完全民事行为能力(完全民事行为能力是指法律赋予达到一定年龄和智力状态正常的公民通过自己独立的行为进行民事活动的能力)；二是户口所在地或经常居住地(本地有固定住所且居住满 3 年)在入股资金互助社所在乡镇或行政村内；三是入股资金为自有资金且来源合法，达到规定的入股金额起点(单个农民持股比例不得超过资金互助社股本总额的 10%，超过 5%的应经银行业监管部门批准)；四是诚实守信，声誉良好；五是银行业监督管理机构规定的其他条件。

(2)农村企业入股条件。一是注册地或主要营业场所在入股农村资金互助社所在行政区域；二是具有良好的信用记录；三是上一年度盈利；四是年终分配后净资产达到全部资产的 10%以上(合并会计报表口径)；五是入股资金为自有资金且来源合法，达到章程规定的入股金额起点(单个农村小企业持股比例不得超过资金互助社股本总额的 10%，超过 5%的应经银行业监管部门批准)；六是银行业监督管理机构规定的其他条件。

4. 农村资金互助社社员权利

一是参加社员大会，并享有表决权、选举权和被选举权，按照章程规定参加该社的民主管理；二是享受该社提供的各项服务；三是按照章程规定或者社员大会(社员代表大会)决议分享盈余；四是查阅该社的章程和社员大会(社员代表大会)、理事会、监事会的决议、财务会计报表及报告；五是向有关监督管理机构投诉和举报；六是章程规定的其他权利。

5. 农村资金互助社社员义务

一是执行社员大会(社员代表大会)的决议；二是向该社入股；三是按期足额偿还贷款本息；四是按照章程规定承担亏损；五是积极向本社反映情况，提供信息；六是章程规定的其他义务。

(二)合法的民间私人借贷

民间私人借贷是最普遍的一种非正规农村合作金融活动，多发生于相互熟识的人之间，具有典型的合作互助性质。这类金融活动借贷金额一般较小，随借随用，借贷利息和期限由双方协商决定。按照借贷活动偿还利率的高低不同可以划分为无息、低息和高息 3 种借贷形式。无息或低息借款一般发生在亲戚、朋友、乡亲和邻里之间的非营利性互助借款，借贷双方在长期的共同生活中建立起了彼此信任的关系，契约合同简单，主要用于农民治病、建房、子女结婚等生活开支。高息借款一般发生在非亲友间以盈利为目的的借贷，而且多发生在经济较为发达的地区，所筹资金主要用于扩大再生产，利率随季节性的资金需求浮动，往往高于银行同期利率 3～4 倍。这类金融交易虽然没有明确的合作性约定，但在性质上具有合作性。

三、如何通过农村合作金融获得资金

正规农村合作金融与非正规农村合作金融由于形式、特点等要素的不同，两者贷款方式也有着很大的不同。正规农村合作金融有较为完整的制度，对贷款有一系列详细的条件和规定，而非正规农村合作金融更多的是人与人之间的私下约定。

1. 农村资金互助社

宗旨是为社员提供金融服务，满足社员的金融需求，故从农村资金互助社申请贷款就必须先入股农村资金互助社，然后才能申请贷款。

2. 非正规农村合作金融

多是申请者与被申请者之间的私下约定。

(1)签订合同。民间借贷大多以“借据”的形式代替合同。由于借据过于简单，如果发生纠纷很难凭此处理。因此借贷双方最好签订正式的借贷合同，详细确定当事人的权利义务，以免留下后患。当然，如果当事人之间确实没有书面借据或合同，但双方都承认借贷一事的，可以确认双方借贷关系存在。

(2)利息约定。在民间借贷中，借贷双方最易产生矛盾的是利息问题。借贷双方可以根据借款的用途及其收益，共同约定一个合理的利率。利率可适当高于银行同类同期的贷款利率，但最高不得超过银行同类贷款利率的4倍(含利率本数)，超过部分的利息法律不予保护。如因利率约定不明而发生争议，可比照银行同类同期的贷款利率计算利息。对于“利滚利”的复利借贷和预扣高额利息的借贷，法律不予保护，只能收回本金。

为加快发展高效外向农业，提高农业产业化水平，促进农业增效、农民增收，鼓励和吸引多元化资本投资开发农业，鼓励投资者兴办农业龙头企业，鼓励科研、教学、推广单位到项目县基地实施重大技术推广项目，国家或有关部门对这些项目下拨专门指定用途或特殊用途的专项资金予以补助。这些专项资金都会要求进行单独核算，专款专用，不能挪作他用。补助的专项资金视项目承担的主体情况，分别采取直接补贴、定额补助、贷款贴息以及奖励等多种扶持方式。

第四节 农业保险

一、农业保险的含义

农业保险有广义和狭义之分。从广义上讲，农业保险是包括种植业、养殖业、农村财产在内的一种保险，也可以说是“三农”保险。从狭义上讲，农业保险是农业生产者以支付小额保险费为代价，把农业生产过程中由于灾害事故造成的农业财产损失转嫁给保险人的一种制度安排。简单地讲，农业保险就是以农作物和饲养动物为对象的一类保险。我们通常所说的农业保险是指狭义上的农业保险，即专为农业生产者在从事种植业和养殖业生产过程中，对遭受自然灾害和意外事故所造成的经济损失提供保障的一种保险。

农业保险与农村保险是两个不同的概念。农村保险是以地域命名，指在农村范围内举办的各种保险的总称，除含农业保险外，还包括乡镇企业、农业生产者的其他各种财产、人身保险。

二、农业保险的种类

农业保险按农业种类不同可分为种植业保险、养殖业保险；按危险性质可分为自然灾害损失保险、病虫害损失保险、疾病死亡保险、意外事故损失保险；按保险责任范围不同可分为基本责任险、综合责任险和一切险；按赔付办法可分为种植业损失险和收获险。

农业保险的保险标的包括农作物栽培（农业）、营造森林（林业）、畜禽饲养（畜牧业）、水产养殖、捕捞（渔业）以及农村中附属于农业生产活动的副业。

我国开办的农业保险主要险种有：农产品保险，生猪保险，牲畜保险，奶牛保险，耕牛保险，山羊保险，养鱼保险，养鹿、养鸭、养鸡等保险，对虾、蚌珍珠等保险，家禽综合保险，水稻、油菜、蔬菜保险，稻麦场、森林火灾保险，烤烟种植、西瓜雹灾、香梨收获、小麦冻害、棉花种植、棉田地膜覆盖雹灾等保险，苹果、鸭梨、烤烟保险等。

三、政策性农业保险

1. 政策性农业保险含义

我国农业保险属于政策性农业保险。政策性农业保险是指保险公司开展的由政府提供保费补贴的特定农作物、特定养殖品种的保险。政策性农业保险以财政补贴为主要推动手段，利用保险这一“形式”、注入政府支持和保护农业的政策内容，有效地增强了农民应对灾害事故的能力。

2. 投保政策性农业保险流程

各保险公司对农业保险有自己的规定，但一般的流程如下：

（1）广大农户可自愿参加政策性农业保险，各险种以乡镇为单位统一投保。

（2）种植业由乡镇和村指定一人向农户解释保险条款、登记分户清单、收取保费，并由保险公司支付工作经费；养殖业则由村防疫员向农户解释保险条款、登记分户清单和收取保费。

（3）参保农户要在分户清单上将自己的姓名、身份证号码等信息填写完整，并签字确认。种植户要明确填写种植地点、投保亩数；养殖户则要写清养殖品种、投保数量、耳标号或防疫码，并配合防疫员给投保母猪或奶牛打耳标或防疫码。

（4）分户清单由各村汇总到乡镇，并在签章处对应加盖乡镇公章。种植业由乡镇政府人员填写投保单，并在签章处加盖乡镇政府公章；养殖业则由乡镇畜牧兽医站人员填写投保单，并在签章处加盖乡镇畜牧站公章。

（5）农户缴纳的保险费一律以转账方式由各乡镇直接转到种植业、养殖业账户上。

四、农业保险优惠政策

为进一步做好农业保险保费补贴工作，提升财政资金使用绩效，推动农业保险加快高质量发展，结合近年来工作实践和新形势、新要求，财政部对 2016 年制定的《中央财政农业保险保险费补贴管理办法》进行了修订，形成了新的《中央财政农业保险保费补贴管理办法》（以下简称《办法》）。并于 2022 年 1 月 1 日开始施行，《办法》对农业保险保费补贴做了明确的规定。

1. 补贴对象

财政部对地方政府引导有关农业保险经营机构（以下简称承保机构）开展的符合条件的农业保险业务，按照保费的一定比例，为投保农户、农业生产经营组织等提供补贴。

承保机构，是指保险公司以及依法设立并开展农业保险业务的农业互助保险等保险组织。农业生产经营组织，是指农民专业合作社、农业企业以及其他农业生产经营组织。

2. 补贴原则

(1)财政支持。财政部门履行牵头主责,从发展方向、制度设计、政策制定、资金保障等方面推进农业保险发展,通过保费补贴、机构遴选等多种政策手段,发挥农业保险机制性工具作用,督促承保机构依法合规发展,充分调动各参与方积极性,推动农业保险高质量发展。

(2)分级负责。财政部根据预算管理相关规定,加强对地方农业保险保费补贴工作的指导和监督。省级财政部门对本地区农业保险保费补贴工作负总责,省以下地方财政部门按照属地原则各负其责。

(3)预算约束。各级财政部门应综合考虑农业发展、财政承受能力等实际情况,适应农业保险业务发展趋势和内在规律,量力而行、尽力而为,合理确定本地区农业保险发展优先顺序,强化预算约束,提高财政预算管理水平。

(4)政策协同。各级财政部门加强与农业农村、保险监管、林草等有关单位以及承保机构的协同,推动农业保险保费补贴政策与其他农村金融和支农惠农政策有机结合,促进形成农业保险健康发展的长效机制。

(5)绩效导向。突出正向激励,构建科学合理的综合绩效评价指标体系,强化绩效目标管理,做好绩效运行监控,开展绩效评价和结果应用。

(6)惠及农户。各级财政部门会同有关部门聚焦服务“三农”,确保农业保险政策精准滴灌,切实提升投保农户政策获得感和满意度。

3. 补贴险种及金额

中央财政提供保费补贴的农业保险标的为关系国计民生和粮食、生态安全的主要大宗农产品,以及根据党中央、国务院有关文件精神确定的其他农产品。种植业包括稻谷、小麦、玉米、棉花、马铃薯、油料作物、糖料作物、天然橡胶、三大粮食作物(稻谷、小麦、玉米)制种。养殖业包括能繁母猪、育肥猪、奶牛。森林包括公益林、商品林。涉藏特定品种包括青稞、牦牛、藏系羊。

(1)种植业保险。原则上为保险标的生长期内所发生的物化成本,包括种子、化肥、农药、灌溉、机耕和地膜等成本。对于13个粮食主产省(含大连市、青岛市)产粮大县的三大粮食作物,保险金额可以覆盖物化成本、土地成本和人工成本等农业生产总成本(完全成本);如果相应品种的市场价格主要由市场机制形成,保险金额也可以体现农产品价格和产量,覆盖农业种植收入。

(2)养殖业保险。原则上为保险标的的生产成本,可包括部分购买价格或饲养成本,具体由各省根据养殖业发展实际、地方财力状况等因素综合确定保险金额。

(3)森林保险。原则上为林木损失后的再植成本,包括灾害木清理、整地、种苗处理与施肥、挖坑、栽植、抚育管理到树木成活所需的一次性总费用。

鼓励各省和承保机构根据本地农户的支付能力,适当调整保险金额。对于超出上述标准的部分,应当通过适当方式予以明确,由此产生的保费,有条件的地方可以结合实际,提供一定的补贴,或由投保人承担。

农业生产总成本、单产和价格(地头价)数据,以相关部门认可的数据或发展改革委最新发布的《全国农产品成本收益资料汇编》为准。

国家对地方优势特色农产品保险,通过以奖代补政策给予支持;鼓励各省、自治区、直辖市、计划单列市结合本地实际和财力状况，对符合农业产业政策、适应当地“三农”发展需求的农业保险给予一定的保费补贴等政策支持。

4. 保险责任

补贴险种的保险责任应当涵盖当地主要的自然灾害、重大病虫鼠害、动物疾病疫病、意外事故、野生动物毁损等风险；有条件的地方可稳步探索将产量、气象等变动作为保险责任。

5. 补贴方案

对中央财政补贴险种的保费，中央财政、省级财政按照保费的一定比例提供补贴，纳入补贴范围的中央单位承担一定比例保费。

省级财政平均补贴比例表示为（25％＋a％），以保费规模为权重加权平均计算。

中央单位平均承担比例表示为（10％＋b％），以保费规模为权重加权平均计算。中央单位指纳入中央财政农业保险保费补贴范围的新疆生产建设兵团、北大荒农垦集团有限公司、广东农垦集团公司、中国融通资产管理集团有限公司、中国储备粮管理集团有限公司、中国农业发展集团有限公司和大兴安岭林业集团公司。

对中央财政补贴险种的保费，中央财政承担补贴比例如下：

（1）种植业保险保费。当 $a\geqslant 0$ 时，中央财政对中西部地区和东北地区（不含大连市）补贴 45％，对东部地区补贴 35％；当 $a<0$ 时，中央财政对中西部地区和东北地区（不含大连市）补贴（45％＋a％×1.8），对东部地区补贴（35％＋a％×1.4）。当 $b\geqslant 0$ 时，中央财政 2022 年对中央单位补贴 65％，2023 年对中央单位补贴 60％，2024 年起对中央单位补贴 55％；当 $b<0$ 时，中央财政 2022 年对中央单位补贴（65％＋b％×6.5），2023 年对中央单位补贴（60％＋b％×6），2024 年起对中央单位补贴（55％＋b％×5.5）。

（2）养殖业保险保费。当 $a\geqslant 0$ 时，中央财政对中西部地区补贴 50％，对东部地区补贴 40％；当 $a<0$ 时，中央财政对中西部地区补贴（50％＋a％×2），对东部地区补贴（40％＋a％×1.6）。当 $b\geqslant 0$ 时，中央财政 2022 年对中央单位补贴 70％，2023 年对中央单位补贴 65％，2024 年起对中央单位补贴 60％；当 $b<0$ 时，中央财政 2022 年对中央单位补贴（70％＋b％×7），2023 年对中央单位补贴（65％＋b％×6.5），2024 年起对中央单位补贴（60％＋b％×6）。

（3）森林保险保费。当 $a\geqslant 0$ 时，中央财政对各省公益林补贴 50％、商品林补贴 30％；当 $a<0$ 时，中央财政对各省公益林补贴（50％＋a％×2）、商品林补贴（30％＋a％×1.2）。当 $b\geqslant 0$ 时，中央财政对大兴安岭林业集团公司公益林补贴 70％、商品林补贴 50％；当 $b<0$ 时，中央财政对大兴安岭林业集团公司公益林补贴（70％＋b％×7）、商品林补贴（50％＋b％×5）。

（4）涉藏特定品种保险保费。对于青稞、牦牛、藏系羊保险保费，当 $a\geqslant 0$ 时，中央财政补贴 40％；当 $a<0$ 时，中央财政补贴（40％＋a％×1.6）。中央单位参照执行。

对地方优势特色农产品保险，中央财政每年安排一定资金给予奖补支持，结合各省和新疆生产建设兵团农业保险保费补贴综合绩效评价结果和地方优势特色农产品保险保费规模加权分配。

各省和新疆生产建设兵团农业保险保费补贴综合绩效评价结果权重为 20％。在综合绩效评价结果整体权重下，按照综合绩效评价得分由高到低的顺序，将各省划分为 4 档，第一档 10 个省、第二档 10 个省、第三档 8 个省，其余省归为第四档。第一、二、三档分别分配综合绩效评价结果整体奖补资金总额的 50％、35％、15％，每一档内各省平均分配；第四档不予分配综合绩效评价结果奖补资金。

上一年度省级财政给予补贴、符合保险原则的地方优势特色农产品保险保费规模权重为 80%。

各省和新疆生产建设兵团所获地方优势特色农产品保险奖补资金不得高于该省所获大宗农产品中央财政农业保险保费补贴资金规模。所获大宗农产品中央财政农业保险保费补贴低于 1000 万元的省,不得享受地方优势特色农产品保险奖补政策。

假设中央财政安排当年地方优势特色农产品保险奖补资金为 A,某省上一年度省级财政给予补贴、符合保险原则的地方优势特色农产品保险保费规模在全国占比为 $\theta\%$,该省综合绩效评价得分属于第 n 档,该省所获大宗农产品中央财政农业保险保费补贴资金规模为 B,则该省当年所获地方优势特色农产品保险奖补资金 M 可表示为:①当 $n=1$ 时,$M=A\times80\%\times\theta\%+A\times20\%\times50\%\div10$;②当 $n=2$ 时,$M=A\times80\%\times\theta\%+A\times20\%\times35\%\div10$;③当 $n=3$ 时,$M=A\times80\%\times\theta\%+A\times20\%\times15\%\div8$;④当 $n=4$ 时,$M=A\times80\%\times\theta\%$。以上当且仅当 $M\leqslant B$ 且 $B\geqslant1\,000$ 万元时成立,否则 M 取零。

省级财政每年可从中央财政安排当地地方优势特色农产品保险奖补资金中提取一定比例的资金,统筹用于完善大灾风险分散机制、加强信息化建设等农业保险相关工作,具体用途由省级财政决定。省级财政每年提取金额不得超过当年中央财政安排当地奖补资金的 20%。

鼓励省级财政部门结合实际,对不同险种、不同区域实施差异化的农业保险保费补贴政策,加大对重要农产品、规模经营主体、产粮大县、脱贫地区及脱贫户的支持力度。

第五节 农业税收

农业税是国家对一切从事农业生产、有农业收入的单位和个人征收的一种税,俗称“公粮”。2004 年 12 月 31 日《中共中央国务院关于进一步加强农村工作提高农业综合生产能力若干政策的意见》中提出,继续加大“两减免、三补贴”等政策实施力度。减免农业税、牧业税、取消除烟叶以外的农业特产税,对种粮农民实行直接补贴,对部分地区农民实行良种补贴和农机具购置补贴。2006 年 1 月 1 日起废止《农业税条例》,在全国范围内取消农业税。农业税分四种:农业税(包括牧业税)、农业特产税、耕地占用税、契税。

取消农业税,只是取消了专门对从事农业生产取得收入的单位和个人(主要是农民)征收的税种,不能把全面取消农业税简单理解为从此农民不缴税了。根据宪法及有关税收实体法的规定,农民作为公民在生产生活中与城镇居民一样具有依法纳税的义务。比如,农民从事生产经营、日常消费,都要按税法规定缴纳增值税、消费税等相关税收。

一、涉农城镇土地使用税优惠政策

1988 年 9 月 27 日中华人民共和国国务院令第 17 号发布的《中华人民共和国城镇土地使用税暂行条例》(以下简称《条例》)历经三次修订,分别是 2007 年、2013 年和 2019 年,《条例》对涉农城镇土地使用税优惠政策进行了明确规定。

1. 土地使用税每平方米年税额

大城市 1.5~30 元;中等城市 1.2~24 元;小城市 0.9~18 元;县城、建制镇、工矿区

0.6～12元。

2. 免征城镇土地使用税条件

在城镇土地使用税征收范围内经营采摘、观光农业的单位和个人，其直接用于采摘、观光的种植、养殖、饲养的土地，根据《中华人民共和国城镇土地使用税暂行条例》第六条中“直接用于农、林、牧、渔业的生产用地”的规定，免征城镇土地使用税。

3. 新征用的耕地

新征用的耕地，自批准征用之日起一年内，免征土地使用税。

二、耕地占用税优惠政策

《中华人民共和国耕地占用税法》由中华人民共和国第十三届全国人民代表大会常务委员会第七次会议于2018年12月29日通过，自2019年9月1日起施行。

本法规定，在中华人民共和国境内占用耕地建设建筑物、构筑物或者从事非农业建设的单位和个人，为耕地占用税的纳税人，应当依照本法规定缴纳耕地占用税。单位，包括国有企业、集体企业、私营企业、股份制企业、外商投资企业、外国企业以及其他企业和事业单位、社会团体、国家机关、部队以及其他单位；个人，包括个体工商户以及其他个人。耕地占用税以纳税人实际占用的耕地面积为计税依据，按照规定的适用税额一次性征收，应纳税额为纳税人实际占用的耕地面积（平方米）乘以适用税额。

1. 耕地占用税征税范围

本法所称耕地是指用于种植农作物的土地。2007年8月10日发布实施的《土地利用现状分类》（GB/T 21010—2007）中关于耕地的定义：“耕地是指种植农作物的土地，包括熟地，新开发、复垦、整理地，休闲地（含轮歇地、轮作地）；以种植农作物（含蔬菜）为主，间有零星果树、桑树或其他树木的土地；平均每年能保证收获一季的已垦滩地和海涂。耕地中还包括南方宽度＜1.0米，北方宽度＜2.0米的沟、渠、路和地坎（埂）；临时种植药材、草皮、花卉、苗木等的耕地，以及其他临时改变用途的耕地。”

占用耕地是指用于种植农作物的土地。

占用林地包括有林地、灌木林地、疏林地、未成林地、迹地、苗圃等，不包括居民点内部的绿化林木用地，铁路、公路征地范围内的林木用地，以及河流、沟渠的护堤林用地。

占用牧草地包括天然牧草地和人工牧草地。

占用农田水利用地包括农田排灌沟渠及相应附属设施用地。

占用养殖水面包括人工开挖或者天然形成的用于水产养殖的河流水面、湖泊水面、水库水面、坑塘水面及相应附属设施用地。

占用渔业水域滩涂包括专门用于种植或者养殖水生动植物的江、河、湖水潮浸地带和滩地。

园地建房或者从事非农业建设的，视同占用耕地征收耕地占用税。占用园地，包括花圃、果园、场院、城镇草坪绿地、农村居民房前屋后超出规定宅基地面积范围的田园地。

占用园地、林地、草地、农田水利用地、养殖水面、渔业水域滩涂以及其他农用地建设建筑物、构筑物或者从事非农业建设的，依照本法的规定缴纳耕地占用税。纳税人因建设项目施工或者地质勘查临时占用耕地，应当依照本法的规定缴纳耕地占用税。纳税人在批准临时占用耕地期满之日起一年内依法复垦，恢复种植条件的，全额退还已经缴纳的耕地占用税。

2. 耕地占用税的税额

(1)人均耕地不超过 1 亩的地区(以县、自治区、不设区的市、市辖区为单位，下同)，每平方米为 10～50 元。

(2)人均耕地超过 1 亩但不超过 2 亩的地区，每平方米为 8～40 元。

(3)人均耕地超过 2 亩但不超过 3 亩的地区，每平方米为 6～30 元。

(4)人均耕地超过 3 亩的地区，每平方米为 5～25 元。

各地区耕地占用税的适用税额，由省、自治区、直辖市人民政府根据人均耕地面积和经济发展等情况，在前款规定的税额幅度内提出，报同级人民代表大会常务委员会决定，并报全国人民代表大会常务委员会和国务院备案。各省、自治区、直辖市耕地占用税适用税额的平均水平，不得低于本法所附《各省、自治区、直辖市耕地占用税平均税额表》规定的平均税额。在人均耕地低于 0.5 亩的地区，省、自治区、直辖市可以根据当地经济发展情况，适当提高耕地占用税的适用税额，但提高的部分不得超过本法确定的适用税额的 50%。具体适用税额按照本法第四条第二款规定的程序确定。

3. 免减耕地占用税

(1)军事设施、学校、幼儿园、社会福利机构、医疗机构占用耕地，免征耕地占用税。

(2)铁路线路、公路线路、飞机场跑道、停机坪、港口、航道、水利工程占用耕地，减按每平方米 2 元的税额征收耕地占用税。

(3)农村居民在规定用地标准以内占用耕地新建自用住宅，按照当地适用税额减半征收耕地占用税；其中农村居民经批准搬迁，新建自用住宅占用耕地不超过原宅基地面积的部分，免征耕地占用税。

(4)农村烈士遗属、因公牺牲军人遗属、残疾军人以及符合农村最低生活保障条件的农村居民，在规定用地标准以内新建自用住宅，免征耕地占用税。

(5)根据国民经济和社会发展的需要，国务院可以规定免征或者减征耕地占用税的其他情形，报全国人民代表大会常务委员会备案。

免征或者减征耕地占用税后，纳税人改变原占地用途，不再属于免征或者减征耕地占用税情形的，应当按照当地适用税额补缴耕地占用税。

4. 征收机关

耕地占用税由税务机关负责征收。

自然资源主管部门凭耕地占用税完税凭证或者免税凭证和其他有关文件发放建设用地批准书。

税务机关应当与相关部门建立耕地占用税涉税信息共享机制和工作配合机制。县级以上地方人民政府自然资源、农业农村、水利等相关部门应当定期向税务机关提供农用地转用、临时占地等信息，协助税务机关加强耕地占用税征收管理。

税务机关发现纳税人的纳税申报数据资料异常或者纳税人未按照规定期限申报纳税的，可以提请相关部门进行复核，相关部门应当自收到税务机关复核申请之日起 30 日内向税务机关出具复核意见。

5. 纳税义务发生时间

耕地占用税的纳税义务发生时间为纳税人收到自然资源主管部门办理占用耕地手续的书面通知的当日。纳税人应当自纳税义务发生之日起 30 日内申报缴纳耕地占用税。

6. 滞纳金规定

根据《中华人民共和国税收征收管理法》第三十二条的规定："纳税人未按照规定期限缴纳税款的，扣缴义务人未按照规定期限解缴税款的，税务机关除责令限期缴纳外，从滞纳税款之日起，按日加收滞纳税款万分之五的滞纳金。"

各省、自治区、直辖市耕地占用税平均税额表

省、自治区、直辖市	平均税额/(元/平方米)
上海	45
北京	40
天津	35
江苏、浙江、福建、广东	30
辽宁、湖北、湖南	25
河北、安徽、江西、山东、河南、重庆、四川	22.5
广西、海南、贵州、云南、陕西	20
山西、吉林、黑龙江	17.5
内蒙古、西藏、甘肃、青海、宁夏、新疆	12.5

三、涉农项目增值税税收优惠政策

1993 年 12 月 13 日中华人民共和国国务院令第 134 号发布《中华人民共和国增值税暂行条例》，2008 年 11 月 5 日国务院第 34 次常务会议通过了对该条例的修订，并于 2009 年 1 月 1 日起施行修订后的《中华人民共和国增值税暂行条例》。根据该条例我国又制定了《中华人民共和国增值税暂行条例实施细则》(财政部国家税务总局第 50 号令)，2001 年 1 月 1 日起执行的《财政部 国家税务总局关于若干农业生产资料征免增值税政策的通知》(财税〔2001〕113 号)，对涉农项目增值税税收做了明确规定。规定指出：纳税人销售或者进口粮食、食用植物油等实行 13%的低税率。增值税由税务机关征收，进口货物的增值税由海关代征。

1. 油及饲料

(1)食用植物油　是指从植物根、茎、叶、果实、花或胚芽组织中加工提取的油脂。

①征收增值税的范围。食用植物油仅指芝麻油、花生油、豆油、菜籽油、米糠油、葵花籽、棉籽油、玉米胚油、茶油、胡麻油，以及以上述油为原料生产的混合油。对粮油加工业务，一律照章征收增值税 13%。《国家税务总局关于花椒油增值税适用税率问题的公告》(国家税务总局公告 2011 年第 33 号)明确：从 2011 年 7 月 1 日起，花椒油按照食用植物油 13%的税率征收增值税。自 2011 年 8 月 1 日起，《国家税务总局关于环氧大豆油氢化植物油增值税适用税率问题的公告》(国家税务总局公告 2011 年第 43 号)明确：对环氧大豆油、氢化植物油按 17%税率

征收增值税。

②免征增值税范围。政府储备食用植物油的销售继续免征增值税。

(2)饲料　是指用于动物饲养的产品或其加工品。

自 2000 年 6 月 1 日起,饲料产品分为征收增值税和免征增值税两类。进口和国内生产的饲料,一律执行同样的征税或免税政策。

①征税饲料产品范围。自 2000 年 6 月 1 日起,豆粕属于征收增值税的饲料产品,进口或国内生产的豆粕,均按 13%的税率征收增值税(其他粕,属于免税饲料产品,免征增值税,已征收入库的税款做退库处理)。直接用于动物饲养的粮食、饲料添加剂,不属于本货物的范围。宠物饲料产品不属于免征增值税的饲料产品,应按照饲料产品 13%的税率征收增值税。

②免税饲料产品范围

a)单一大宗饲料,指以一种动物、植物、微生物或矿物质为来源的产品或其副产品。其范围仅限于糠麸、酒糟、鱼粉、草饲料、饲料级磷酸氢钙及除豆粕以外的菜籽粕、棉籽粕、向日葵粕、花生粕等粕类产品。

b)混合饲料,指由两种以上单一大宗饲料、粮食、粮食副产品及饲料添加剂按照一定比例配置,其中单一大宗饲料、粮食及粮食副产品的掺兑比例不低于 95%的饲料。

c)配合饲料,指根据不同的饲养对象,饲养对象的不同生长发育阶段的营养需要,将多种饲料原料按饲料配方经工业生产后,形成的能满足饲养动物全部营养需要(除水分外)的饲料。

d)复合预混料,指能够按照国家有关饲料产品的标准要求,全面提供动物饲养相应阶段所需微量元素(4 种或以上)、维生素(8 种或以上),由微量元素、维生素、氨基酸和非营养性添加剂中任何两类或两类以上的组分与载体或稀释剂按一定比例配置的均匀混合物。

e)浓缩饲料,指由蛋白质、复合预混料及矿物质等按一定比例配制的均匀混合物。

2. 农业生产资料

农业生产资料(简称农资)是指种子、农药、肥料、农业机械及零配件、农用薄膜等与农业生产密切相关的农业投入品。批发和零售的种子、化肥、农药、农机,免征增值税。具体规定如下。

(1)部分进口种子种源。自 2021 年 1 月 1 日至 2025 年 12 月 31 日,对符合《进口种子种源免征增值税商品清单》的进口种子种源免征进口环节增值税。

《进口种子种源免征增值税商品清单》由农业农村部会同财政部、海关总署、国税总局、林草局另行制定印发,并根据农林业发展情况动态调整。

第一批印发的《进口种子种源免征增值税商品清单》自 2021 年 1 月 1 日起实施,至该清单印发之日后 30 日内已征应免税款,准予退还。申请退税的进口单位,应当事先取得主管税务机关出具的《“十四五”期间种子种源进口税收政策项下进口商品已征进口环节增值税未抵扣情况表》向海关申请办理退还已征进口环节增值税手续。

(2)农药。农药是指用于农林业防治病虫害、除草及调节植物生长的药剂。农药包括农药原药和农药制剂。如杀虫剂、杀菌剂、除草剂、植物生长调节剂、植物性农药、微生物农药、卫生用药以及其他农药原药、制剂等。

生产销售的阿维菌素、胺菊酯、百菌清、苯噻酰草胺、苄嘧磺隆、草除灵、吡虫啉、丙烯菊酯、哒螨灵、代森锰锌、稻瘟灵、敌百虫、丁草胺、啶虫脒、多抗霉素、二甲戊乐灵、二嗪磷、氟乐灵、高效氯氰菊酯、炔螨特、甲多丹、甲基硫菌灵、甲基异柳磷、甲(乙)基毒死蜱、甲(乙)基嘧啶磷、精噁唑禾草灵、精喹禾灵、井冈霉素、咪鲜胺、灭多威、灭蝇胺、苜蓿银纹夜蛾核型多角体病毒、噻磺隆、三氟氯氰菊酯、三唑磷、三唑酮、杀虫单、杀虫双、顺式氯氰菊酯、涕灭威、烯唑醇、辛硫磷、辛酰溴苯精、异丙甲草胺、乙阿合剂、乙草胺、乙酰甲胺磷、莠去津共48种农药，免收增值税。

(3)肥料。泛指经化学和机械加工制成的各种化学肥料。其范围包括：氮肥，主要品种有尿素和硫酸铵、硝酸铵、碳酸氢铵、氯化铵、石灰氨、氨水等。磷肥，主要品种有磷矿粉、过磷酸钙(包括普通过磷酸钙和重过磷酸钙两种)、钙镁磷肥、钢渣磷肥等。钾肥，主要品种有硫酸钾、氯化钾等。复合(混)肥料，是指用化学方法合成或混配制成含有氮、磷、钾中的两种或两种以上的营养元素的肥料。含有两种元素的称二元复合肥，含有三种元素的称三元复合肥料，含三种元素和某些其他元素的称多元复合肥料。主要产品有硝酸磷肥、磷酸铵、磷酸二氢钾肥、钙镁磷钾肥、磷酸一铵、磷粉二铵、氮磷钾复合肥等。微量元素肥，只指含有一种或多种植物生长所必需的，但需要量又极少的营养元素的肥料，如硼肥、锰肥、锌肥、铜肥、钼肥等。其他肥，是指上述列举以外的其他化学肥料。

①征税肥料产品范围。纳税人生产销售的尿素、磷酸二铵。

②免税肥料产品范围

a)化肥。生产销售的除尿素以外的氮肥、除磷酸二铵以外的磷肥、钾肥以及以免税化肥为主要原料的复混肥(企业生产复混肥产品所用的免税化肥成本占原料中全部化肥成本的比重高于70%)。

b)有机肥。纳税人生产销售和批发、零售有机肥产品免征增值税。

享受上述免税政策的有机肥产品是指有机肥料、有机-无机复混肥料和生物有机肥。有机肥料指来源于植物和(或)动物，施于土壤以提供植物营养为主要功能的含碳物料。有机-无机复混肥料指由有机和无机肥料混合和(或)化合制成的含有一定量有机肥料的复混肥料。生物有机肥指特定功能微生物与主要以动植物残体(如禽畜粪便、农作物秸秆等)为来源并经无害化处理、腐熟的有机物料复合而成的一类兼具微生物肥料和有机肥效应的肥料。

免税要求：纳税人销售免税的有机肥产品，应按规定开具普通发票，不得开具增值税专用发票。单独核算有机肥产品的销售额。未单独核算销售额的，不得免税。纳税人申请免征增值税，应向主管税务机关提供以下资料，凡不能提供的，一律不得免税。

生产有机肥产品的纳税人：第一，由农业农村部或省、自治区、直辖市农业行政主管部门批准核发的在有效期内的肥料登记证复印件，并出示原件；第二，由肥料产品质量检验机构一年内出具的有机肥产品质量技术检测合格报告原件。出具报告的肥料产品质量检验机构须通过相关资质认定；第三，在省、自治区、直辖市外销售有机肥产品的，还应提供在销售使用地省级农业行政主管部门办理备案的证明原件。

批发、零售有机肥产品的纳税人：第一，生产企业提供的在有效期内的肥料登记证复印件；第二，生产企业提供的产品质量技术检验合格报告原件；第三，在省、自治区、直辖市外销售有机肥产品的，还应提供在销售使用地省级农业行政主管部门办理备案的证明复印件。

(4)生产销售农膜免征增值税。

(5)农业机耕、排灌、病虫害防治、植物保护、农牧保险以及相关技术培训业务，家禽、牲畜、水生动物的配种和疾病防治，免征增值税。

(6)收取电价时一并向用户收取的农村电网维护费(包括低压线路损耗和维护费以及电工经费)免征增值税。农村电网维护费包括低压线路损耗和维护费以及电工经费。

(7)对饮水工程运营管理单位向农村居民提供生活用水取得的自来水销售收入,免征增值税。对于既向城镇居民供水,又向农村居民供水的饮水工程运营管理单位,依据向农村居民供水收入占总供水收入的比例免征增值税。

(8)对农村电管站在收取电价时一并向用户收取的农村电网维护费(包括低压线路损耗和维护费以及电工经费)免征增值税。

3. 农业产品

从 1994 年 5 月 1 日起,农业产品的增值税税率由 17%调整为 13%。农业产品是指种植业、养殖业、林业、牧业和水产业生产的各种植物、动物的初级产品。农业产品的征税范围如下。

(1)种植业

①粮食。是指各种主食科植物果实的总称。

a)征收增值税的范围。粮食企业经营粮食包括小麦、稻谷、玉米、高粱、谷子和其他杂粮(如大麦、燕麦等),以及经碾磨、脱壳等工艺加工后的粮食(如面粉、米、玉米面、渣等)。切面、饺子皮、馄饨皮、面皮、米粉等粮食复制品,也属于本货物的征税范围。以粮食为原料加工的速冻食品、方便面、副食品和各种熟食品,不属于本货物的征税范围。对粮油加工业务,一律照章征收增值税。

b)免征增值税范围。一是对承担粮食收储任务的国有粮食购销企业销售的粮食免征增值税。免征增值税的国有粮食购销企业,由县(市)税务局会同同级财政、粮食部门审核确定。

二是以下粮食企业经营粮食:军队用粮,是指凭军用粮票和军粮供应证按军供价供应中国人民解放军和中国人民武装警察部队的粮食。救灾救济粮,是指经县(含)以上人民政府批准,凭救灾救济粮票(证)按规定的销售价格向需救助的灾民供应的粮食。水库移民口粮,是指经县(含)以上人民政府批准,凭水库移民口粮票(证)按规定的销售价格供应给水库移民的粮食。

审批享受免税优惠的国有粮食购销企业时,税务机关应按规定缴销其《增值税专用发票领购簿》,并收缴其库存未用的增值税专用发票予以注销;兼营其他应税货物的,须重新核定其增值税专用发票用量。属于增值税一般纳税人的生产、经营单位从国有粮食购销企业购进的免税粮食,可依据购销企业开具的销售发票注明的销售额按 13%的扣除率计算抵扣进项税额。

三是财政部、国家税务总局《关于粮食企业增值税征免问题的通知》(财税字〔1999〕198 号);国家税务总局《关于退耕还林还草补助粮免征增值税问题的通知》(国税发〔2001〕131 号)规定,对粮食部门经营的退耕还林还草补助粮,凡符合国家规定标准的,比照"救灾救济粮"免征增值税。

②蔬菜。是指可作副食的草本、木本植物的总称。

财税〔2011〕137 号关于免征增值税规定,自 2012 年 1 月 1 日起,免征 219 种蔬菜流通环节增值税,即对从事蔬菜批发、零售的纳税人销售的蔬菜免征增值税。本货物的征税范围包括根菜类、薯芋类、葱蒜类、白菜类、叶菜类、豆类、食用菌类等 14 个类别 219 个品种的蔬菜。经挑选、清洗、切分、晾晒、包装、脱水、冷藏、冷冻等工序加工的蔬菜,属于免征范围。

各种蔬菜罐头(罐头,是指以金属罐、玻璃瓶和其他材料包装,经排气密封的各种食品)不属于免征范围。

纳税人既销售蔬菜又销售其他增值税应税货物的,应分别核算蔬菜和其他增值税应税货物的销售额。未分别核算的,不享受蔬菜增值税免税政策。

③烟叶。是指各种烟草的叶片和经过简单加工的叶片。本货物的征税范围包括晒烟叶、晾烟叶和初烤烟叶。晒烟叶，是指利用太阳能露天晒制的烟叶；晾烟叶，是指在晾房内自然干燥的烟叶；初烤烟叶，是指烟草种植者直接烤制的烟叶，不包括专业复烤厂烤制的复烤烟叶。

④茶叶。是指从茶树上采摘下来的鲜叶和嫩芽（即茶青），以及经吹干、揉拌、发酵、烘干等工序初制的茶。本货物的征税范围包括各种毛茶（如红毛茶、绿毛茶、乌龙毛茶、白毛茶、黑毛茶等）。精制茶、边销茶及掺兑各种药物的茶和茶饮料，不属于本货物的征税范围。

⑤园艺植物。是指可供食用的果实，如水果、果干（如荔枝干、桂圆干、葡萄干等）、干果、果仁、果用瓜（如甜瓜、西瓜、哈密瓜等），以及胡椒、花椒、大料、咖啡豆等；经冷冻、冷藏、包装等工序加工的园艺植物，也属于本货物的征税范围。各种水果罐头，果脯，蜜饯，炒制的果仁、坚果，碾磨后的园艺植物（如胡椒粉、花椒粉等），不属于本货物的征税范围。

(2)水产品。是指人工放养和人工捕捞的鱼、虾、蟹、贝类，棘皮类、软体类、腔肠类、海兽类动物。本货物的征税范围包括鱼、虾、蟹、鳖、贝类、棘皮类、软体类、腔肠类、海兽类、鱼苗（卵）、虾苗、蟹苗、贝苗（秧），以及经冷冻、冷藏、盐渍等防腐处理和包装的水产品；干制的鱼、虾、蟹、贝类、棘皮类、软体类、腔肠类、如干鱼、干虾、干虾仁、干贝等，以及未加工成工艺品的贝壳和珍珠，也属于本货物的征税范围；熟制的水产品和各类水产品的罐头，不属于本货物的征税范围。

(3)畜牧产品　是指人工饲养、繁殖取得和捕获的各种畜禽。本货物的征税范围如下。

①兽类、禽类和爬行类动物。如牛、马、猪、羊、鸡、鸭等。

②兽类、禽类和爬行类动物的肉产品。包括整块或者分割的鲜肉、冷藏或者冷冻肉、盐渍肉，兽类、禽类和爬行类动物的内脏、头、尾、蹄等组织；各种兽类、禽类和爬行类动物的肉类生制品、如腊肉、腌肉、熏肉等，也属于本货物的征税范围；各种肉类罐头和肉类熟制品，不属于本货物的征税范围。

③蛋类产品。是指各种禽类动物和爬行类动物的卵，包括鲜蛋和冷藏蛋；经加工的咸蛋、松花蛋、腌制的蛋等，也属于本货物的征税范围；各种蛋类的罐头，不属于本货物的征税范围。

④鲜奶。是指各种哺乳类动物的乳汁和经净化、杀菌等加工工序生产的乳汁；用鲜奶加工的各种奶制品，如酸奶、奶酪、奶油等，不属于本货物的征税范围。

⑤动物皮张。是指从各种动物（兽类、禽类和爬行类动物）身上直接剥取的，未经鞣制的生皮和生皮张；将生皮和生皮张用清水、盐水或者防腐药水浸泡、刮里、脱毛、晒干或者熏干，未经鞣制的，也属于本货物的征税范围。

⑥动物毛绒。是指未经洗净的各种动物的毛发、绒发和羽毛；洗净毛、洗净绒等不属于本货物的征税范围。

⑦其他动物组织。是指上述列举以外的兽类、禽类和爬行类动物的其他组织，以及昆虫类动物。包括蚕茧，包括鲜茧、干茧和蚕蛹；天然蜂蜜，是指采集的未经加工的天然蜂蜜、鲜蜂王浆等；动物树脂，如虫胶等；其他动物组织，如动物骨、壳、兽角、动物血液、动物分泌物、蚕种等。

4. 其他项目

(1)农业生产者销售的自产农业产品，免征增值税。

(2)销售的自己使用过的物品，免征增值税。

(3)销售农产品数额未达到财政部规定的增值税起征点的个体户，免征增值税。

(4)销售农产品的增值税一般纳税人（农产品加工企业年销售额达到 50 万元以上，商业企业年销售额达到 80 万元以上）按 13%的税率征收。

销售农产品的小规模纳税人(农产品加工企业年销售额达到 50 万元以下,商业企业年销售额达到 80 万元以下)则执行 3%的征收率。

(5)企业购进农产品,除取得增值税专用发票或者海关进口增值税专用缴款书外,按照农产品收购发票或者销售发票上注明的农产品买价和 13%的扣除率计算的进项税额,准予从销项税额中抵扣。

企业将购入的农、林、牧、渔产品,在自有或租用的场地进行育肥、育秧等再种植、养殖,经过一定的生长周期,使其生物形态发生变化,且并非由于本环节对农产品进行加工而明显增加了产品的使用价值的,可视为农产品的种植、养殖项目享受相应的税收优惠。

5. 增值税即征即退

纳税人销售自产的资源综合利用产品和提供资源综合利用劳务,可享受增值税即征即退政策。

(1)以部分农林剩余物生产燃料电力热力即征即退 100%　对销售自产的以餐厨垃圾、畜禽粪便、稻壳、花生壳、玉米芯、油茶壳、棉籽壳、三剩物、次小薪材,农作物秸秆、蔗渣,以及利用上述资源发酵产生的沼气为原料,生产的生物质压块、沼气等燃料及电力、热力,实行增值税即征即退 100%的政策。

(2)以部分农林剩余物生产资源综合利用产品即征即退 70%　对销售自产的以三剩物、次小薪材、农作物秸秆、沙柳为原料,生产的纤维板、刨花板、细木工板、生物碳、活性炭、栲胶、水解酒精、纤维素、木质素、木糖、阿拉伯糖、糠醛、箱板纸实行增值税即征即退 70%的政策。

(3)以废弃动植物油为原料生产生物柴油等实行增值税即征即退 70%　对销售自产的以废弃动物油和植物油为原料生产的生物柴油、工业级混合油实行增值税即征即退 70%政策。

(4)以农作物秸秆为原料生产纸浆、秸秆浆和纸实行增值税即征即退 50%　对销售自产的以农作物秸秆为原料生产的纸浆、秸秆浆和纸实行增值税即征即退 50%政策。

项目十四　农村社会保障

社会保障是指国家通过立法，积极动员社会各方面资源，保证无收入、低收入以及遭受各种意外灾害的公民能够维持生存，保障劳动者在年老、失业、患病、工伤、生育时的基本生活不受影响，同时根据经济和社会发展状况，逐步增进公共福利水平，提高国民生活质量。目前，以农村最低生活保障、农村社会养老保险、新型农村合作医疗、农村五保供养、自然灾害生活救助等为主要内容的农村社会保障体系已初步形成。

第一节　农村最低生活保障

2007 年 7 月 11 日，国务院发出《关于在全国建立农村最低生活保障制度的通知》，要求将符合条件的农村贫困人口全部纳入保障范围，稳定、持久、有效地解决全国农村贫困人口的温饱问题。

一、农村最低生活保障对象范围和标准

农村最低生活保障对象是家庭年人均纯收入低于当地最低生活保障标准的农村居民，主要是因病残、年老体弱、丧失劳动能力以及生存条件恶劣等原因造成生活常年困难的农村居民。

《关于在全国建立农村最低生活保障制度的通知》规定，农村最低生活保障标准由县级以上地方人民政府按照能够维持当地农村居民全年基本生活所必需的吃饭、穿衣、用水、用电等费用确定，并报上一级地方人民政府备案后公布执行。农村最低生活保障标准要随着当地生活必需品价格变化和人民生活水平的提高适时进行调整。

二、农村最低生活保障管理

1. 申请、审核和审批

申请农村最低生活保障，一般由户主本人向户籍所在地的乡（镇）人民政府提出申请；村民委员会受乡（镇）人民政府委托，也可受理申请。受乡（镇）人民政府委托，在村党组织的领导下，村民委员会对申请人开展家庭经济状况调查、组织村民会议或村民代表会议民主评议后提出初步意见，报乡（镇）人民政府；乡（镇）人民政府审核后，报县级人民政府民政部门审批。乡（镇）人民政府和县级人民政府民政部门要核查申请人的家庭收入，了解其家庭财产、劳动力状况和实际生活水平，并结合村民民主评议，提出审核、审批意见。

2. 民主公示

村民委员会、乡（镇）人民政府以及县级人民政府民政部门要及时向社会公布有关信息，接

受群众监督。公示的内容重点为:最低生活保障对象的申请情况和对最低生活保障对象的民主评议意见,审核、审批意见,实际补助水平等情况。

3. 资金发放

最低生活保障金原则上按照申请人家庭年人均纯收入与保障标准的差额发放,也可以在核查申请人家庭收入的基础上,按照其家庭的困难程度和类别,分档发放。要加快推行国库集中支付方式,通过代理金融机构直接、及时地将最低生活保障金支付到最低生活保障对象账户。

第二节 农村基本养老保险政策

城乡居民基本养老保险是指国家为了保障城乡居民老年基本生活而建立的一项基本养老保险制度,实行个人缴费、集体补助、政府补贴的筹资模式,基础养老金和个人账户养老金相结合的支付方式。其中,基础养老金是指中央和地方政府确定计发标准,并为符合待遇领取条件的城乡居民基本养老保险参保人员支付的养老金。个人账户养老金是指参保人员符合养老保险待遇领取条件时,按照其个人账户全部储存额除以计发系数计算并支付的养老金。建立统一城乡居民基本养老保险制度,是一项具有实质意义的改革突破。这意味着我国开始从城乡制度分别建设的阶段,进入打破公共服务城乡二元制度、推进制度并轨的新阶段。城乡养老保障制度有效并轨后,城乡居民享受制度上无差别、水平大致相当的养老保障,在制度模式、筹资方式、待遇支付等方面将实现无差距对接。

一、城乡居民基本养老保险制度建立基本原则

城镇居民基本养老保险制度建立坚持保基本、广覆盖、有弹性、可持续的基本原则。一是从城镇居民的实际情况出发,低水平起步,筹资标准和待遇标准要与经济发展及各方面承受能力相适应;二是个人(家庭)和政府合理分担责任,权利与义务相对应;三是政府主导和居民自愿相结合,引导城镇居民普遍参保;四是中央确定基本原则和主要政策,地方制定具体办法,城镇居民养老保险实行属地管理。

二、城乡居民基本养老保险参保范围

年满16周岁(不含在校学生),非国家机关和事业单位工作人员及不属于职工基本养老保险制度覆盖范围的城乡居民,可以在户籍地参加城乡居民基本养老保险。

三、城乡居民基本养老保险资金来源

城乡居民基本养老保险基金由个人缴费、集体补助、政府补贴构成。

四、城乡居民基本养老保险待遇

城乡居民基本养老保险待遇由基础养老金和个人账户养老金构成,支付终身。其中,对于基础养老金部分,中央确定基础养老金最低标准,建立基础养老金最低标准正常调整机制,根据经济发展和物价变动等情况,适时调整全国基础养老金最低标准。地方人民政府可以根据

实际情况适当提高基础养老金标准；对长期缴费的，可适当加发基础养老金，提高和加发部分的资金由地方人民政府支出，具体办法由省（区、市）人民政府规定，并报人力资源和社会保障部备案。对于个人账户养老金部分，个人账户养老金的月计发标准，目前为个人账户全部储存额除以139（与现行职工基本养老保险个人账户养老金计发系数相同）。参保人死亡，个人账户资金余额可以依法继承。

五、城乡居民基本养老保险领取条件

国家为每个参保人员建立终身记录的养老保险个人账户，个人缴费、地方人民政府对参保人的缴费补贴、集体补助及其他社会经济组织、公益慈善组织、个人对参保人的缴费资助，全部记入个人账户。个人账户储存额按国家规定计息。

六、城乡居民基本养老保险管理

将新农保基金和城居保基金合并为城乡居民基本养老保险基金，完善城乡居民基本养老保险基金财务会计制度和各项业务管理规章制度。城乡居民基本养老保险基金纳入社会保障基金财政专户，实行收支两条线管理，单独记账、独立核算，任何地区、部门、单位和个人均不得挤占挪用、虚报冒领。各地要在整合城乡居民基本养老保险制度的基础上，逐步推进城乡居民基本养老保险基金省级管理。城乡居民基本养老保险基金按照国家统一规定投资运营，实现保值增值。

各级人力资源社会保障部门要会同有关部门认真履行监管职责，建立健全内控制度和基金稽核监督制度，对基金的筹集、上解、划拨、发放、存储、管理等进行监控和检查，并按规定披露信息，接受社会监督。财政部门、审计部门按各自职责，对基金的收支、管理和投资运营情况实施监督。对虚报冒领、挤占挪用、贪污浪费等违纪违法行为，有关部门按国家有关法律法规严肃处理。要积极探索有村（居）民代表参加的社会监督的有效方式，做到基金公开透明，制度在阳光下运行。

运用现代管理方式和政府购买服务方式，降低行政成本，提高工作效率。要加强城乡居民基本养老保险工作人员专业培训，不断提高公共服务水平。社会保险经办机构要认真记录参保人缴费和领取情况，建立参保档案，按规定妥善保存。地方人民政府要为经办机构提供必要的工作场地、设施设备、经费保障。城乡居民基本养老保险工作经费纳入同级财政预算，不得从城乡居民基本养老保险基金中开支。基层财政确有困难的地区，省市级财政可给予适当补助。各地要在现有新农保和城居保业务管理系统基础上，整合形成省级集中的城乡居民基本养老保险信息管理系统，纳入"金保工程"建设，并与其他公民信息管理系统实现信息资源共享；要将信息网络向基层延伸，实现省、市、县、乡镇（街道）、社区实时联网，有条件的地区可延伸到行政村；要大力推行全国统一的社会保障卡，方便参保人持卡缴费、领取待遇和查询本人参保信息。建立全国统一的基本养老保险参保缴费信息查询服务系统，进一步完善全国社会保险关系转移系统，加快普及全国通用的社会保障卡，为参保人员查询参保缴费信息、办理城乡养老保险制度衔接手续提供便捷有效的技术服务。

七、城乡居民基本养老保险衔接手续办理程序

参保人员办理城乡养老保险制度衔接手续时，按下列程序办理。

(1)由参保人员本人向待遇领取地社会保险经办机构提出养老保险制度衔接的书面申请。

(2)待遇领取地社会保险经办机构受理并审核参保人员书面申请,对符合本办法规定条件的,在15个工作日内,向参保人员原城镇职工基本养老保险、城乡居民基本养老保险关系所在地社会保险经办机构发出联系函,并提供相关信息;对不符合本办法规定条件的,向申请人作出说明。

(3)参保人员原城镇职工基本养老保险、城乡居民基本养老保险关系所在地社会保险经办机构在接到联系函的15个工作日内,完成制度衔接的参保缴费信息传递和基金划转手续。

(4)待遇领取地社会保险经办机构收到参保人员原城镇职工基本养老保险、城乡居民基本养老保险关系所在地社会保险经办机构转移的资金后,应在15个工作日内办结有关手续,并将情况及时通知申请人。

八、城乡居民基本养老保险衔接办理规定

(一)分别参加城镇职工基本养老保险、城乡居民基本养老保险

县级以上社会保险经办机构负责城乡养老保险制度衔接业务经办。参保人员达到城镇职工基本养老保险法定退休年龄,如有分别参加城镇职工基本养老保险、城乡居民基本养老保险情形,在申请领取养老保险待遇前,向待遇领取地社保机构申请办理城乡养老保险制度衔接手续。

(1)城镇职工基本养老保险缴费年限满15年(含延长缴费至15年)的,应向城镇职工基本养老保险待遇领取地社保机构申请办理从城乡居民基本养老保险转入城镇职工基本养老保险。

(2)城镇职工基本养老保险缴费年限不足15年或按规定延长缴费年限仍不足15年的,应向城乡居民基本养老保险待遇领取地社保机构申请办理从城镇职工基本养老保险转入城乡居民基本养老保险。

办理参保人员城镇职工基本养老保险和城乡居民基本养老保险制度衔接手续的,社保机构应首先按照《国务院办公厅关于转发人力资源和社会保障部财政部城镇企业职工基本养老保险关系跨省转移接续暂行办法的通知》等有关规定,确定城镇职工基本养老保险待遇领取地,由城镇职工基本养老保险待遇领取地(即城镇职工基本养老保险关系归集地)负责归集参保人员城镇职工基本养老保险关系,告知参保人员办理相关手续,并为其开具包含各参保地缴费年限的《城镇职工基本养老保险参保缴费凭证》。

(二)城乡居民基本养老保险转入城镇职工基本养老保险

参保人员办理城乡居民基本养老保险转入城镇职工基本养老保险,按以下程序办理相关手续。

(1)参保人员向城镇职工基本养老保险待遇领取地社保机构提出转入申请,填写《城乡养老保险制度衔接申请表》(以下简称《申请表》),出示社会保障卡或居民身份证并提交复印件。参保人员户籍地与城镇职工基本养老保险待遇领取地为不同统筹地区的,可就近向户籍地负责城乡居民基本养老保险的社保机构提出申请,填写《申请表》,出示社会保障卡或居民身份证,并提交复印件。户籍地负责城乡居民基本养老保险的社保机构应及时将相关材料传送给

其城镇职工基本养老保险待遇领取地社保机构。

(2)城镇职工基本养老保险待遇领取地社保机构受理并审核《申请表》及相关资料，对符合制度衔接办法规定条件的，应在15个工作日内，向参保人员城乡居民基本养老保险关系所在地社保机构发出《城乡养老保险制度衔接联系函》。不符合制度衔接办法规定条件的，应向参保人员作出说明。

(3)城乡居民基本养老保险关系所在地社保机构在收到《联系函》之日起的15个工作日内办结以下手续：核对参保人员有关信息并生成《城乡居民基本养老保险信息表》，传送给城镇职工基本养老保险待遇领取地社保机构；办理基金划转手续；终止参保人员在本地的城乡居民基本养老保险关系。

(4)城镇职工基本养老保险待遇领取地社保机构在收到《城乡居民基本养老保险信息表》和转移基金后的15个工作日内办结以下手续：核对《城乡居民基本养老保险信息表》及转移基金额；录入参保人员城乡居民基本养老保险相关信息；确定重复缴费时段及金额，按规定将城乡居民基本养老保险重复缴费时段相应个人缴费和集体补助(含社会资助，下同)予以清退；合并记录参保人员个人账户；将办结情况告知参保人员。

(三)城镇职工基本养老保险转入城乡居民基本养老保险

参保人员办理城镇职工基本养老保险转入城乡居民基本养老保险，按以下程序办理相关手续。

(1)参保人员向城乡居民基本养老保险待遇领取地社保机构提出申请，填写《申请表》，出示社会保障卡或居民身份证并提交复印件，提供城镇职工基本养老保险关系归集地开具的《参保缴费凭证》。

(2)城乡居民基本养老保险待遇领取地社保机构受理并审核《申请表》及相关资料，对符合制度衔接办法规定条件的，应在15个工作日内，向城镇职工基本养老保险关系归集地社保机构发出《联系函》。对不符合制度衔接办法规定条件的，应向参保人员作出说明。

(3)城镇职工基本养老保险关系归集地社保机构收到《联系函》之日起的15个工作日内，办结以下手续：生成《城镇职工基本养老保险信息表》，传送给城乡居民基本养老保险待遇领取地社保机构；办理基金划转手续；终止参保人员在本地的城镇职工基本养老保险关系。

(4)城乡居民基本养老保险关系所在地社保机构在收到《城镇职工基本养老保险信息表》和转移基金后的15个工作日内办结以下手续：核对《城镇职工基本养老保险信息表》及转移基金额；录入参保人员城镇职工基本养老保险相关信息；确定重复缴费时段及金额，按规定予以清退；合并记录参保人员个人账户；将办结情况告知参保人员。

(四)同一年度重复参保情况

参保人员存在同一年度内同时参加城镇职工基本养老保险和城乡居民基本养老保险情况的，由转入地社保机构清退城乡居民基本养老保险重复缴费时段相应的个人缴费和集体补助，按以下程序办理。

(1)进行信息比对，确定重复缴费时段。重复缴费时段为城乡居民基本养老保险各年度与城镇职工基本养老保险重复缴费的月数。

(2)确定重复缴费清退金额，生成并打印《城乡养老保险重复缴费清退表》。重复缴费清退金额计算方法是:年度重复缴费清退金额=(年度个人缴费本金+年度集体补助本金)/12x 重复缴费月数。清退总额应该等于各年度重复缴费清退金额之和。

(3)将重复缴费清退金额退还参保人员,并将有关情况通知本人。

参保人员同时领取城镇职工基本养老保险和城乡居民基本养老保险待遇的,由城乡居民基本养老保险待遇领取地社保机构负责终止其城乡居民基本养老保险关系,核定重复领取的城乡居民基本养老保险基础养老金金额,通知参保人员退还。参保人员退还后,将其城乡居民基本养老保险个人账户余额(扣除政府补贴,下同)退还本人。参保人员不退还重复领取的城乡居民基本养老保险基础养老金的,由城乡居民基本养老保险待遇领取地社保机构从其城乡居民基本养老保险个人账户余额中抵扣,抵扣后的个人账户余额退还本人。参保人员个人账户余额不足抵扣的,城乡居民基本养老保险待遇领取地社保机构向其领取城镇职工基本养老保险待遇的社保机构发送《重复领取养老保险待遇协助抵扣通知单》,通知其协助抵扣。参保人员城镇职工基本养老保险待遇领取地社保机构完成抵扣后,应将协助抵扣款项全额划转至城乡居民基本养老保险待遇领取地社保机构指定银行账户,同时传送《重复领取养老保险待遇协助抵扣回执》。

负责城镇职工基本养老保险、城乡居民基本养老保险的社保机构办理参保人员城乡养老保险制度衔接手续后,应将参保人员有关信息予以保留和备份。

九、城乡居民基本养老保险缴费时间

现行我国城乡居民基本养老保险缴费时间由各省(区、市)自行制定。例如,北京市规定每年的4月1日至12月10日是北京市城乡居民基本养老保险的参保缴费期,参保人可在此期间在本人开立的专用存折中存入足额保险费,缴纳当年的参保费用。陕西省铜川市规定每年的1月1日至6月30日是铜川市城乡居民基本养老保险的参保缴费期。还有相当部分省(区、市)由人力资源和社会保障局每年下发通知单独规定本年度具体缴费时间。

十、城乡居民基本养老保险缴费年限

目前,我国城乡居民基本养老保险缴费年限最低为15年,鼓励居民长期缴费,长缴多得。一般城乡居民年满60周岁,且养老保险缴费年限满15年即可申请领取居民养老金。

十一、城乡居民基本养老保险参保

申请参保人员应提供居民身份证和户口簿原件及复印件,特殊参保群体另需提供相关证明材料原件及复印件。参保申请可向所在地村(居)民委员会和乡镇(街道)事务所提出。协办员应接收辖区居民提出的参保申请,并指导其填写参保表格。若其本人无法填写,可由受托亲属或协办员代填,但应有其本人签字、签章或留指纹确认。协办员检查参保人员相关材料后,按规定时限上报事务所。事务所也可直接接收参保申请。

事务所应对相关材料进行初审,并将参保登记信息录入信息系统,按规定时限上报当地县(自治县、市、区、旗)级社保机构或直接经办业务的地市级社保机构。

社保机构应在规定的时限内对申请参保人员相关信息进行复核,并及时将符合参保范围的申请参保人员的个人基本情况进行登记,建立个人账户并录入信息系统。参保登记的内容应包括姓名、性别、民族、居民身份证号码、出生年月、缴费档次、居住地址、联系电话、户籍性质、户籍所在地址、参保登记时间、邮政编码、是否特殊参保群体等。

登记后，社保机构应及时委托金融机构制发城乡居民基本养老保险所用银行存折或社会保障卡，用于参保人员缴纳养老保险费或领取养老保险待遇。

十二、城乡居民基本养老保险缴费

社保机构应根据城乡居民基本养老保险制度规定，按缴费年度和参保人员自主选择的缴费档次，为参保人员提供养老保险费收缴服务。

城乡居民基本养老保险费实行金融机构代扣代缴方式。参保人员自主选择缴费档次，确定缴费金额。

城乡居民基本养老保险费实行按年度（自然年度）缴纳，社保机构应做好宣传工作，提醒参保人员于当地规定的缴费截止日前，将当年的养老保险费足额存入存折（卡）。至缴费截止日，仍未缴纳养老保险费的，社保机构按中断缴费处理。对于暂不具备通过金融机构扣缴条件的地区，暂由社保机构、事务所会同金融机构进行收缴，并开具社会保险费专用缴费凭证。

县级社保机构每月定期生成扣款明细信息，并传递至指定金融机构。金融机构根据扣款明细信息从参保人员的银行账户上足额划扣养老保险费（不足额不扣款）。金融机构在扣款后的 3 个工作日内将扣款结果信息、资金到账凭证等反馈给社保机构。社保机构应及时将金融机构反馈的扣款结果信息在信息系统中确认，扣款金额记入个人账户，并从翌月起开始计息。

符合养老保险费补缴条件的参保人员申请补缴时，协办员或事务所指导其正确填写养老保险费补缴表格，并在信息系统中录入补缴信息。社保机构核定后，应及时生成补缴扣款明细清单，传递至指定金融机构。金融机构按保费划扣流程进行扣款和信息反馈，并做好个人账户权益记录。

村集体和其他经济组织、社会公益组织、个人对参保人员缴纳城乡居民基本养老保险费给予补助或资助的，应向事务所提交集体补助或资助明细清单。事务所录入信息系统，并按规定时限将相关资料上报社保机构。社保机构核定后，应打印补助或资助缴费通知单，通过事务所发放给村集体或相关组织（个人），通知其在规定时限内将补助或资助金额存入县社保机构在金融机构开设的收入户。县社保机构收到到账凭证后，应及时将到账凭证与信息系统中的补助或资助明细信息进行核对，无误后对信息进行确认，将补助或资助金额记入个人账户。

十三、城乡居民基本养老保险转移办理

参加城乡居民基本养老保险的人员，在缴费期间户籍迁移、需要跨地区转移城乡居民基本养老保险关系的，可在迁入地申请转移养老保险关系，一次性转移个人账户全部储存额，并按迁入地规定继续参保缴费，缴费年限累计计算；已经按规定领取城乡居民基本养老保险待遇的，无论户籍是否迁移，其养老保险关系不转移。城乡居民基本养老保险制度与职工基本养老保险、优抚安置、城乡居民最低生活保障、农村五保供养等社会保障制度以及农村部分计划生育家庭奖励扶助制度的衔接，按有关规定执行。

已参加城乡居民基本养老保险并缴纳养老保险费的参保人员，在领取待遇前，出现户籍跨统筹区迁移且需转移保险关系的，社保机构应将其城乡居民基本养老保险关系和个人账户储存额转往新户籍地所在地社保机构，由转入地社保机构审核接收，以使其继续参保缴费。参保人员达到待遇领取年龄，户籍跨统筹区迁移的，其城乡居民基本养老保险关系不转移。

符合条件的参保人员可提出城乡居民基本养老保险关系转移申请，申请时应提供本人居民身份证、户籍迁移后的居民户口簿的原件和复印件。协办员接收到参保人员的城乡居民基本养老保险关系转移申请及相关材料，指导其填写城乡居民基本养老保险关系转入申请表格和参保表格，并将相关材料报转入地乡镇事务所。

转入地事务所应对申请及相关材料进行审核。审核后，应将参保、转移信息及时录入信息系统，并将材料上报转入地社保机构。转入地社保机构应对申请及相关材料进行复核。复核后，向转出地社保机构寄送城乡居民基本养老保险关系转入接收表格。转出地社保机构收到表格并核实相符后，于翌月通过指定金融机构将参保人员个人账户储存额一次性划拨至转入地县级社保机构指定的银行账户，并在信息系统中注明。转入地社保机构确认转入的个人账户储存额足额到账后，将转移信息及时录入信息系统，为转入参保人员记录个人账户，并及时告知转入参保人员。

第三节　贫困家庭教育补贴

党的二十大报告指出，教育是国之大计、党之大计。随着新的农村教育政策不断出台，为了解决农村儿童在校学习经费困难的问题，国家出台了一系列的农村教育补贴政策，直接减轻了农民的负担。由于这些措施只针对农村地区，因而客观上减少了农村家庭的大量负担。

一、农村贫困家庭的范围

(一)农村贫困家庭的范围划定

由于各省自治区直辖市的经济和历史发展水平不一，因而对于农村贫困家庭范围的具体确定会存在着差异。但是，农村贫困家庭的范围划定应该具备如下一些特点和条件。

(1)拥有当地农业户籍且在当地居住。申请农村贫困户补贴的家庭必须是农村户口，这是申请农村贫困户补贴的原则性前提。除此之外，由于之前有地方在申请农村贫困户补贴时发生“借壳”拿补贴现象。因此，在申请农村贫困户补贴时除了是农村户口之外，还得常住在这个村子里。只有满足这两点才有申请农村贫困户补贴的基本资质。

(2)共同生活的家庭成员年人均纯收入低于当地农村低保保障标准。目前，虽然在“乡村振兴战略”当中申请低保的审核条件放宽了，但相对的要拿到补贴的难度肯定是增加了。这当中有一个申请农村贫困户补贴的硬性条件，就是共同生活的家庭成员申请前12个月家庭年人均纯收入低于当地农村低保保障标准。

(3)身体(精神)残疾无自理能力。

(4)孤寡老人或者是子女无法尽赡养义务的，或者没有经济来源且自身无劳动能力的。

(二)农村贫困家庭分类

在我国，农村贫困家庭具体包括有三个类型的家庭。

1. 低保家庭

凡持有市区常住户口的城乡居民，其共同生活的家庭成员人均月收入低于市区居民最低生活保障标准或户籍所在区农村居民最低生活保障标准的，均可申请享受市区居民最低生活保障待遇。

2. 特困家庭(共分两类)

第一类是家庭成员中有在职人员的，其领证条件：一是职工本人或家庭其他成员(供养直系亲属)患大病重症，个人年自负医疗费(申报前12个月)4 000元以上，且家庭年总收入(申报前12个月)除去个人自负医疗费后，人均年收入在市区“低保线”110%以下的；二是鳏寡孤独和供养子女的单亲职工因丧失劳动能力或就业有困难等特殊家庭；且人均收入(申报前12个月)在市区“低保线”110%至“低保线”的。

第二类是家庭成员中无在职人员的(属下岗失业、退休退职人员)，其领证条件是：一是本人或家庭其他成员(供养直系亲属)患大病重症，个人年自负医疗费(申报前12个月)4 000元以上，且家庭年总收入(申报前12个月)除去个人自负医疗费后，人均年收入在市区“低保线”110%以下的；二是鳏寡孤独和供养子女的单亲等特殊家庭，人均收入(申报前12个月)在市区“低保线”110%至“低保线”的。

3. 困难家庭(共分两类)

第一类是家庭成员中有在职人员的，其领证条件是：一是由于身体或年龄等方面的原因暂时难以就业，其家庭人均月收入(申报前12个月)在市区“低保线”120%至“低保线”；二是鳏寡孤独和供养子女的单亲家庭因丧失劳动能力或就业有困难等特殊家庭，且人均月收入(申报前12个月)在市区“低保线”120%至“低保线”110%的。

第二类是家庭成员中无在职人员的(属下岗失业、退休退职人员)，其领证条件为：鳏寡孤独和供养子女的单亲等特殊家庭；且人均月收入(申报前12个月)在市区“低保线”120%至“低保线”110%的。

二、建档立卡贫困户

建档立卡就是建立贫困户的相关档案，把贫困户的困难程度记录在案，并分发相应的贫困卡。顾名思义，建档立卡贫困户，就是已经完成审批流程、建立了贫困档案，并获得贫困卡的贫困家庭。建档立卡的目的是识别出农村贫困对象，搞清农村贫困户的分布情况、贫困状况、贫困类型、致贫原因，建立健全农村贫困村和贫困户档案，为建立完善新指标体系下对贫困户、贫困村的动态监管和分类帮扶机制奠定基础。同时，也为部门行业扶贫和社会扶贫搭建共享的扶贫工作信息。

三、农村贫困家庭学生的主要补贴项目和标准

目前各省、自治区、直辖市对于农村贫困家庭学生的补贴项目和补贴标准并不统一，但基本的农村贫困家庭学生教育补贴如下。

1. 义务教育九年阶段

城乡义务教育阶段的农村贫困家庭学生实行免收学费和教材免费。寄宿家庭有困难的学生可以领取生活津贴。小学生每人每年可获1 000元，初中生每人每年可获1 250元；也可以享受营养健康补贴，每人每年800元，而不是直接领取现金。

2. 中学教育阶段

对于家境贫困的贫困学生和残疾学生，凡是没有良好家庭条件的学生，免收全部学费和杂费。国家助学金标准为每人每年 2 000 元。

3. 本科教育阶段

目前，农村大学生的识别水平分为三级：年补助 A 级 4 000 元，年补助 B 级 3 000 元，年补助 C 级 2 000 元。部分省（区、市）对大学生补助金额可能高于标准金额。此外，国家励志奖学金每年可适用于优秀农村学生，每人每年 5 000 元。

4. 研究生教育

对于贫困家庭学生，国家补助学校每年补助，硕士研究生资助标准不低于每生每年 6 000 元，博士研究生资助标准不低于每生每年 10 000 元。

四、农村贫困家庭最低生活保障审核程序

1. 提交申请

凡认为符合条件的城乡居民都有权直接向其户籍所在地的乡镇人民政府（街道办事处）提出最低生活保障申请。乡镇人民政府（街道办事处）无正当理由，不得拒绝受理。受最低生活保障申请人委托，村（居）民委员会可以代为提交申请。申请最低生活保障要以家庭为单位，按规定提交相关材料，书面声明家庭收入和财产状况，并由申请人签字确认。

2. 接受审核

乡镇人民政府（街道办事处）是审核最低生活保障申请的责任主体，在村（居）民委员会协助下，应当对最低生活保障申请家庭逐一入户调查，详细核查申请材料以及各项声明事项的真实性和完整性，并由调查人员和申请人签字确认。

3. 民主评议

入户调查结束后，乡镇人民政府（街道办事处）应当组织村（居）民代表或者社区评议小组对申请人声明的家庭收入、财产状况以及入户调查结果的真实性进行评议。各地要健全完善最低生活保障民主评议办法，规范评议程序、评议方式、评议内容和参加人员。

4. 审批评议

县级人民政府民政部门是最低生活保障审批的责任主体，在作出审批决定前，应当全面审查乡镇人民政府（街道办事处）上报的调查材料和审核意见（含民主评议结果），并按照不低于30%的比例入户抽查。有条件的地方，县级人民政府民政部门可邀请乡镇人民政府（街道办事处）、村（居）民委员会参与审批，促进审批过程的公开透明。严禁不经调查直接将任何群体或个人纳入最低生活保障范围。

5. 进行公示

各地要严格执行最低生活保障审核审批公示制度，规范公示内容、公示形式和公示时限等。社区要设置统一的固定公示栏；乡镇人民政府（街道办事处）要及时公示入户调查、民主评议和审核结果，并确保公示的真实性和准确性；县级人民政府民政部门应当就最低生活保障对象的家庭成员、收入情况、保障金额等在其居住地长期公示，逐步完善面向公众的最低生活保

障对象信息查询机制，并完善异议复核制度。公示中要注意保护最低生活保障对象的个人隐私，严禁公开与享受最低生活保障待遇无关的信息。

6. 发放补贴

各地要全面推行最低生活保障金社会化发放，按照财政国库管理制度将最低生活保障金直接支付到保障家庭账户，确保最低生活保障金足额、及时发放到位。

农村贫困家庭的学生，应在入学时向学校递交建档立卡户籍证明材料、家庭经济困难相关证明材料；学校受理学生申请并组织初审，并与同级学生资助管理中心复核确认；复核无异议后，按照各教育阶段政策要求实施资助补贴。

五、农村贫困家庭退出标准

脱贫退出的标准是：该户有相对稳定可靠的增收渠道和收入来源，农户年人均纯收入稳定超过当年国家扶贫标准，吃穿不愁；该户适龄儿童接受九年义务教育，家庭无因贫辍学学生；基本医疗方面，该户参加新型农村合作医疗，大病有救助保障；同时，该户住房条件有明显改善，有安全住房。有因残致贫无稳定收入、因病因学支出自付部分明显大于收入的贫困户不得退出。

六、不能确认农村贫困家庭的情形

国内大部分省级政府都规定了不能确认农村贫困家庭的情形：一是建（购）商品房（移民搬迁安置房除外）或现有住房装修豪华、家用电器豪华、自费参加高消费娱乐活动、家庭日常生活消费支出明显高于扶贫标准的；二是家庭拥有小轿车（帮扶部门资助的车辆除外）、大型农用车、工程机械的；三是家中有现任村党支部书记及村主任的；四是家庭成员或法定赡养人、抚养人中有在国家机关、事业单位、社会团体等由财政统发工资，或在国有大中型企业工作连续10年以上，收入较稳定的（军烈属除外）；五是家庭成员中有担任私营企业负责人的、长期从事各类工程承包、发包等盈利性活动的、长期雇用他人从事生产经营活动的；六是未如实提供家庭收入，隐瞒生活财产，故意放弃或转移生活财产的，家庭成员中有自费出国留学或购买商业养老保险的；七是家中长期无人并无法提供其实际居住证明，人户分离的；八是因赌博、吸毒、打架斗殴、寻衅滋事、长期从事邪教活动等违法行为被公安机关处理且拒不改正的；九是对查实后的举报或质疑不能做出合理解释的。

七、防止脱贫人口返贫

完善政策保障机制、创建预防控制贫困发生的机制，以提高脱贫的稳定性和可持续性。巩固扩展脱贫攻坚成果，坚决守住不发生规模性返贫底线。

脱贫攻坚工作已进入决战决胜的关键时期，确保如期打赢脱贫攻坚战，防止返贫与精准脱贫同等重要。返贫率的高低，返贫人数的多少，直接影响着脱贫质量和脱贫工作任务的完成。当前，虽然返贫人口数量不多，但必须采取有效措施避免贫困人口脱贫后返贫，巩固和扩大脱贫攻坚成果，防止出现边减贫边返贫现象。

精准识别返贫的原因非常重要，主要有以下几方面：一是脱贫质量不高容易导致返贫，脱贫情况不真实的假脱贫必然导致返贫。二是没有建立稳定脱贫长效机制。靠政策补贴、靠发钱发物实现脱贫的人口对政策依赖性很大，脱贫不可持续，极易出现返贫。三是不可预测的意外因素，如因病返贫、因灾返贫等。四是自然生态环境恶劣。深度贫困地区生态环境非常脆弱，自然灾害频发，且多以农业生产为主，脱贫不久的低收入人群抵御自然灾害能力较弱，容易导致返贫。

解决返贫问题不仅需要立足当前，充分发挥主观能动性，防止因脱贫不实、质量不高，脱贫不持久不稳定等可控因素导致的返贫，而且更需要着眼长远，建立健全稳定脱贫的长效机制，帮助脱贫户提高抵御外界风险能力，最大限度降低非可控因素的影响，从而有效防止返贫。

严把脱贫质量关。始终把提高脱贫质量放在首位，瞄准脱贫目标，严把“两不愁三保障”脱贫标准，规范退出程序，坚决防止急功近利、弄虚作假、突击脱贫、虚假脱贫、数字脱贫，防止因错退、脱贫质量不高导致的返贫。要利用好贫困退出考核评估机制，适当增加脱贫人口错退率、返贫率在脱贫攻坚工作成效考核评估中的权重，对“数字脱贫”“虚假脱贫”建立问责机制，引导和推动各级政府和部门切实提高脱贫质量。

开展脱贫人口跟踪监测。对近3年来的脱贫人口开展一次全面的“回头看”，将返贫人口及时调整纳入贫困帮扶范围；建立常态化的脱贫人口跟踪监测机制，对照贫困标准，每季度开展一次脱贫人口“两不愁三保障”情况跟踪统计，排查返贫风险，及时采取帮扶措施。加强医疗教育等部门的信息共享，利用大数据进行分析，如发现脱贫人口中有疾病残疾、子女升学、遭遇灾害的情况，及时开展有针对性的帮扶，阻断返贫现象发生。

构建稳定脱贫长效机制。激发脱贫致富内生动力是实现稳定脱贫的前提。大力宣传勤劳致富、脱贫光荣的思想，建立正面激励机制，对自愿脱贫、提前脱贫的贫困群众给予奖励表彰；转变单纯给钱给物的帮扶方式，实行“以购代捐”“以工代赈”等方式；开展扶志扶智教育，鼓励有劳动能力的贫困群众和脱贫群众积极参与劳动技能培训、农业种植技术培训、创业培训等，提高其自身发展能力。产业就业是实现稳定脱贫的重要举措。坚持生态优先、绿色发展的原则，立足资源和产业基础发展特色产业，实施贫困村“一村一品”发展行动，力争每个贫困村都有特色产业支撑；发展壮大村集体经济，构建集体经济发展与脱贫户中返贫高风险户、低收入边缘户之间的利益联结机制，使返贫高风险户也能分享到集体经济发展的成果和效益；推动土地、林地流转，鼓励建档立卡户以土地、闲置宅基地、劳动力等入股，参与产业运作和发展，增加财产性收入；积极搭建创业就业平台，促进贫困人口脱贫人口创业就业。2023年的中央一号文件提出要落实巩固拓展脱贫攻坚成果同乡村振兴有效衔接政策，把增加脱贫群众收入作为根本要求，把促进脱贫县加快发展作为主攻方向，更加注重扶志扶智，聚焦产业就业，不断缩小收入差距、发展差距。

完善脱贫人口政策保障机制。对脱贫人口设定1～2年的观察期和巩固期，根据脱贫人口的致贫原因兼顾因病、灾害、意外等不可控因素完善脱贫人口保障机制。研究出台对已脱贫收入水平略高于建档立卡贫困户的群众的相关扶持政策，在观察期和巩固期内，继续有效落实扶持政策，确保政策的连续性和稳定性，做到脱贫不脱政策和帮扶，扶上马再送一程。同时，要建立健全健康管理机制，对建档立卡人员实行普惠性体检，做好疾病预防，防止脱贫人口脱贫后因疾病返贫。完善教育扶贫机制，建立从学前教育到大学教育的奖、补、减、贷救助资助体系，避免因学致贫返贫。

创建预防控制贫困发生的机制。在贫困尚未发生时对其可能存在的风险类型及程度做出科学的预研预判，通过保险和风险分摊等方式进行有效预防管控，从而降低贫困和返贫发生率。如河北魏县与保险公司合作，建立防贫保险精准防贫工作机制，财政拿出资金作为防贫保险金，按照全县易贫、临贫的约10%农村人口购买防贫保险，对因病、因学、因灾致贫或返贫的人口进行及时帮扶，为农村人口从源头上筑起了防止贫困发生的“堤坝”。云南大理州为建档立卡人员购买财产人身组合保险，有效防止脱贫人口因灾因病意外等因素返贫。积极探索建立“政府+保险公司+农户”三位一体的农业产业灾害风险和市场风险分摊机制，提高抗风险能力，降低因自然灾害和产业发展风险导致的致贫返贫。

第四节　新型农村合作医疗政策

新型农村合作医疗是指由政府组织、引导、支持，农民自愿参加，个人、集体和政府多方筹资，以大病统筹为主的农民医疗互助共济制度。其采取个人缴费、集体扶持和政府资助的方式筹集资金。新型农村合作医疗是我国政府积极建立与经济社会发展水平、各方承受能力相适应的稳定可持续筹资机制的一种有益探索。

一、新型农村合作医疗的性质

新型农村合作医疗的性质是“互助共济”，自愿参加合作医疗的农民，必须每年缴纳一定的费用。缴纳标准可根据当地经济发展水平而定。参合农民个人缴费数额，原则上每人每年不低于最低规定缴费标准，经济发达地区可在农民自愿的基础上，根据农民收入水平及实际需要相应提高缴费标准。新型农村合作医疗是互助共济的农民基本医疗保障制度。既然是互助共济，就必须是以大病统筹为主。解决参合农民患大病以后，急需住院治疗的医疗费用。但考虑参加合作医疗农民的积极性，同时还考虑农民就医的实际情况，将合作医疗资金划成两个部分，其中大部分用作住院医疗补偿基金，小部分作为参加合作医疗农民的门诊补偿基金，建立家庭门诊账户。参合农民的家庭门诊账户，以家庭为单位，每人每年提取一定数额的资金，用于当年家庭成员门诊费用的补偿。以家庭为单位包干使用，用完为止，超支不补。当年结余的结转下年度继续使用。

二、新型农村合作医疗基金内容

新农合基金由风险金、住院补助基金、门诊统筹基金（含特殊慢性病）、大病保险基金四部分组成。其中，风险金是指从合作医疗基金中提取、主要用于弥补合作医疗基金非正常超支的合作医疗基金临时周转困难等专项储备资金，每年按年度筹资总额的3%提取，风险金累计总额不超过当年筹资总额的10%，由省级统一管理。而住院补助基金是指各省提取风险金后，剩下资金的75%左右为大病住院基金，主要用于参合患者大病住院报销，减轻或缓解住院患者的就医负担。门诊统筹基金是指各省（区、市）提取风险金后，剩下资金的20%左右为门诊统筹基金（含慢性病），主要用于参合患者的普通门诊及慢性病报销。大病保险基金是指各省（区、市）提取风险金后，剩下资金的5%左右为大病保险基金，主要用于解决参合患者新农合基本报销后，医疗费用负担仍然过大患者二次补助的问题，由省（区、市）政府统一管理，由保险公司承办保险投保。

三、新型农村合作医疗基金管理

新农合基金实行“专户管理、封闭运行”的管理制度。具体来讲，就是新农合基金实行三个账户管理，收入户、支出户、财政专户。收入户负责归集参合群众的个人筹资款；支出户负责支付每月各定点医疗机构垫付的补助资金；财政专户负责归集所有新农合资金（包括个人筹资、各级财政配套收入、各账户利息收入及其他收入）。

四、新型农村合作医疗参合方式

国家对新型农村合作医疗的参合办理方式并未做出统一的规定。目前主要有乡、村干部上门集中收缴方式、村集体经济代缴方式和农民主动到乡镇新农合经办机构缴纳三种方式。

采用乡、村干部上门集中收缴方式的，参合农民须持“新型农村合作医疗证”、户口簿到本村、组指定的地点办理参合登记，填写“参合人员缴费参合登记表”，经办人员审查，收缴农民个人参合资金，同时开具由省级财政厅统一印制的新型农村合作医疗收款收据。

采用村集体经济代缴方式的，由村负责人持新型农村合作医疗登记册、户口登记册到乡镇新农合经办机构填写、汇总“参合人员缴费参合登记表”，经办人员审查，收缴农民个人参合资金，同时开具由省级财政厅统一印制的新型农村合作医疗收款收据。

采用农民主动到乡镇新农合经办机构缴纳方式的，参合农民须持“新型农村合作医疗证”、户口簿到乡镇新农合经办机构办理参合登记，填写“参合人员缴费参合登记表”，经办人员审查，收缴农民个人参合资金，同时开具由省级财政厅统一印制的新型农村合作医疗收款收据。

五、新型农村合作医疗报销范围和补偿标准

新型农村合作医疗报销范围是：参加人员在统筹期内因病在定点医院住院诊治所产生的药费、检查费、化验费、手术费、治疗费、护理费等符合城镇职工医疗保险报销范围的部分（即有效医药费用）。新型农村合作医疗基金支付设立起付标准和最高支付限额。医院年起付标准以下的住院费用由个人自付。同一统筹期内达到起付标准的，住院两次及两次以上所产生的住院费用可累计报销。超过起付标准的住院费用实行分段计算，累加报销，每人每年累计报销有最高限额。新型农村合作医疗报销范围和水平具体由各省、自治区、直辖市制定。但其基本内容参考如下。

1. 门诊补偿

村卫生室及村中心卫生室就诊报销 60%，每次就诊处方药费限额 10 元，卫生院医生临时补液处方药费限额 50 元。镇卫生院就诊报销 40%，每次就诊各项检查费及手术费限额 50 元，处方药费限额 100 元。二级医院就诊报销 30%，每次就诊各项检查费及手术费限额 50 元，处方药费限额 200 元。三级医院就诊报销 20%，每次就诊各项检查费及手术费限额 50 元，处方药费限额 200 元。中药发票附上处方每贴限额 1 元。镇级合作医疗门诊补偿年限额 5 000 元。

2. 住院补偿

属于药费和辅助检查性质的心脑电图、X 光透视、拍片、化验、理疗、针灸、CT、核磁共振等各项检查费，限额 200 元；手术费（参照国家标准，超过 1 000 元的按 1 000 元报销）。60 周岁以

上老人在镇卫生院住院，治疗费和护理费每天补偿 10 元，限额 200 元。报销比例方面，镇卫生院报销 60%；二级医院报销 40%；三级医院报销 30%。

3. 大病补偿

凡参加合作医疗的住院病人一次性或全年累计应报医疗费超过 5 000 元以上分段补偿，即 5 001～10 000 元补偿 65%，10 001～18 000 元补偿 70%。镇级合作医疗住院及尿毒症门诊血透、肿瘤门诊放疗和化疗补偿年限额 1.1 万元。从 2018 年开始，一级医疗机构住院费用在 400 元以下，则不设起付线。而省三级医院补助比例提高到了 55%。肺癌、食管癌、胃癌、结肠癌、直肠癌、慢性粒细胞白血病、急性心肌梗死、脑梗死、血友病、Ⅰ型糖尿病、甲亢、唇腭裂 12 种疾病，新农合补助最高达到 70%。

新型农村合作医疗报销支付特殊病种有：恶性肿瘤化疗、放疗；重症尿毒症的血透和腹透；组织或器官移植后的抗排斥反应治疗；精神分裂症伴精神衰退；系统性红斑狼疮（有心、肺、肾、肝及神经系统并发症之一者）；再生障碍性贫血；心脏手术后抗凝治疗。其余可报销的特殊病种，以当地具体政策为准。特殊病种的特定门诊治疗包括治疗期间必需的支持疗法和全身、局部反应对症处理，一般辅助治疗不列入报销范围。

以下情况不列入新型农村合作医疗报销范围。

（1）非区内定点医院门诊医疗费用（特殊病种门诊治疗费用除外）、未按规定就医、自购药品所产生的费用。

（2）计划生育措施所需的费用，违反计划生育政策的医疗费用。

（3）镶牙、口腔正畸、验光配镜、助听器、人工器官、美容治疗、整容和矫形手术、康复性医疗（如气功、按摩、推拿、理疗、磁疗等）以及各类陪客费、就诊交通费、出诊费、住院期间的其他杂费等费用。

（4）存在第三方责任的情况下，发生人身伤害产生的医药费依法由第三责任方承担，如交通事故、医疗事故、工伤等。

（5）因自杀、自残、服毒、吸毒、打架斗殴等违法行为以及其家属的故意行为造成伤害所产生的医药费。

（6）出国或在港澳台地区期间发生的医疗费用。

（7）城镇职工医疗保险制度规定不予报销的药品和项目。

（8）区医管会确定的其他不予报销的费用。

六、新型农村合作医疗报销程序

属于门诊报销的部分：参加新型农村合作医疗的农民门诊就医时由定点医疗机构按补偿规定直接报销。

属于县内住院报销的部分：住院患者痊愈出院时，持合作医疗证、村委会证明、身份证或户口簿的原件及复印件、全额收费票据、诊断证明、医药费用总清单在定点医院即时报销，凡机动车辆致伤者，须提供本人驾驶证、行车证的原件及复印件。

属于县外住院报销的部分：出院 15 日内持合作医疗证、村委会证明、身份证或户口本的原件及复印件、全额收费票据、诊断证明、医药费用总清单到县新型农村合作医疗管理中心审核报销，骨折、外伤病人须提供病历复印件，机动车辆致伤须提供本人驾驶证、行车证的原件及复印件。

住院分娩人员出院时,持合作医疗证、身份证或户口簿、全额收费票据和准生证原件、复印件在定点医院即时办理定额补偿手续。

医疗报销需要的资料:医疗费用发票原件及复印件;医疗费用明细清单原件与复印件;其他相关医疗文书和证明材料;门诊就诊(抢救)的,提供病历原件及复印件。住院就诊的,提供出院小结复印件;死亡的,提供死亡证明复印件。

七、新农合、乡镇医保并轨

随着农村发展,国家也是越来越重视农民生病看病的问题。"新农合"的出现解决了大部分农村人看病难、看病贵的问题。随着新农合的普及,越来越多的农民朋友享受到了新农合带来的好处。特别是高达60%的报销比例,让很多农民减小了看病压力。为更好地整合及完善农民医疗保险,医保将实现城乡两统一。

"统一"后,我国农民将迎来两个好处。

第一,农民以后异地就医也可以在医院直接结算,从此将告别之前的严格限制,即在当地医院治病才能直接报销,去大城市转诊等,必须要先行垫付大额的医疗费,只有等出院才可结算,还得拿到户籍所在地的新农合办公室去报销。

第二,统一城乡医疗保险制度之后,国家给的补贴每人每年会增加。

有些省份,新农合含有商业保险,例如,黑龙江省2018年新农合缴费每人210元,其中,含有商业保险30元,一旦有病,新农合报销一部分,商业保险还报销一部分。

医保统一后,我国农民少了多次往返老家和大医院的"跑腿"路程,出院之后可以直接在医院办理报销。

第五节 其他农村社会保障

一、农村五保供养

(一)农村五保供养对象

农村五保供养对象,是指在吃、穿、住、医、葬方面给予村民的生活照顾和物质帮助。老年、残疾或者未满16周岁的村民,无劳动能力、无生活来源又无法定赡养、抚养、扶养义务人,或者其法定赡养、抚养、扶养义务人无赡养、抚养、扶养能力的,享受农村五保供养待遇。

(二)农村五保供养范围

农村五保供养包括供给粮油、副食品和生活用燃料;供给服装、被褥等生活用品和零用钱;提供符合基本居住条件的住房;提供疾病治疗,对生活不能自理的给予照料;办理丧葬事宜。供养标准不得低于当地村民的平均生活水平,并根据当地平均生活水平的提高适时调整。对未满16周岁或者已满16周岁仍在接受义务教育的供养对象,应当保障他们依法接受义务教育所需费用。五保供养标准由全国各地区按照当地平均生活水平确定,各地区五保供养金发放标准有所不同。

(三)农村五保申请过程

享受农村五保供养待遇，应当由村民本人向村民委员会提出申请；因年幼或者智力残疾无法表达意愿的，由村民小组或者其他村民代为提出申请。经村民委员会民主评议，对符合《农村五保供养工作条例》第六条规定条件的，在本村范围内公告；无重大异议的，由村民委员会将评议意见和有关材料报送乡、民族乡、镇人民政府审核。审核通过的，发给《农村五保供养证书》。

(四)农村五保供养形式

农村五保供养对象可以在当地的农村五保供养服务机构集中供养，也可以在家分散供养。供养对象可以自行选择供养形式。各级人民政府应当把农村五保供养服务机构建设纳入经济社会发展规划，应当为农村五保供养服务机构提供必要的设备、管理资金，并配备必要的工作人员。

二、自然灾害生活救助

《自然灾害救助条例》已经于 2010 年 6 月 30 日国务院第 117 次常务会议通过，自 2010 年 9 月 1 日起施行，根据 2019 年 3 月 2 日《国务院关于修改部分行政法规的决定》修正。

县级以上地方人民政府及其有关部门应当制定相应的自然灾害救助应急预案。统筹规划设立应急避难场所，并设置明显标志。向社会发布规避自然灾害风险的警告，宣传避险常识和技能，提示公众做好自救互救准备。开放应急避难场所，疏散、转移易受自然灾害危害的人员和财产。

自然灾害发生时应该立即向社会发布政府应对措施和公众防范措施；开展紧急转移安置受灾人员；紧急调拨、运输自然灾害救助应急资金和物资，及时向受灾人员提供食品、饮用水、衣被、取暖、临时住所、医疗防疫等应急救助，保障受灾人员基本生活；抚慰受灾人员，处理遇难人员善后事宜；组织受灾人员开展自救互救等工作。

三、被征地农民就业培训和社会保障工作

依据《国务院办公厅转发劳动保障部关于做好被征地农民就业培训和社会保障工作指导意见的通知》(国办发〔2006〕29 号)规定地方各级人民政府要积极做好被征地农民就业培训和社会保障工作。

(一)被征地农民就业培训和社会保障的对象

因政府统一征收农村集体土地而导致失去全部或大部分土地，且在征地时享有农村集体土地承包权的在册农业人口。就业培训和社会保障工作要以新被征地农民为重点人群，以劳动年龄段内的被征地农民为就业培训重点对象，以大龄和老龄人群为社会保障重点对象。

(二)被征地农民社会保障安排

在城市规划区内，当地人民政府应将被征地农民纳入城镇就业体系，并建立社会保障制度。在城市规划区外，应保证在本行政区域内为被征地农民留有必要的耕地或安排相应的工

作岗位，并纳入农村社会保障体系；对不具备生产生活条件地区的被征地农民，要异地移民安置，并纳入安置地的社会保障体系。

四、优抚保障

2004 年 8 月 1 日中华人民共和国国务院、中华人民共和国中央军事委员会令第 413 号公布，2011 年 7 月 29 日国务院、中央军事委员会修订的《军人抚恤优待条例》规定如下。

(一)优抚对象

优抚是指国家和社会对军人及其家属所提供的各种优待、抚恤、养老、就业安置等待遇和服务的保障制度。包括：中国人民解放军现役军人和武警官兵；革命伤残军人；复员退伍军人；革命烈士家属；因公牺牲军人家属；病故军人家属；现役军人家属等。

(二)优抚种类

1. 死亡抚恤

现役军人死亡被批准为烈士、被确认为因公牺牲或者病故的，其遗属享受的抚恤。

2. 残疾抚恤

现役军人残疾被认定为因战致残、因公致残或者因病致残的，享受残疾抚恤。残疾的等级，由重到轻分为一级至十级。因战、因公致残，残疾等级被评定为一级至十级的，享受抚恤；因病致残，残疾等级被评定为一级至六级的，享受抚恤。

3. 农村义务兵的优待

义务兵服现役期间，其家庭由当地人民政府发给优待金或者给予其他优待，优待标准不低于当地平均生活水平。义务兵和初级士官入伍前的承包地(山、林)等，应当保留；服现役期间，除依照国家有关规定和承包合同的约定缴纳有关税费外，免除其他负担。义务兵从部队发出的平信，免费邮递等。

项目十五　农村创新创业支持政策

2020年6月，农业农村部会同国家发展改革委、科技部、教育部、财政部、人力资源和社会保障部、自然资源部、退役军人部和银保监会等8部门印发《关于深入实施农村创新创业带头人培育行动的意见》，明确指出要引导返乡农民工，入乡大中专毕业生、退役军人、科技人员，以及在乡能人创业创新。

2022年，进一步深入实施农村创业创新带头人培育行动，加强农村创业创新带头人培训，认定一批全国农村创业创新示范园区（基地），优化农村创业创新环境，吸引各类人才返乡入乡在乡创业创新。到2025年，培育农村创业创新带头人100万人以上，基本实现农业重点县的行政村全覆盖。支持落实创业扶持政策，有条件的地区对首次创业、正常经营1年以上的返乡入乡创业人员，可给予一次性创业补贴。支持扩大创业培训范围，将有培训需求的返乡入乡创业人员全部纳入创业培训范围，组建专业化、规模化、制度化的创业创新导师队伍和专家顾问团，建立“一对一”“师带徒”培养机制。鼓励建设农村创业创新平台载体，设立创业服务专门窗口，为返乡入乡创业人员就地就近提供一站式服务。

2020年11月，农业农村部联合科技部、财政部、人力资源和社会保障部、自然资源部、商务部和银保监会等6部门印发《关于推进返乡入乡创业园建设 提升农村创业创新水平的意见》，明确提出以培育初创型和成长型企业为重点，依托现有相关园区存量资源，配套创业服务功能，争取到2025年，在全国县域建设1 500个功能全、服务优、覆盖面广、承载力强、孵化率高的返乡入乡创业园，基本覆盖农牧渔业大县（市）和劳务输出重点县（市），吸引300万返乡入乡人员创业创新。

一、加大政策支持

（一）落实创业扶持政策

返乡入乡创业人员可在创业地享受与当地劳动者同等的创业扶持政策。对返乡入乡创业人员符合条件的，及时落实税费减免、场地安排等政策。对首次创业、正常经营1年以上的返乡入乡创业人员，可给予一次性创业补贴。对返乡入乡创业企业吸纳就业困难人员、农村建档立卡贫困人员就业的，按规定给予社会保险补贴，符合条件的可参照新型农业经营主体支持政策给予支持。

（二）落实创业担保贷款政策

加大对符合条件的返乡入乡创业人员创业担保贷款贴息支持力度。建立诚信台账和信息库，探索建立信用乡村、信用园区、创业孵化示范基地、创业孵化实训基地推荐免担保机制。落实创业担保贷款奖补政策，合理安排贴息资金。鼓励创业担保贷款担保基金运营管理机构等单位多渠道筹集资金，更好服务创业就业。开启“互联网＋返乡入乡创业企业＋信贷”新路径，将“政府＋银行＋保险”融资模式推广到返乡入乡创业。

二、提升创业培训

（一）扩大培训规模

将有培训需求的返乡入乡创业人员全部纳入创业培训范围，依托普通高校、职业院校、教育培训机构等各类优质培训资源，根据创业意向、区域经济特色和重点产业需求，开展有针对性的返乡入乡创业培训。对返乡入乡创业带头人开展创业能力提升培训，充分发挥辐射和带动作用。

（二）提升培训质量

积极探索创业培训＋技能培训，创业培训与区域产业相结合的培训模式，根据返乡入乡创业人员特点，开发一批特色专业和示范性培训课程。实施培训下乡“直通车”、农民夜校、远程培训、网络培训，推动优质培训资源城乡共享，提高培训的针对性、实用性和便捷度。探索组建专业化、规模化、制度化的创业导师队伍，发挥“师带徒”效应。

（三）落实培训补贴

对参加返乡入乡创业培训的农民工、建档立卡贫困人口、大学生和退役士兵等人员，按规定落实培训补贴。有条件的地方可按规定通过项目制方式购买培训项目，为符合条件的返乡入乡创业人员提供培训。各地可结合实际需要，对师资培训、管理人员培训、管理平台开发等基础工作给予支持。

三、优化创业服务

（一）提升服务能力

依托县乡政务服务中心办事大厅设立创业服务专门窗口，为返乡入乡创业人员就地就近提供政策申请、社保接续等服务。提升基层创业服务能力，完善县以下公共就业服务机构创业服务功能，建立基层服务人员管理和培训机制。组建企业家、创业成功人士、专业技术人员等组成的专家团，向返乡入乡创业人员提供咨询指导。支持运用就业创业服务补助，向社会购买基本就业创业服务成果，引导各类市场化服务机构为返乡入乡创业提供服务，加强绩效管理。

（二）强化载体服务

加强返乡入乡创业园、创业孵化基地、农村创新创业孵化实训基地等各类返乡入乡创业载体建设，为返乡入乡创业人员提供低成本、全要素、便利化的创业服务。构建“生产＋加工＋科技＋营销＋品牌＋体验”多位一体、上下游产业衔接的创业格局，打造“预孵化＋孵化器＋加速器＋稳定器”的全产业链孵化体系，力争5～10年农村创新创业孵化实训基地覆盖全国所有县（市、区）。落实房租物业费减免、水电暖费定额补贴等优惠政策，降低入驻企业和创业者经营成本。鼓励有条件的地方，在符合条件的乡村开辟延伸寄递物流线路及网点，降低返乡入乡创业企业生产经营成本。引入天使投资、创业投资、风险投资基金等，缓解入驻企业和创业者融资难题。有条件的地区可根据入驻实体数量、孵化效果和带动就业成效，给予一定奖补。

(三)健全社会保险和社会救助机制

推进扶贫车间、卫星工厂、返乡入乡创业小微企业等按规定参加工伤保险。开展新业态从业人员职业伤害保障试点。对返乡入乡创业失败的劳动者，按规定提供就业服务、就业援助和社会救助。

四、加强人才支撑

(一)做好用工服务

建立返乡入乡创业企业用工需求信息采集制度，提供信息发布、用工指导等服务。引导返乡入乡创业企业对技能岗位招用人员积极开展培训。对返乡入乡创业的农民专业合作社、专业技术协会、手工艺传承人等机构或个人作为主体提供培训的，可按规定给予培训补贴。实施专业技术人才知识更新工程，对返乡入乡创业专业技术人才给予倾斜支持。

(二)深化招才引智

建立本地外出人员联络机制，引进一批返乡入乡人才，发掘一批"田秀才""土专家""乡创客"和能工巧匠，以乡情亲情吸引企业家、专家学者、技术技能人才等回乡创业创新，按规定为返乡入乡创业人员和引进人才及其家庭提供配套公共服务。返乡入乡创业企业招用的技术技能人才、经营管理人才，要纳入当地人才引进政策支持范围，按规定在项目申报、职称评审以及各类重点人才选拔培养奖励项目等方面予以倾斜。返乡入乡创业集中地区可设立专家服务基地。继续开展返乡入乡创业急需紧缺专业技术人才培养、技术维护培训等活动。

五、强化组织实施

(一)加强组织领导

建立健全部门协调机制，积极争取当地政府支持，把返乡入乡创业工作摆上重要议事日程，建立协调推进机制，制定工作方案，明确任务分工，落实部门责任。健全完善调查统计制度，加强动态监测和调查分析。建立完善领导干部联系返乡入乡创业企业制度，掌握返乡入乡创业需求，及时化解难题。

(二)加强引导扶持

结合地方资源禀赋和产业优势，合理确定返乡入乡创业工作方向，鼓励发展"一县一品、一乡一业"创业模式，培育"一村一品"示范村镇。落实"互联网＋返乡入乡创业"，实施信息进村入户工程、电子商务进农村综合示范等项目，支持返乡入乡创业人员开展技术、产品、管理模式、商业模式等创新，进一步提升返乡入乡创业效能。

(三)强化示范带动

以劳务输出规模较大、返乡入乡创业意愿较强、工作基础和条件相对成熟的县为重点，推出一批返乡入乡创业示范县，各地在资金、政策等方面给予倾斜支持。建设一批返乡入乡创业示范载体，推动创业创新资源集聚。遴选一批创新性强、适用面广、示范性好的优质返乡入乡创业示范项目，给予跟踪帮扶。

(四)加大宣传力度

鼓励举办返乡入乡创业大赛、项目展示交流等活动，组建返乡下乡创业联盟，大力宣传推进返乡入乡创业的政策措施、经验做法和创业典型人物，大力弘扬创业创新文化，营造鼓励创业创新的良好氛围。对为当地经济社会发展作出突出贡献、带动就业效果好的返乡入乡创业优秀带头人和优秀乡村企业家，加强典型宣传推介，并按规定予以表彰。

各地要结合实际，积极探索、大胆创新，加强对返乡入乡创业人员的政策支持和服务保障，优化返乡入乡创业环境，推动返乡入乡创业工作不断开创新局面。

模块巩固

1. 简单说明村镇银行与商业银行的区别。
2. 简述农村信用社的贷款条件。
3. 简述农村合作金融的含义及作用？
4. 简述农业保险的含义及种类。
5. 简要说明减免耕地占用税的5种情况。
6. 简述农业产品的征税范围。
7. 简要说明农村最低生活保障对象范围和标准。
8. 简述农村基本养老保险政策。
9. 简述农村贫困家庭的分类。
10. 简要说明农村贫困家庭学生的教育补贴项目和标准。
11. 简述新型农村合作医疗基金内容。
12. 简述优化返乡创业服务的主要内容。